한변호사와 함께하는 토지경매

한변호사와 함께하는
토지경매

한 덕 렬

들어가면서

안녕하세요, 한덕렬 변호사입니다.
저는 경기고, 서울법대를 졸업하고, 17년간 판사로 근무하다가 2000년 부장판사를 끝으로 변호사 개업을 하여, 이제 17년차 변호사가 되었습니다.
2003년부터 토지 투자를 시작하였고, 2007년부터 본격적으로 토지에 대해 공부를 시작하여 네이버, 다음 등의 여러 카페에서 지도위원, 고문 등으로 활약하며, 글도 쓰고, 강의도 좀 하고, 공동투자도 운영해 보았습니다.
2011년부터는 토지 투자의 패러다임이 변하는 것을 읽고, 경매를 연구하기 시작하여 현재까지 수백 건의 물건을 분석하여 수십 건의 물건에 응찰하였고, 10여 건의 물건을 낙찰받은 바 있습니다.

법학을 빵의 학문이라고 합니다. 또 변호사는 임상의와 같이 필드에서 뛰는 전문가입니다.
진정한 전문가는 추상적인 이론만 알아서는 소용이 없고, 실전에서 활용할 수 있는 여러 가지 지식과 경험, 노하우를 쌓아서, 구체적인 현장에서 그것을 써먹을 수 있어야 합니다.
또 말로만이 아니라 **실적으로 말하는 전문가**가 되어야 합니다.
토지 경매계에는 저보다 훌륭한 전문가들이 많이 계십니다마는 이런 면에서 저도 '한가닥'은 하는 전문가라 할 수 있습니다.

이제 그 동안의 실전 경험과 부동산 관련 법률, 판례에 대한 연구를 바탕으로 제가 가진 자그마한 재능을 여러분과 함께 나누고자 합니다.

또 '경제적 자유'를 갈구하시는 분들에게 그 기회를 드리고자 합니다.

우리 시대에 **평범한 직장인이 한 재산 마련할 수 있는 유일한 방법이** 부동산, 특히 토지에 투자하는 것이라고 저는 믿습니다.

그 중에서도 **Risk를 줄이거나 또는 없이 할 수 있는 것이** 경매를 통해 싸게 매수하는 것이라고 생각합니다. 저는 보통 감정가의 30% 내외에서 사서 60% 내외에서 팝니다. 감정가의 30% 정도에서 토지를 샀는데 손해를 본다는 것은 대한민국 경제가 결단나는 일이 일어나지 않는 한 상상할 수 없는 일일 것입니다.

이제 여러분과 함께 토지 경매의 블루 오션을 향한 항해의 돛을 올리도록 하겠습니다. 우리 모두 힘을 모아 저 푸른 대양을 향해 힘차게 나아갑시다.

2016.11.15
한 덕 렬

차 례

≪1부≫ 토지경매

제1강 왜 토지인가?

1.1. Low Risk, High Return(저위험, 고수익)은
  가능한 일인가? ·· 3
1.2. 투자 규칙 제1조: 절대 돈을 잃지 마라 ················ 4
1.3. 주식은 투기이고, 부동산은 투자이다 ····················· 7
  • 부자들의 재테크 어디에 투자를 할 것인가 ········ 10

제2강 인구의 중요성

2.1. 어느 지역의 땅을 살 것인가? ······························ 17
2.2. 인구가 증가되는 곳은 어디인가? ························ 19
2.3. 쇠퇴하는 도시들 ―적어도 이 곳만은 피해야 ··· 21
  • '인구' 와 '토지가격' ··· 23
  • 인구와 땅값의 함수관계 ······································· 26
  • 인구로 풀어보는 수도권 토지투자요령 ·············· 31

제3강 지목과 용도지역
　　　―이것만은 꼭 알고 투자하자

3.1. 어떤 땅을 살 것인가 ―지목과 용도지역 ·············· 35
3.2. 용도지역을 모르고는 토지 투자를 하지 마라 ······ 38
3.3. 용도지역, 알고 보니 어렵지 않네ㆍ························ 40

3.4. 나도 이제 법학도라구!!! ·· 44
- 공간정보의 구축 및 관리 등에 관한 법률 시행령 47
- 용도별 건축물의 종류 ·· 53
- 지목(개별계획)의 법률적 이해와 토지개발실무 69
- 개발행위를 통한 토지의 투자가치 상승 ············· 81

제4강 농지 투자

4.1. 농지, 너의 정체는 무엇이뇨? ································ 87
4.2. 농지의 소유와 제한 ··· 89
- 농지의 소유권이전등기에 관한 사무처리지침 ··· 93
- 농지취득자격증명 발급 심사요령 ·························· 98
4.3. 농업인, 너는 누구냐? ·· 121
- 농업인 확인서 발급규정 ·· 124
- 농지 원부의 이해 ··· 137
4.4. 농업법인, 넌 또 뭐냐? ·· 153
- 농업법인에 관한 근거 법률 ·································· 158
- 농업회사법인 주식회사 정관(예) ························ 180

제5강 왜 경매인가?

5.1. 이~상한 곳, 경매시장 ··· 189
5.2. 경매시장의 매력 ·· 191
5.3. Risk를 없애라, No Risk 가능한가? ·················· 193
5.4. 경매투자의 여러 방식 ··· 196
5.5. 경매와 현장답사 ·· 198

≪2부≫ 투자일지

1. 2011년도 투자일지

   1.1. 농업회사법인의 설립 ·· 211
   1.2. 수원지방법원 관할 경매 물건의 검색 ····················· 213
   1.3. 화성 지역 현장답사 ·· 215
   1.4. 용인 지역 현장답사 ·· 217
   1.5. 첫 번째 응찰기 —패찰 ··· 218
   1.6. 그렇게 열심히 분석을 했는데 —포기 ···················· 226
   1.7. 첫 낙찰 —마평동 ·· 235
   1.8. 첫 번째 패찰의 복수? —청덕동 ····························· 241
   1.9. 응찰 가격은 어떻게 결정할까? —중흥리 ·············· 246
   1.10. 특수물건에 관심을 갖다 ······································· 252
   1.11. 투자는 계속된다 ··· 258
   1.12. 2011년도 투자 내역 정리 및 결과 ························ 264
   1.13. 반성 및 교훈 ··· 265
       • 경매 투자를 하시려는 분들에게 ························ 268
       • 돈 버는 방법을 안다고 해서 누구나 다 돈을
         버는 것은 아닙니다 ·· 271
       • 투자할 물건을 어떻게 찾는가? ························· 275

2. 2012년도 투자일지

   2.1. 공유지분, 유치권, 법정지상권 다 모였다
       —동백동 향린동산 ·· 281
   2.2. 어라, 1년 만에 다시 나왔네 —동백동 ····················· 288
   2.3. 뭐라~ 유효한 선순위 가처분이 있는 땅을 산다고?
       —구암리 ·· 294
   2.4. 종중 묘지가 있는 땅을 왜 잡아? —신봉동 ············ 301
   2.5. 평택 땅 한번 잡아봤시유 —홍원리 ························ 308

2.6. 2012년도 투자 내역 정리 및 결과 ·········· 312

3. 2013년도 투자일지

3.1. 감정가 21억짜리 토지를 4.5억에 낙찰받다, 대~박!!!
　　 —주곡리 ·········· 315
3.2. 퍽 질렀는데, 70만원 차이로 2등? ㅠ.ㅠ ·········· 320
3.3. 공시지가의 반값에 잡으면 괜찮은거지? ㅎㅎ
　　 —동점자 출현 ·········· 327
3.4. 빠뜨릴 뻔했습니다 —무촌리 ·········· 334
3.5. 2013년도 투자 내역 정리 및 결과 ·········· 339

●●一部

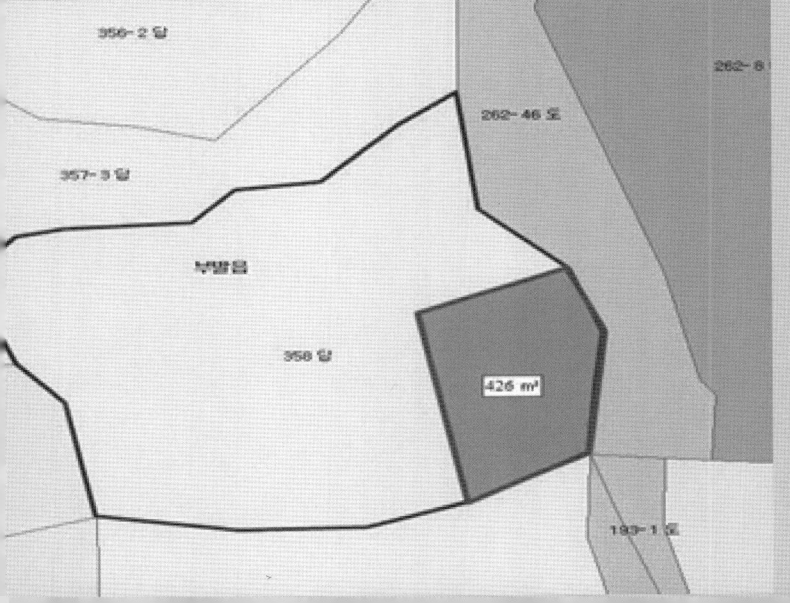

1부

토지경매

第一講
제 1강

왜 토지인가?

1.1. Low Risk, High Return (저위험, 고수익)은 가능한 일인가?

혹자는 말합니다. 'High Risk, High Return(고위험, 고수익)'이라고…

이 말은 '위험이 큰 곳에 수익도 많다' 또는 '많은 수익을 얻으려면 큰 위험을 감수해야 한다'라고 풀이할 수 있을 것입니다.

그런데, 꼭 그럴까요? Risk는 줄이면서 Return은 늘리는 것은 불가능한 것일까요?

요즘은 많은 사람들이 투자를 합니다. 돈이 있는데 그냥 갖고만 있으면 왠지 안 될 것 같은 느낌입니다.

예수님도 말씀하셨습니다(에고~ 예수님, 육적인 일에 영적인 비유를 들어서 죄송합니다 ㅎㅎ). 한 주인이 멀리 여행을 떠나면서 어떤 종에게는 열 냥을, 어떤 종에게는 다섯 냥을, 어떤 종에게는 한 냥을 맡기고 갔는데…

한 냥을 맡았던 종에게 내가 심지 않은 곳에서 거두는 사람인

줄을 네가 알았더라면 그 한 냥을 은행에라도 맡겼어야 되는 것 아니냐?

각설하고, 우리는 왜 투자를 하는 것입니까?
"돈을 벌려고…"
예, 맞습니다. 우리는 돈을 벌려고 투자를 합니다.
그런데, 돈을 벌려고 투자를 하는데, 투자를 했다가 오히려 돈을 잃어서는 안 되겠지요?

그래서 벤자민 그레이엄(여러분이 잘 아시는 투자의 귀재 워렌 버핏의 스승이라고 합니다)이라는 분이 이런 말을 했다고 합니다.

투자를 함에 있어서 꼭 명심해야 할 규칙이 두 가지가 있는데, 그것은 다음과 같다.

   규칙 제1조 : **절대 돈을 잃지 마라**
   규칙 제2조 : 규칙 제1조를 절대 잊지 마라

1.2. 투자 규칙 제1조 : 절대 돈을 잃지 마라

그런데, 투자의 세계에서 절대 돈을 잃지 않는 것이 가능한 일인가요? 그러한 투자 수단이 있을까요?

물론 '절대' 돈을 잃지 않는다고는 할 수 없지만 '거의' 절대 돈을 잃지 않는 투자 수단이 있습니다.

　이 무슨 말장난이냐구요? 여러분의 인생이 바뀔 수도 있는데 말장난 좀 하면 어떻습니까?
　잔소리 말고 그것이 무엇인지 빨리 말하라고요? 에고, 성미 급하긴… ㅎㅎ

　그것은 바로 '토지'입니다. 그런데, 여기에는 두 가지 전제조건이 있습니다.

　　첫째는, <u>사기를 당해선 안 된다</u>는 것입니다.
　토지에 투자했다가 손해를 본 사람들은 대부분 사기를 당한 사람들입니다. 저도 사기를 당한 적이 있습니다. 변호사님도 사기를 당하냐구요? 예, 법률전문가인 변호사도 사기를 당하는데 하물며 일반인들은 어떻겠습니까? 다행히 저는 사기는 당했지만 쟁송을 하는 동안에 땅값이 많이 올라서 손해를 보지는 않았습니다.

　경제적으로는 사기를 당하고도 오히려 이익을 보았지만 그 사건을 해결하는 동안에 제가 받은 스트레스는 이루 말할 수가 없었습니다. 남의 사건을 처리할 때와 제 사건을 처리할 때에 받는 중압감의 차이란…

　그러나, 그 사건을 해결하면서 토지에 관한 여러 가지 지식과 경험을 쌓을 수 있게 되어 오늘날 이렇게 여러분을 뵈올 수가 있을 정도가 되었으니 전화위복이라고나 할까요?

　　둘째는, <u>'과학적'으로 투자해야 한다</u>는 것입니다.
　과거에는 '묻지마 투자'를 해도 될 정도로 토지는 '일단 사 두면'

오르는 것이었지만, 이제는 그러한 시대는 지나갔습니다.

앞으로는 토지에 투자하여 수익을 내기 위해서는,
관련 법령의 내용을 잘 알아야 하고,
토지의 미래 가치를 분석할 줄 알아야 하며,
세금에 대한 대책도 미리 세워놔야만 합니다.

토지에 투자해서 수익을 얻는 것은 이제 '불로'소득이 아닙니다. 기초지식을 습득하기 위해서 열심히 공부하여야 하고, 자료 수집과 현장답사를 하는 데 많은 시간과 비용, 노력을 들여야 합니다.

또 미확인 정보를 이용하여 '대박' 아니면 '쪽박' 식의 투자를 하여서는 안 되고,
공개된 정보를 바탕으로,
과학적인 분석을 거쳐,
합리적인 투자를 하여야 합니다.

사기를 당하지 않고 과학적으로 투자를 한다는 이 두 가지 전제 하에서 토지에 투자했다가 손해를 보는 일은 '거의' 절대로 없습니다.

1.3. 주식은 투기이고, 부동산은 투자이다

이게 뭔 소리? 바뀐 거 아니야?
결단코^^~ 아닙니다.

우리는 흔히 '주식을 한다'고 하면 '투자가'로 보고, '부동산을 한다'고 하면 '투기꾼'이라고 봅니다만 이것은 그릇된 시각입니다. 오히려 주식을 하는 사람이 부동산을 하는 사람보다 '투기성'이 훨씬 강한 사람들입니다.

저는 1983년 초임판사 시절부터 주식을 했던 사람입니다. 당시에는 증권회사 객장에 가면 주식들의 이름이 빼곡하게 적혀 있는 커다란 칠판이 객장 벽면 한쪽을 가득 덮고 있었습니다. 그리고 방송으로 각 종목의 호가가 나오면 직원이 그 호가를 칠판에 부지런히 적고, 고객들은 그것을 보고 주문을 하던 시절이었습니다.

그 시절에 저는 이미 컴퓨터를 사용하여 주간 종가의 흐름을 체크하고 신용거래를 관리하며 주식 투자를 하였습니다.

경향교류로 지방에 내려가기까지 4년간 그렇게 주식 투자를 하여 제법 재미를 보았습니다만 지방에 가서 땅을 샀다가 **6개월만에 2배가 되는 경험**을 하고 나서부터는 저의 관심은 땅으로 바뀌었습니다.

그 이후 주식 투자로 패가망신한 여러 개미들, 증권회사 직원들, 전업 투자가들을 보아 왔고, IMF 위기, 리먼 브라더스 사태, 금융위기 등을 겪어 오면서,

'주식은 투기이다, 주식은 과학적으로 예측할 수 있는 것이 아니다, 주식은 내가 아무리 열심히 연구하고 노력해도 내가 콘트롤할 수 없는 변수에 의해 한 방에 훅 가버릴 수 있는 것이다'라는 생각이 저를 지배하기 시작하였습니다.

제가 보기에 주식을 해서 따는 사람은 10%에 불과하고, 90%는 결국 잃고 마는 것 같습니다. 나는 그 10%에 들어간다고 자위하며 미소 짓고 있는 사람들도 예측하지 못하는 위험에 항상 노출되어 있습니다.
<u>주식의 세계에서는 '절대 돈을 잃지 마라'는 투자 규칙 제1조가 '절대로' 적용될 수 없습니다.</u>

그에 반하여 부동산, 특히 토지는 투자이고, 과학이며, 열심히 연구하고 노력하면 하는 만큼의 이익을 가져다 줄 수 있는 것입니다.

요즘 시대에 평범한 직장인이 자기 일생에서 남의 도움을 받지 않고 스스로 한 몫의 재산을 형성할 수 있는 거의 유일한 수단이 부동산입니다.

<u>내가 하기에 따라서 '절대 돈을 잃지 마라'는 투자 규칙 제1조가 적용될 수 있는 투자 수단이 바로 부동산, 그 중에서도 **토지**이고, 그 방법이 **경매**라고 저는 믿습니다.</u>

앞으로 여러분은 저와 함께 그 길을 걸어가시게 될 것입니다. 실제로 과연 그런가 일일이 확인하고 검증하며, 신나는 투자의 세계를 탐험하게 될 것입니다. 기대하십시오.

♣ **주식은 투기이고, 부동산은 투자이다.**
♣ **주식은 비과학이고, 부동산은 과학이다.**
♣ 주식은 아무리 열심히 연구하고 노력해도 내가 콘트롤할 수 없는 변수에 의해 좌우되는 게 너무 많다. 하지만 부동산은 열심히 연구하고 노력하면 하는 만큼의 대가를 얻을 수 있다.

《인터넷에서 수집한 글》

부자들의 재테크 어디에 투자를 할 것인가

부자가 되시고 싶으시죠?
부자가 되는 방법은 몇 가지가 있습니다.

1, 상속 - 부모 잘 만나서
2, 노력형 부자 - 안 먹고 안 쓰고
3, 생계형 부자 - 빌 게이츠
4, 벤쳐형 부자 - 주식 투자
5, 횡재형 부자 - 부동산 투자 (땅 투자)

몇 가지 조건들입니다.
그렇지만 평범한 서민들이 부자가 될 수 있는 방법은 전 부동산 투자가 으뜸이라 생각합니다.
물론 안 먹고 안 쓰고 알뜰히 사는 것도 방법이긴 하지만 사회적인 환경에서 직장생활하면서 그러긴 어렵죠~
주식도 마찬가지 저금리 시대 주식 또한 금리가 불안정한 이때! 그리고 경험 없이는 위험한 도전이라 생각합니다.
그렇지만 부동산은 그렇지가 않죠~
부동산에 조금의 관심을 갖고 공부를 한다면
크게 부동산재테크에 성공하실 수 있다고 생각합니다.
저는 그런 확신을 가지고 회사원이 되는 것을 일찍이 포기하고 이렇게 부동산의 길을 걸어오게 되었습니다.
제 경험으로 인해 부동산으로 부자가 되는 방법을 말씀드릴게요.
부동산의 종류는 여러 가지가 있습니다.
상가, 오피스텔, 원룸텔, 아파트, 토지, 경매 등

제가 공인중개사 자격증을 취득하며 처음에는 부동산 중개가 모든 것이라 생각하며 공부를 했었습니다.
그래서 잠깐이지만 중개와 관련된 일을 했었는데요.
그 일을 하며 느꼈던 점들이 많습니다.
그래서 장·단점에 대해 짧게 말씀드릴게요.

먼저 **상가**에 대해 말씀 드리겠습니다.
상가는 먼저 아무리 입지조건, 상권이 좋아도 임차인이 장사를 잘 못하는 임차인이 들어오면 내 상가가 죽게 됩니다.
그럼 팔려고 내 놓아도 거래가 쉽지 않죠.
그리고 몇 년 후 건물이 노후가 되면 건물 수리비 등, 관리비로 인해 임대수입이 결국 마이너스가 됩니다.
그래서 결국 건물이 감가상각이 되는 거죠.
그리고 상가는 더더욱 상업적인 부분이기 때문에 사회경기가 많이 반영이 됩니다.
요즘 경기가 좋지 않으니 문을 닫는 가게가 많다 보니 공실 문제도 큰 risk이기도 하구요.
물론 큰 자금이 있어 좋은 몫에 장사 잘하는 임차인이 들어와서 꼬박꼬박 임대료를 잘 내면 상관 없겠지만요 그러긴 쉽지 않다는 겁니다.
여러모로 애물단지가 될 확률이 높게 되죠~
제 고객 중에 그런 분이 많습니다.
잘 팔리지도 않아서 처분하기도 힘들다고~
저 보고 좀 처분 해달라고 하시더군요~ㅠㅠ
토지로 갈아타고 싶은데 팔리지가 않아서 골치 아프다고 하시더라구요.

오피스텔도 마찬가지
오피스텔 역시도 월 임대료와 관리비 역시 비싸기 때문에 임대로 들어오는 사람들이 오래 살지 못하고 자주 바뀌게 됩니다.
그럼 새로운 사람이 들어 올 때마다 수리비며 또 소개비로 부동산 복비며 결국 월 들어오는 임대료에서 지출이 많아지게 돼요.
그리고 팔려고 내놔도 잘 거래가 되지 않고 그것 역시 애물단지가 된답니다.
주변에 또 새로운 오피스텔 건물이 생기면 월 임대료도 낮춰야 임대가 그나마 나가게 됩니다.
보통 사람들은 새 건물에 살기 원하기 때문이죠~
제가 중개 일을 하며 느낀 부분입니다.
그리고 임대로 들어오는 사람들도 오래 살지를 못하더라구요.
보통 1년 계약하고 들어오지만 월 임대료 40만원에 관리비까지 여름에도 15만원 정도 나오니까.
비싸다 보니 몇 달 살다가 나가더라구요~
주인은 부동산만 좋은 일 시킨 거죠~
부동산 수수료도 많이 나가거든요~

원룸텔도 마찬가지
원룸텔은 오피스텔과 같은 내용이구요.
원룸텔은 인기 있는 곳은 주택이 많은 주거지보다
상업지인 번화가에 있는 원룸텔이 그나마 나아요.
거긴 번화가이다 보니까 주거지 보다 임대가 잘 되죠.
하지만 상업지인 번화가는 기존에 이미 지어진 빌딩에
새롭게 리모델링해서 분양을 많이 합니다.
문제점은 개인등기가 잘 안 난다는 겁니다.
이미 만들어진 곳에 리모델링한 물건이기 때문이죠.
새로 지은 게 아니어서죠.
개인등기가 안 나오면 매매거래가 잘 안 된다는 게 문제가 됩니다.

물론 월 임대료가 나오는 거에 만족을 한다면 괜찮지만 재테크 개념으로는 아닌 거죠~
상가, 오피스텔, 원룸텔은 말 그대로 **수익형 부동산**으로 건물을 구입할 때 투자원금의 차액을 보시려고 하는 것보다 그냥 말 그대로 월 임대료만 받을 생각만 하시고 투자하셔야 됩니다. 그렇지만 부동산 투자라는 게 시세차액을 보는 것이 무척 중요하죠.

다음으로 아파트.
아파트는 요즘 돈 안 된다는 것 너무도 잘 아실거라 생각됩니다. 정부에서도 DTI규제다, 세금 등, 중과세 완화정책을 쓰지만 이미 오를 대로 올라 적은 소액투자자들이 투자하기엔 엄두가 안 나죠~ 그리고 인구도 감소하고, 수요층들이 없다는 게 문제입니다.
지금은 거품이 빠지고 있기 때문에 투자처로는 이제 적합하지 않다는 겁니다. 그냥 실거주하기엔 괜찮죠!

근대 마지막으로 **토지**는 다릅니다.

지금은 부자가 되시려면 토지에 투자하셔야 합니다.
땅은 거짓말하지 않는다고 하는 말이 있고, 졸부나 우리나라 대부분의 부자들은 예전부터 토지에 투자하는 사람들이 많다는 걸 아실 거예요.
(중략)

구도시와 신도시의 투자가치 차이점을 말씀드리면 구도시는 이미 완성되어서 가격이 올라 투자가치가 떨어지기 때문에 지는 해!!! 이면 신도시는 새로이 들어서는 곳이기 때문에 뜨는 해라고 말씀드릴 수 있습니다. 그렇지만 신도시가 완성된 건물 또한 가격이 비싸 투자하긴 엄청난 투자금이 들죠~~
그치만 토지는 가능합니다.
신도시가 만들어지기 직전에 구입하시면요.

그리고 건물은 땅에 비해 비싼 투자금으로 투자를 하셔야 되는 반면에 많이 올라도 2배, 3배이지만 토지는 아닙니다. 미완성이기 때문에 평당 30만원, 40만원에 사서 10배, 20배 더 이상으로 오르게 되는 걸 봤을 때 굉장한 시세 차액을 볼 수 있습니다.
굉장한 거죠~ 그래서 졸부들이 생기는 게 아닐까요?
(중략)

예전엔 도시를 계획하고 만들기까지는 꽤 시간이 걸렸어요
보통 땅을 10년 이상 가지고 있고 묶혀 둬야 하는 개념이었지만
요즘은 도시가 하나 만들어지기까지는 5년 정도면 만들어지죠
옛말에 10년이면 강산이 변한다지만
요즘은 5년이면 거대한 도시가 만들어지는 세상입니다~~
그만큼 과정이 빨라졌다는 건 우리나라의 건축기술이 전세계에서도 알아줄 정도로 뛰어나고 뭐든 급속도로 빠르게 진행이 된다는 것입니다.
(중략)

물론 계획은 오래전부터 계획되어 있었지만 지금 시점은
계획한 걸 추진하는 시점이란 겁니다.
그래서 개발할 곳에 토지를 사두면 빠르게 큰 시세차액을 보실 수 있어요
1억이면 아니 5000만원 투자를 하셔도 1년이면 2, 3배 2억, 2년이면 3,5배 3억 오르고, 5년 이상이면 보통 건물이 들어서고 주변 상권이 형성이 되기 때문에 엄청난 차액이 생기는 거죠.
예를 들어
요즘 신도시로 상업지에 평당 1000만원 미만이 되는 땅이 없다는 걸 감안했을 때 50만원에 땅을 샀다고 한다면 5년 후면(도시형성기간) 평당1000만원만 해도 몇 배입니까?
엄청난 차액이죠?

토지는 **3,3,3 기법**이란 게 있어요

도시가 계획될 때 3배 오르고
실행될 때 3배 오르고
완성될 때 3배가 오르죠
그럼 계산해 보면 27배의 차액이 생긴다는 결과가 나옵니다.
제 고객 중에도 꽤 부자가 되신 분들이 많답니다.
지금도 저보고 감사하다고, 좋은 토지 나오면 연락 달라고 하죠~
그게 제 보람이기도 하구요.
제가 여러 곳에 부동산 일을 해 본 결과 느낀 점은 토지가 부동산 투자처로 제일 낫다는 것을 말씀드리는 거고
예전에 토지의 개념처럼 묶혀 두는 토지가 아니라는 거죠.
지금의 시대적 흐름은 신도시가 만들어지고 있는 시점이고 기존의 구도시는 이미 땅값과 건물가가 많이 올랐으니 이제 만들어지는 도시의 토지에 투자를 하라는 겁니다.
건물은 완성품이기 때문에 비싸게 싸야 하고 아무리 올라도 2배 정도가 다지만 그에 비해 토지는 미완성이기 때문에 건물가보다는 훨씬 싸게 요즘은 2,3년만 가지고 있어도 시세차액이 건물과는 비교가 안 되죠~
그리고 어제 재개발지에 대한 뉴스도 보았는데 개인적으론 안타깝다는 생각이 들더군요.
지분으로 3~5평을 몇 억을 주고 사서 재개발 되려면 적어도 10년은 바라봐야 하는데 토지면 그 자금이면 계획관리지로 지금 현재 공사 진행중인 토지를 몇백 평을 살 텐데 말이예요.
그럼 몇년 가지 않아서 상상 이상으로 차액을 볼 텐데~~

(이하 생략)

第二講
제 2강 ●●

인구의 중요성

2.1. 어느 지역의 땅을 살 것인가?

자, 그러면 토지 투자를 어떻게 시작해야 할까요?
돈 싸들고 아무 부동산이나 가서 그냥 '땅 좀 사 주세요' 하면 될까요? ㅎㅎ 그렇게 하는 사람, 아무도 없겠지요?

우선 대한민국의 수많은 땅 중에서 어느 지역의 땅을 사야 할까요? 혹자는 말합니다. 자기가 잘 아는 지역의 땅을 사라고… 그렇다면 결국 자기가 살고 있는 지역의 땅을 살 수밖에 없겠는데, 그런데 자기가 살고 있는 지역이 땅값이 오르지 않는 곳이라면???

우리가 땅을 사는 이유가 무엇입니까? 땅에 투자해서 돈을 벌자는 것이지요? 등기부에 그냥 내 이름 석 자 올리려고 땅 사는 것 아니지 않습니까? 땅에 투자해서 돈을 벌려면 결국 내가 산 땅의 땅값이 올라 주어야 하는 것입니다. 그러니까 내가 산 뒤에 땅값이 오를 수 있는 지역의 땅을 사야겠지요.

그러면 앞으로 땅값이 오를 수 있는 지역인지 아닌지를 어떻게 알 수 있을까요? 점을 치러 가볼까요? 동남쪽으로 가서 땅을 사거라…ㅎㅎ

부동산의 가치 상승을 가져오는 세 가지 재료로 우리는 흔히

1) 도로의 신설확장
2) 개발계획
3) 규제 완화

등을 꼽습니다.

우리가 투자 대상 지역을 선정할 때에도 물론 위와 같은 세 가지 재료를 고려해야 합니다. 그러나, 이보다도 **더 근본적으로 생각해야 할 것**이 있습니다. 그것은 바로 '인구 증가'입니다.

도로가 신설·확장되고, 개발계획이 발표되고, 규제가 완화되면 보통 인구가 유입됩니다만 반드시 그런 것은 아닙니다. 지방에서는 위와 같은 재료에도 불구하고 인구가 유입되지 아니하여 결국 반짝했던 지가가 그냥 주저앉고 마는 사례를 우리는 여러 곳에서 찾아볼 수 있습니다.

위와 같은 재료는 단발성 호재일 뿐 장기적으로 지속 가능한 재료는 아닙니다. 장기적으로 계속해서 지가의 상승을 초래하는 것은 결국 '인구'입니다. **사람이 모이는 곳**이어야 한다는 것입니다. 인구가 증가되면 결국 도로도 신설·확장되고, 개발계획도 세워지고, 규제도 완화될 수밖에 없습니다. 왜? 필요하니까요.

2.2. 인구가 증가되는 곳은 어디인가?

그러면, 어느 지역이 인구가 증가되는 곳인지 아닌지는 어떻게 알 수 있을까요? 그것은 '**인구 통계**'와 '**도시기본계획**'을 보면 알 수 있습니다.

전국에 있는 80여 개의 도시 중 2000년부터 2010년까지 **10년간 인구증가율이 가장 높았던 도시 2개**를 꼽으면 어디어디일까요?
고양시, 광명시, 구미시, 김해시, 남양주시, 부천시, 성남시, 수원시, 시흥시, 안산시, 안양시, 용인시, 원주시, 의정부시, 익산시, 전주시, 진주시, 제주시, 창원시, 천안시, 청주시, 평택시, 포항시, 화성시…?

그것은 바로 '**용인시**'와 '**화성시**'입니다.
용인시의 인구는 2000년도 40만에서, 2005년도 70만으로 무려 75%가 늘어났고, 2010년도에는 다시 90만(89만)으로 늘어났습니다.
화성시의 인구는 2000년도 18만에서, 2005년도 28만으로 55%가 늘어났고, 2010년 6월에 50만을 돌파하여 무려 78% 이상의 인구증가율을 기록하였습니다.

한편 용인시의 인구는 2015년 98만을 거쳐서, 2016년 100만을 돌파하였고, 화성시는 2016년 1월에 인구 60만을 돌파하였습니다.

원래 2020 도시기본계획상 화성시의 2015년 계획인구는 90만이었는데, 실제 인구증가가 계획보다 훨씬 더디게 된 것은 MB정부의 4대강 개발로 수자원공사가 자금난에 봉착하여, 수자원공사가 계획했던 송산그린시티의 개발이 제대로 추진되지 못하였기 때문으로 보입니다. 그러나, 대신 동탄 신도시가 개발되어 입주가 시작되면 다시 인구가 급증할 것으로 보입니다.

인구 이야기를 조금더 해 볼까요.
인구 50만 이상의 대도시('**특정시**'라고 한답니다)는 지방자치법상 여러 특례가 인정되고 있습니다. 즉 인구 50만 이상의 시에는 자치구가 아닌 구를 둘 수 있고, 도가 처리하는 사무의 일부를 직접 처리할 수 있으며, 행정, 재정운영 및 국가의 지도감독에 대하여 그 특성을 고려하여 관계 법률로 정하는 바에 따라 특례를 둘 수 있도록 하고 있습니다.

이에 따라 지방세 배정 등 재정과 관련하여 도와 대등한 위치에 놓여 예산 수입이 늘어나고, 위임사무의 경우 도가 아닌 담당 중앙부처의 감독을 받으며, 시장이 구를 설치할 수 있는 등 행정 개편이 가능하고 독자적인 인사권을 가지며, 국토의 계획 및 이용에 관한 법률상 도시군관리계획의 결정권이 시도지사에서 시장에게 넘어가는 등 특정시는 일반시와는 다른 여러 특례가 인정되고 있습니다.

그러면 인구 50만 이상의 대도시는 몇 개나 될까요? 전국에 총 14개가 있는데 그 중 9개가 수도권에 몰려 있습니다.
인구순으로 2010년 현재 **수원시**, **성남시**, **고양시**, **부천시**, **용인시**, **안산시**, **안양시**, **남양주시**, **화성시**인데, 2015년에는 순위가 바뀌어서 고양시가 성남시를, 용인시가 부천시를 앞질렀습니다.

한편 용인시는 조만간에 성남시마저 앞질러서 세 번째로 큰 특정시가 될 것입니다. 그리고 화성시는 2010년에 비로소 인구 50만 이상의 대도시에 들어섰지만 조만간에 남양주시, 안양시, 안산시, 부천시를 추월하여 인구 순위 5위의 특정시가 될 것입니다.

2.3. 쇠퇴하는 도시들 —적어도 이 곳만은 피해야

반대로 인구가 줄어드는 도시들이 있습니다. 토지 투자를 하면서 인구의 증감을 살펴보지 않고 하는 것은 나침반도 없이 항해를 하겠다고 나서는 것과 같습니다.

저는 인구증가를 토지투자에 있어서 가장 중요한 지표 중의 하나라고 생각하지만 이러한 저의 견해에 동의하지 않으시는 분들이더라도 적어도 인구가 줄어드는 도시에 투자를 하실 때에는 심사숙고 하시기 바랍니다.

뭐 나는 쇠퇴해 가는 이 도시를 지키기 위한 역사적 사명감을 가지고 이 땅에 태어났다고 생각하시는 분들이야 어쩔 수 없지만…

투자가로서 위험을 무릅쓰고 굳이 기울어가는 배에 탈 필요는 없는 것 아니겠습니까?

그러면, 그러한 도시들에는 어떠한 것들이 있을까요? 이것 역시 인구 통계를 보아야 합니다.

2005년부터 2010년 사이에 인구가 감소한 도시들은 강원도와 전남, 전북 대부분의 도시, 경북 북부와 충남 남부의 상당수의 도시,

경남 북부의 일부 도시들입니다.

이런 도시에는 절대로 투자하지 말라는 것은 아닙니다. 그러나, 적어도 이런 지역에 투자할 때에는 <u>인구 감소라는 장기적인 risk</u>를 안고, 그럼에도 불구하고 <u>새로운 호재에 의하여 그 risk를 누를 수 있는지</u>를 면밀히 검토해 보아야 합니다.

단순히 인구의 증감뿐만 아니라 보다 더 세련된 지표들을 가지고 도시의 쇠퇴 여부를 분석한 보고서가 있어서 소개합니다.

서울대 산학협력단의 **'한국도시 쇠퇴의 실태와 특성'** 보고서에 의하면 쇠퇴도시는 대부분 인구 20만 명 이하의 지방 소도시로 농업·어업·광업 기반의 도시라고 합니다.

인구 영역에서 인구 1000명당 기초생활보장 수급자 수를, 산업경제 영역에서 사업체당 종사자 수를, 물리적 환경 영역에서 노후주택 비율을 대표 지표로 삼아 도시의 쇠퇴도를 규정한 결과 2000년부터 2005년 사이에 이들 3개 영역에서 공통적으로 쇠퇴 상위 30% 이하 범위에 포함되는 도시에는 **삼척·정읍·김제·상주·안동·문경·영주·밀양시** 등 8개의 도시가 있다고 합니다.

에구, 잘못하면 이 도시에 사는 사람들한테 몰매 맞겠다. 얼른 튀자 =3=3=3

《인터넷에서 수집한 글》

'인구' 와 '토지가격'

1994년 지방자치단체 출범 이후, 각 지자체들의 핵심 쟁점은 인구유입이었다.
지금도 그렇지만 각 지자체마다 지방재정자립의 초석은 기업을 유치해 고용을 창출하여 인구를 늘려야지만 각종 지방세수입을 통한 자급자족이 가능해졌기 때문이다.
이제는 땅 투자의 성패를 가름하는 주요 잣대가 '인구'라는 것에 반대하는 사람은 없을 정도로 알려져 있다.
용도나 지목, 개발호재가 아무리 거창해도 궁극적으로 인구가 모여들지 않고 빠져나가는 지역이라면 실패할 확률이 높다.

반면에 호재가 다소 약하다 하더라도 인구가 지속적으로 늘어나는 지역에 투자하면 성공률은 배가된다.
최근 몇 년 동안 땅값이 오른 지역을 떠올려 보라. 용인, 천안, 원주, 춘천, 당진, 새만금의 군산 등은 최근 인구유입이 어느 지역보다 두드러진 지역으로 지가상승률 또한 가파르게 상승했다.
이러한 지역에서는 토지 매물도 찾아보기 어렵다. 없어서 못 판다.

반면 사람이 꼬이지 않는 내륙의 지자체들은 참여정부시절 지방분권화를 슬로건으로 혁신도시, 기업도시 등 국가에서 정책적으로 수도권 인구의 지방 분산을 유도했지만 8년이 지난 지금도 찾는 사람이 없어 매물이 쌓이는 양극화 현상이 토지시장에도 나타나고 있는 게 현실이다.

땅도 하나의 재화이며 상품이다.
사람이 몰리는 곳은 정주 여건을 갖추어 도시계획을 수립하여 주거지의 택지지구와 학교, 문화생활을 할 수 있는 상업지구와 기업이 들어와 생산활동을 할 수 있는 산업단지를 조성해야 하기 때문에 당연히 수요와 공급이 상존한다.
사람이 몰리면 거래가 일어나고 사람과 사람 사이에 돈이 오고 간다. 그러한 곳에서는 모든 재화의 가치가 올라간다. 땅도 마찬가지다. 땅 중의 최고는 상업용지이지만, 용도지역만 상업용지라고 해서 다가 아니다.

사람이 없는 상업용지는 가치가 무가치다. 이처럼 인구는 땅의 가치를 평가하는 주요 요인이 되었다.

왜 '인구' 인가?
과거 땅 투자는 도로건설이나 개발 계획 등의 특정 호재의 유무가 투자가치를 결정하는 주요 요인이었다.
하지만 21세기 들어서는 땅 투자의 양상이 달라지기 시작했다. 예전처럼 개발 재료만 믿고 투자했다가 낭패를 보는 사례가 발생하기 시작했고, 지방의 오지에 투자했다가 원금의 절반도 회수하지 못하는 투자자가 속출했다.

그 이유가 다름아닌 인구 변화 때문이었다.
2000년대 이후 우리나라는 본격적으로 인구가 줄어들기 시작하는 시대로 접어들었다. 하지만 전체적으로 인구의 증가세가 하락하는 추세와는 대조적으로 수도권 및 교통인프라가 확충되는 일부 중소도시는 인구가 매년 늘어만 갔다.
이러한 인구 이동과 변화가 토지시장에 미친 영향은 지대하다.
그 이전에는 인구가 줄어든다는 건 사실 국민 대부분이 생각도 하지 못했기 때문에 땅 투자의 주요 잣대로 '인구증가'를 꼬집은 사람은 없었던 게 사실이다.

이제 무조건 사두기만 하면 오르는 시대가 아니다.

전남 무안에 호남을 대표하는 국제공항이 들어선 걸 모르는 사람은 거의 없을 것이다.
그러나 개항에 즈음하여 배후 신도시로 계획된 ○○도시지역의 상업용지가 평당 15만원에도 팔리지 않고 지금은 '장기 미집행 시설'로 국가에 토지매수청구권을 신청할 날도 머지 않았다(양양국제공항도 마찬가지). 이런 지역에 굵은 개발계획만 믿고 이른바 '기획부동산'의 현혹에 당한 사람이 부지기수다.
바로 인구 유입의 중요성을 간과해 실패한 투자의 대표사례일 것이다.
청사진만 요란한 지방 땅 투자의 허구성은 인구변화의 통계를 확인하는 순간, 리스크를 회피할 수 있을 것이다.

이상에서 살펴보았듯 땅의 가치를 평가하는 데 있어 **인구는 용도나 개발호재보다 더 중요한 요인**이 된다.
앞으로도 부동산시장은 인구의 이동과 변화에 따라 희비가 엇갈릴 것으로 보인다.
부동산의 가치는 지역발전과 더불어 상승한다. 그리고 그 지역발전을 예측할 수 있는 첫 번째 기준이 바로 인구 증감추세다.
최근 들어, 서해안 개발과 충청권 개발로 인구가 동에서 서로 움직이고 있다. 이에 따라 과거 개발의 전형인 부산, 대구, 울산 등지보다는 현실적으로 저평가 되어 있으면서 개발잠재력이 높은 서해권 동북아 무역기지, 경제자유구역의 부동산 가치가 높아지고 있다. 땅 투자도 지방이라고 무조건 나쁜 게 아니고 수도권이라고 다 투자가치가 높은 건 아니다.

《인터넷에서 수집한 글》

인구와 땅값의 함수관계

인해에 대한 이해는 땅값을 이해하는 중요한 지름길이 된다.
1. 땅값을 형성하고, 땅값을 올리는 요인을 이해한다.
   인구에 관련된 것들이 땅값의 주요 영향요소임을 알 수 있을 것이다.
2. 어느 지역의 생활권과 인구가 이동하는 방향을 본다.
3. 인구가 흡수 집중할 수 있는 개발호재의 유무와 실현가능성을 살펴본다.
4. 지난 3년 ~ 5년간의 도시와 지역의 인구변동의 추세와 그 원인을 살펴본다.

제품의 라이프 사이클(Life Cycle)이 도입기 – 성장기 – 성숙기 – 쇠퇴기의 4단계 사이클을 이루며 진행하듯이,
도시지역의 땅도 성장 – 쇠퇴 – 재개발의 사이클을 이루면서 변화한다는 경험칙을 이용하여, 땅값의 추세를 분석하고, 장래의 땅값 변화를 예측할 수 있다.

인구를 증가시키는 결정적인 요인과 개발호재

인구집중 흡수요인인 사업, 시설인 관공서, 대기업, 산업체, 공단, 대학교 등과 확정된 대단위 정책사업 및 개발사업이 있는가 살펴본다.
개발계획의 확실성과 규모, 그 영향력의 강도와 지방재정 자립도, 그리고 직장·일자리·학교 등 도시 자체의 자생력을 가질 수 있도록 받쳐주는 제반 인구집중시설과 인구 흡입력과 활발한 경제활동이 도시의 땅값에 많은 영향력을 주고 있다.

다만 지역의 발전형태가 단순한 관공서 밀집지대나 공장, 학교를 중심으로 한다든가, 아파트 주거단지를 중심으로 베드타운화 되어 있다면 발전에 한계가 있을 수밖에 없다.

지자체의 인구유입 의지와 장기 도시발전계획을 살펴본다
지자체의 인구증가와 행정구역 격상 의지와 노력을 살펴보면, 향후 도시가 발전할 수 있는 역동의 방향을 가늠할 수 있다.
지역 국회의원과 지자체장의 노력과 영향력 또한 중요한 점검사항이다.
또 지역개발 호재의 신빙성 타당성과 전망을 보고, 그 지역(도시)의 지역개발정책과 확정된 장기 도시발전기본계획을 살펴보아, 내가 투자를 하려는 지역이 향후 도시발전과 연계되어 있는가를 검토해 본다.

인근 도시의 발전과 팽창속도를 살펴본다
두 도시의 중간에 있는 경우 도시의 상권은 거리가 가깝고 인구가 많은 쪽으로 생활권이 형성된다[유통론의 2 도시간 이론].
예컨대 가평에 있어서는 군 내에 인구를 흡수할 수 있는 자생력이 없다고 보여지기 때문에, 북쪽지역은 춘천생활권이고, 남쪽의 청평지역은 남양주 구리지역의 생활권에 흡수된다.
같은 가평이라도 어느 쪽이 어느 방향으로 발전하여 땅값이 오를 것인가는 접하고 있는 인근의 발전도시를 살펴보는 것이 빠르다.

생활권과 인구가 이동하는 방향
어느 도시의 발전방향을 보려면, 그 도시에서 거하는 <u>**성인 인구의 이동방향**</u>을 보면 좋다.
대개의 경우 일자리나 사업체를 위하여 인근 도시로 이동하게 되므로, 어느 지역의 생활권에 속해 있는가를 살펴볼 수 있다.

또 학생의 경우에는 어느 쪽의 학교로 많이 가는지를 볼 필요가 있다.

소위 통근자와 통학자의 수와 방향과 비율을 보아서, 그 도시에 자생력이 있는지, 또 어느 생활권에 속하는지, 아니면 베드타운에 불과한 것인지를 가늠할 수 있을 것이다.

그리고 그러한 요소들이 인접지의 땅값 인상에 중요한 요소가 된다.

[사례분석례1]
인구증가율 상위 10위와 땅값 상승률

구 분	인구 (천명)			땅값 상승률 (전년대비)				
	2000	2005	증가율(%)	2001	2002	2003	2004	2005
3. 화성시	189	289	52.4	3.4	14.4	6.9	5.2	9.1
1. 용인시	386	690	78.6	3.9	12.2	3.5	5.7	7.7
8. 파주시	178	242	35.8	2.8	15.4	4.3	13.3	5.8
7. 대전유성	162	223	37.2	1.3	4.7	7.4	4.1	10.2
9. 김포시	150	196	35.8	-	-	-	-	-
6. 양주시	110	152	37.8	-	-	-	-	-
전국평균	-	-		1.3	9.0	3.4	3.9	5.0

(자료: 한국토지공사)

[사례분석례2]
지난 10년간 광역자치단체 인구 추이

시도	1997	1998	1999	2000	2001	2002	2003	2004	2005	2006
전국	46,684	46,991	47,336	47,733	48,022	48,230	48,387	48,584	48,782	48,992
서울	10,336	10,271	10,264	10,311	10,263	10,207	10,174	10,179	10,167	10,181
부산	3,851	3,829	3,817	3,797	3,771	3,730	3,691	3,666	3,638	3,612

대구	2,488	2,493	2,506	2,584	2,525	2,526	2,530	2,525	2,511	2,496
인천	2,446	2,485	2,509	2,546	2,565	2,578	2,570	2,579	2,600	2,624
광주	1,324	1,339	1,357	1,372	1,384	1,397	1,396	1,401	1,402	1,498
대전	1,318	1,341	1,364	1,386	1,403	1,420	1,432	1,443	1,455	1,466
울산	1,010	1,015	1,024	1,040	1,056	1,065	1,073	1,081	1,088	1,092
경기	8,471	8,673	8,934	9,219	9,544	9,927	10,207	10,463	10,697	10,908
강원	1,537	1,553	1,557	1,555	1,552	1,539	1,527	1,521	1,513	1,505
충북	1,471	1,484	1,492	1,498	1,497	1,493	1,490	1,489	1,489	1,495
충남	1,897	1,913	1,919	1,922	1,928	1,908	1,913	1,953	1,963	1,974
전북	2,002	2,009	2,010	1,999	2,006	1,954	1,954	1,907	1,885	1,868
전남	2,163	2,171	2,155	2,131	2,099	2,054	2,018	1,986	1,967	1,943
경북	2,799	2,810	2,809	2,797	2,785	2,757	2,721	2,696	2,688	2,689
경남	3,044	3,070	3,080	3,094	3,107	3,124	3,139	3,144	3,160	3,173
제주	528	534	539	542	547	551	552	555	558	558

(천명)

신도시의 정착과 각종 택지개발 등이 활발히 이루어지면서 지난 10년간 전국에서 경기도로의 인구 순전입 규모가 200만 명에 육박하는 것으로 집계됐다. 통계청에 따르면 지난 1997년부터 2006년까지 전국 16개 광역시도의 시도별 인구이동을 집계한 결과 경기도가 순전입 인구 197만 7,527명으로 전국 시도 중에서 압도적으로 많은 것으로 나타났다.

경기도 외에 전입인구가 많은 곳은 대전 6만 9,234명, 인천 6만 7,020명, 충남 3만 7,274명, 울산 9,032명 등으로 수도권이거나 정부청사 신설지역, 산업활동이 활발한 지역 등이었다.
이에 비해 같은 기간 서울은 순전출 인구가 86만 4,493명이나 돼 전국에서 인구가 가장 많이 빠져나간 지역이 됐다. 서울의 경우 인근 경기도에 신도시나 택지개발지구 등이 확대 또는 신설되면서 상대적으로 집값이 싸고 쾌적한 주거환경을 찾아간 이주가 많았던 것으로 풀이된다.

또 부산이 -40만 192명, 전남이 -27만 3667명, 전북이 -20만 5,198명, 경북이 -17만 6,299명, 대구가 -12만 7,450명, 강원 -7만 4,696명 등을 나타냈다.

인구증가율이 높은 도시의 땅값이 더 많이 오름을 대체로 엿볼 수 있다.

《인터넷에서 수집한 글》

인구로 풀어보는 수도권 토지투자요령
남양주 화성 50만 넘고
양평 10만 육박, 여주는 10만 넘어

글쓴이 이승진 가야컨설팅 http://www.higaya.net 대표

2011년 7월 말 기준으로 나온 행정안전부의 수도권 인구통계를 놓고,
잠시 수도권의 토지투자요령을 함께 공부해 보기로 한다.

남양주 57만 명, 화성이 51만 명으로 대도시 반열에 올라
경기도 인구는 1,200만 명을 넘어 전국 인구의 약 25%에 달한다.
경기도는 서울 인천과 함께 수도권으로 불리우며, 수도권정비계획법의 규제를 받고 있다.
현재 31개 행정구역이 있으며, 이 중 2010년 말 인구 50만이 넘는 대도시는 수원, 성남, 고양, 부천, 용인, 안산, 안양 등 7대 도시가 있다.
2010년 7월 말 경기도 시 군별 인구에 관한 행정안전부의 통계에 따르면, 7대 도시 이외에 남양주가 57만 명, 화성이 51만 명으로, 경기도에서 인구 50만 명이 넘는 대도시는 이제 9개로 늘었다. 뒤를 이어 의정부 43만, 평택 42만, 시흥이 40만 명으로 기록되고 있다.
인구 50만 이상의 대도시의 경우에는 시의 행정조직이 확대됨은 물론, 산하 비자치단체 구를 둘 수 있으며, 그린벨트 시가화조정구역 등을 제외한 도시관리계획을 자체적으로 수립할 수 있어, 시의 권한이 막강해진다.

여주는 10만 돌파, 양평은 10만 육박

군지역에서 시(도농복합시 포함)로 승격하기 위하여는 다른 요건도 있지마는, 가장 기본적인 것이 총인구가 10만이 넘어야 하는 것이다.

2년 연속 연말 기준 주민등록 인구가 10만 명이 넘어야 시로 승격할 수 있는 최소한의 기본요건이 된다.

2011년 7월 말 기준으로 일단 여주는 10만 명이 넘었다.(109,045명) 재정자립도 등 다른 요건이 거의 갖추어진 상태로 보아, 여주는 이제 시 승격이 눈앞에 와 있다고 보여 진다.

또 양평도 97,992명으로 10만 명에 바짝 다가섰다.

여주의 경우 시 승격으로 시의 행정조직이 확대되고, 자치능력이 향상되며, 개발의욕이 늘어, 군민의 사기가 오를 것으로 예상된다. 부동산 시장에도 호재임이 틀림없다.

경기도에 인구 10만이 안 되는 시·군으로는 동두천시, 과천시와 연천군만 남게 된다.

인구증가율 상위지역은 북부의 파주 양주 남양주와 남부의 오산 광명시

2010년도 경기도 내 시군별 연간 인구증가율을 보면 북부지역의 파주 양주 남양주와 남부지역의 오산 광명시가 가장 높았다. 그 뒤로 김포 광주 양평 용인 안성 등의 인구증가율이 높았다. 인구증가의 원인에는 자연증가와 신규 아파트 증설 및 개발사업 등 이동증가가 있을 것이므로, 지역별로 그 내용을 잘 살펴보아야 할 것이다. 그러나 여하튼간에 **지속적인 인구증가는 장기적인 땅값 상승**에 절대적인 영향력을 미친다는 점에서 향후에도 해당 지역에 인구증가가 계속되는지를 잘 관찰할 필요가 있을 것이다.

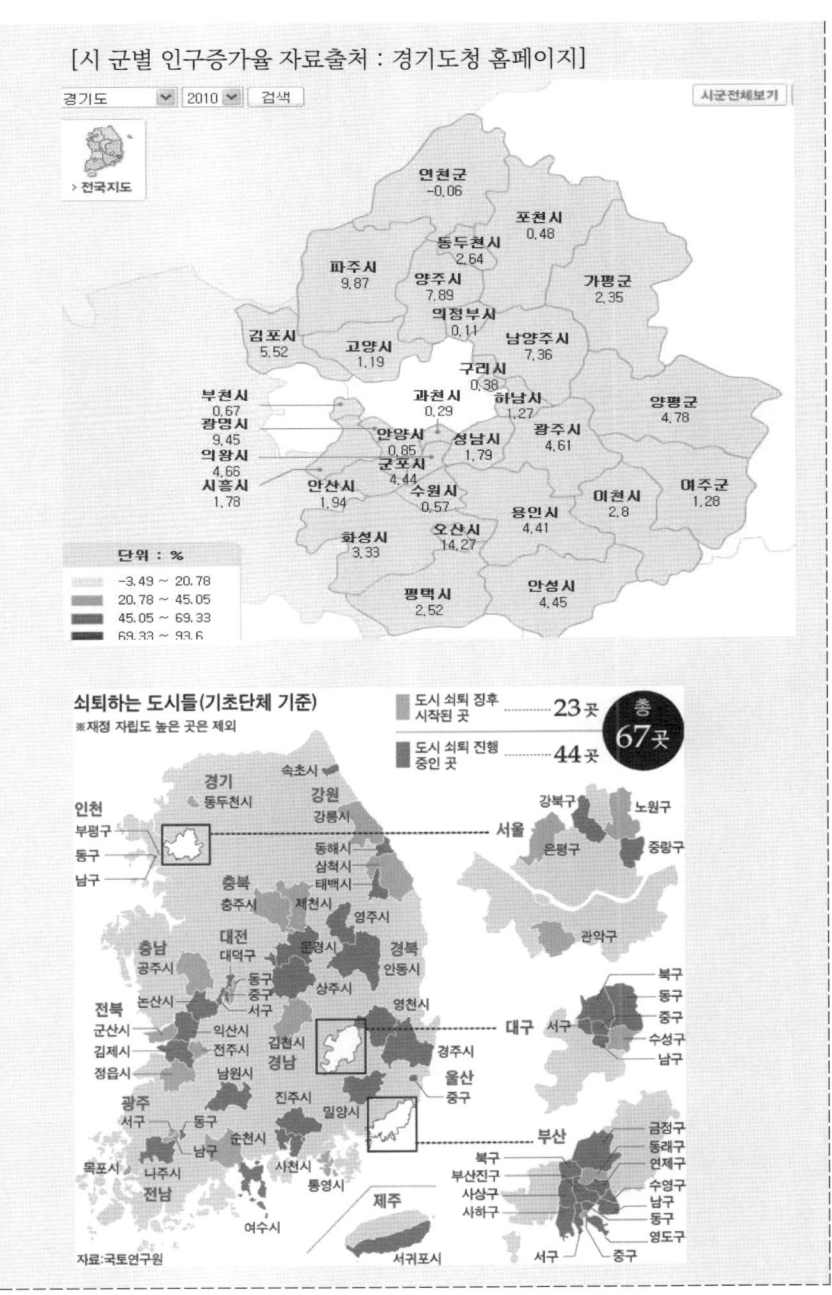

第三講
제 3강

지목과 용도지역
―이것만은 꼭 알고 투자하자

3.1. 어떤 땅을 살 것인가 ―지목과 용도지역

다음으로 이제 어떤 땅을 사야 할까요?
'좋~은' 땅?
글쎄 그 '좋~은' 땅이 어떤 거냐구요?

땅은 현재의 주된 용도에 따라 전·답·과수원 등의 농지, 임야, 대지, 잡종지, 창고용지, 공장용지, 도로, 하천, 유지, 염전 등으로 나눌 수 있습니다. 이른바 **지목**이라는 것이지요.

여기서 가장 좋은 것은 물론 집이나 건물을 지을 수 있는 '대지' 또는 '잡종지'입니다. 그러나 '대지' 또는 '잡종지'의 가격은 다른 지목의 땅값에 비해 훨씬 비쌉니다.

토지 투자가의 입장에서는 좋은 땅이 아니지요. 왜냐하면 이런 애들은 벌써 다 '큰 놈'이기 때문입니다.
이미 다 '큰 놈'보다는 앞으로 '클 놈'이 투자가의 입장에서는 '좋~

은' 놈들입니다. 그래서 투자가들은 농지와 임야를 찾는 것입니다. 앞으로 '클 놈'으로 기대가 되는 아이들이지요.

예를 들어, 어떤 분에게 10억원의 자금이 있다고 합시다. 이 돈으로 도심에 있는 대지 평당 1,000만원짜리 땅 100평을 사서 그 땅이 평당 2,000만원이 되기를 기다리는 것보다는 지방에 있는 임야 평당 10만원짜리 땅 10,000평을 사서 그 땅이 평당 20만원이 되기를 기다리는 것이 훨씬 더 나은 투자방법일 것입니다.

그렇기 때문에 우리는 이미 개발된 지역의 성숙된 땅보다는 아직 **개발이 덜 된 지역의 미성숙된 땅**을 찾아서 투자를 해야 하는 것입니다.

그러면 농지와 임야는 아무거나 사면 될까요? 제 글에 조금 익숙해진 분들은 제가 이렇게 물으면 벌써 '아~니요'라고 답할 준비가 되어 있으실 것입니다.
그렇습니다. 농지나 임야라고 해서 아무거나 사도 되는 것이 아닙니다.

그 중에서도 개발이 가능한 것, 다시 말해 **앞으로 '클 수 있는'** 놈을 사야 하는 것입니다. 앞으로도 '클 수 없는' 놈은 소용이 없습니다.

그러면 앞으로 '클 수 있는' 놈과 앞으로도 '클 수 없는' 놈을 어떻게 알아볼 수 있냐구요?
예, 이제부터 저와 함께 배워나갈 것입니다.

지방을 다니다 보면 4차선 도로 옆에 네모 반듯하게 경지 정리가 잘 되어 있는 너른 평야를 볼 수 있습니다. 아주 잘 생긴 땅이지요. '보암직도 하고 먹음직도 한' 이런 땅이 앞으로 '클 수 있는' '좋~은' 땅일까요?

이런 땅은 거의 '농업진흥구역'으로 지정되어 있습니다. 무슨 말이냐 하면 이 땅에서는 농사만 지으라는 것입니다.

누가?
국가가?

왜?
몰라, 나라에서 그냥 그렇게 정했어.

누구 맘대로?
나라 맘대로.

그런게 어디 있어, 난 그냥 여기다 집 짓고 살래.
까불지 마라, 그러다 다친다. ㅎㅎ

우리나라에서는 전 국토를 효율적으로 관리·사용하기 위하여 **'국토의 계획 및 이용에 관한 법률'**이라는 법을 제정하여 용도지역, 용도구역, 용도지구라는 어려운 말을 사용하면서, 어떤 땅에서는 30층짜리 빌딩도 지을 수 있게 하고, 어떤 땅에서는 그저 **쬐끄만** 농가주택이나 지을 수 있게 하고 있습니다.

3.2. 용도지역을 모르고는 토지 투자를 하지 마라

지난 시간에는 제가 '지목'에 관하여 말씀드렸고 끝에 '용도지역'을 살짝 언급했습니다. 그런데 '토지 투자'를 하는 데 골머리 아프게 이런 걸 알아야 하냐구요?

제가 '토지 경매'에 관한 강좌를 개설하면서 처음에 말씀드렸지요?

투자규칙 제1조: 절대 돈을 잃지 마라.

'거의' 절대 돈을 잃지 않는 안전한 투자 수단이 있는데 그것은 바로 '토지'이다.

그러나, 여기에는 두 가지 전제조건이 있는데,
첫째 사기당하지 않아야 한다는 것과
둘째 '과학적으로' 투자해야 한다는 것이다.

토지 투자를 하는 사람들이 사기당하지 않고 과학적으로 투자하기 위해서 알아야 할 가장 기초적인 것이 바로 '지목'과 '용도지역'입니다. 그러니까 여기서부터 골머리 아파서 못해먹겠다 하시는 분들은 그냥 투자를 포기하십시오. 그것이 그나마 있는 돈을 까먹지 않는 길일 것입니다. 그래도 나는 투자는 해야겠다 하시는 분들은 줄이나 잘 서십시오. **줄 잘 서는 것도 재주**입니다.

말세에 여기저기 나타나는 거짓 선지자처럼 '나는 백억 벌었네, 나는 몇십 억 벌었네' 하다가 쪽박 차는 사람들 쫓아다니지 말고, 진정한 실력을 갖춘 무림의 고수를 찾아서 그분들 따라 묻어 가십시오. 단 그분들의 실적은 꼭 확인하십시오. 성공한 것뿐만 아니라 실패한 것까지 포함해서 real 성적표를 확인하십시오.

각설하고 토지 투자를 하려는 사람들이 기본적으로 알아야 할 것 '지목'과 '용도지역' 중에서 더욱 중요한 것은 '용도지역'입니다.

'용도지역'이란 쉽게 이야기하면 **국가가 땅의 신분을 정해 주는 것**입니다. '너는'이라기보다는 '여기서부터 여기까지'에 있는 땅은 '성골', '여기서부터 여기까지'에 있는 땅은 '진골'… 이렇게 말입니다.

그리고, 국가가 정해 준 신분에 따라 어떤 땅에서는 30층짜리 빌딩도 지을 수 있고, 어떤 땅에서는 조그만 농가주택밖에 못 짓고 하는 것입니다.

그러니까 물론 '성골'지역 안에 있는 땅이 제일 비싸겠지요.

그러면 그 신분은 어떻게 나뉠까요? 크게 나누면 **'도·관·농·자'**입니다. 즉 '도시지역', '관리지역', '농림지역', '자연환경보전지역'입니다.
'도시지역'은 다시 **주·상·공·녹** 즉 '주거지역', '상업지역', '공업지역', '녹지지역'으로 나뉩니다.
'관리지역'은 또 '계획관리지역', '생산관리지역', '보전관리지역'으로 나뉩니다.

이제부터 각각의 용도지역에 대하여 좀더 자세히 알아보겠습니다. 자, 머리끈 질끈 동여매고 따라오십시오. '경제적 자유'를 얻을 수 있는 '토지 투자'의 길을 가기 위한 첫 관문입니다. 제가 되도록 쉽게 설명할 테니 지레 겁을 먹지는 마시고요.

3.3. 용도지역, 알고 보니 어렵지 않네

먼저 도시지역부터 살펴보겠습니다.

'도시지역'은 사람들이 잠을 자고 일상생활을 영위하는 '**주거지역**', 사람들이 모여서 먹고 마시고 놀고 장사도 하는 '**상업지역**', 물건을 만드는 공장들이 몰려 있는 '**공업지역**', 도시의 허파라 할 수 있는 '**녹지지역**' 등으로 나눕니다.

다음으로 비도시지역은 '관리지역', '농림지역', '자연환경보전지역'으로 나뉘는데,

'관리지역'은 깍두기 같은 것으로, 다시
비도시지역이지만 도시지역의 성격을 띠고 앞으로 도시지역으로의 편입이 예상되는 '**계획관리지역**',
농림지역과 비슷하지만 농림지역으로 지정하여 관리하기 곤란한 '**생산관리지역**',
자연환경보전지역과 비슷하지만 자연환경보전지역으로 지정하여 관리하기 곤란한 '**보전관리지역**'으로 나뉘고,

'농림지역'은 시골에서 경지정리가 잘 되어 있는 농지나 산 속의

임야 같은 데이고,

'**자연환경보전지역**'은 시골의 경치 좋은 곳, 수자원이나 문화재 등을 보전해야 할 필요가 있는 곳 같은 데입니다.

한 가지 주의해야 할 것은 도시지역인 '녹지지역'이 다시 '**보전녹지지역**', '**생산녹지지역**', '**자연녹지지역**'으로 나뉘는데, 이것은 어디까지나 도시지역으로서, 비도시지역인 '**보전관리지역**', '**생산관리지역**', '**자연환경보전지역**'과는 다른 것이니, 용어가 비슷하다고 하여 혼동하시면 안 됩니다.

자 이쯤해서, '에구~ 나는 그냥 줄이나 잘 서야겠다'고 생각하시는 분들이 분명 나올 것 같습니다. 그런 분들에게는, 처음에는 머리에 잘 안 들어오더라도 자꾸 읽어보고 용어를 되뇌어보다 보면 분명 개념이 잡힐 것이니 용기를 잃지 마시고 조금만 더 따라오시라는 말씀을 드리고 싶습니다.

또, '아니 이런 용어들은 도대체 누가 만든 거야? 한변호사가 제 멋대로 만든 것인가?' 의구심을 갖는 분들도 계실지 모르겠습니다. 아니오, 이런 말들은 다 '법'에 나오는 것입니다. 여러분들은 지금 저와 함께 '법'을 공부하고 있는 것입니다. 여러분들은 지금 토지에 투자해서 돈을 벌려고 하다가 '법학도'가 된 것입니다. ㅎㅎ 여러분들에게 누가 '뭐하세요?' 하고 물으면 '법을 공부하고 있습니다' 하세요. ㅎㅎ

자, 제 말이 정말 맞는지 한번 살펴볼까요. '**국토의 계획 및 이용에 관한 법률**'을 보면, 제6조에 이런 내용이 있습니다.

국토는 토지의 이용실태 및 특성, 장래의 토지 이용 방향, 지역 간 균형발전 등을 고려하여 다음과 같은 용도지역으로 구분한다.

    1. **도시지역** : 인구와 산업이 밀집되어 있거나 밀집이 예상되어 그 지역에 대하여 체계적인 개발·정비·관리·보전 등이 필요한 지역

    2. **관리지역** : 도시지역의 인구와 산업을 수용하기 위하여 도시지역에 준하여 체계적으로 관리하거나 농림업의 진흥, 자연환경 또는 산림의 보전을 위하여 농림지역 또는 자연환경보전지역에 준하여 관리할 필요가 있는 지역

    3. **농림지역** : 도시지역에 속하지 아니하는 '농지법'에 따른 농업진흥지역 또는 '산지관리법'에 따른 보전산지 등으로서 농림업을 진흥시키고 산림을 보전하기 위하여 필요한 지역

    4. **자연환경보전지역** : 자연환경·수자원·해안·생태계·상수원 및 문화재의 보전과 수산자원의 보호·육성 등을 위하여 필요한 지역

또 제36조에는 이런 내용이 있습니다.

국토교통부 장관, 시·도지사 또는 대도시 시장은 다음 각 호의 어느 하나에 해당하는 용도지역의 지정 또는 변경을 도시·군관리계획으로 결정한다.

    1. 도시지역 : 다음 각 목의 어느 하나로 구분하여 지정한다.

    가. **주거지역** : 거주의 안녕과 건전한 생활환경의 보호를 위하여 필요한 지역

    나. **상업지역** : 상업이나 그 밖의 업무의 편익을 증진하기 위하여

필요한 지역

    다. **공업지역** : 공업의 편익을 증진하기 위하여 필요한 지역

    라. **녹지지역** : 자연환경·농지 및 산림의 보호, 보건위생, 보안과 도시의 무질서한 확산을 방지하기 위하여 녹지의 보전이 필요한 지역

  2. 관리지역 : 다음 각 목의 어느 하나로 구분하여 지정한다.

    가. **보전관리지역** : 자연환경 보호, 산림 보호, 수질오염 방지, 녹지공간 확보 및 생태계 보전 등을 위하여 보전이 필요하나, 주변 용도지역과의 관계 등을 고려할 때 자연환경보전지역으로 지정하여 관리하기가 곤란한 지역

    나. **생산관리지역** : 농업·임업·어업 생산 등을 위하여 관리가 필요하나 주변 용도지역과의 관계 등을 고려할 때 농림지역으로 지정하여 관리하기가 곤란한 지역

    다. **계획관리지역** : 도시지역으로의 편입이 예상되는 지역이나 자연환경을 고려하여 제한적인 이용·개발을 하려는 지역으로서 계획적·체계적인 관리가 필요한 지역

  3. 농림지역

  4. 자연환경보전지역

3.4. 나도 이제 법학도라구 !!!

'도·관·농·자', '주·상·공·녹'… 이런 말들이 제가 만든 말이 아니라 '법'에 나오는 말이고, 여러분은 지금 이런 '법'을 배우고 있는 '법학도'라는 말, 하나도 틀림이 없는 이야기이지요?

자, 이제 토지 투자를 위해 꼭 알아야 할 내용 중에 가장 중요한 한 고비를 넘어가고 있습니다.

그런데, 다시 한 번… 이런 걸 꼭 알아야 되나요? 옛날에는 이런 것 몰라도 땅 사고팔면서 돈만 잘 벌었던 것 같은데…

물론 20세기에는 이런 것 필요 없었지요. 아니, 이런 것 있지조차 않았지요. 하지만 21세기에 대한민국에서 토지 투자를 하려는 사람들은 이런 것을 알아야 합니다.

이쯤해서 다시 한 번 상기시켜 드려야겠네요. 제가 '절대로' 돈을 잃지 말라는 투자 규칙 제1조를 지키면서, '거의' 절대로 돈을 잃지 않는 투자 수단인 토지에 투자하기 위해서는 '사기당하지 않아야 한다'는 것과 '과학적으로 투자해야 한다'는 두 가지 전제조건을 갖추어야 한다고 말씀드린 바 있지요?

바로 이 두 가지 전제조건을 갖추기 위한 토대가 '**지목**'과 '**용도지역**'을 아는 것입니다.

다시 또 법 이야기로 돌아가야 되겠습니다. 우리나라 법은 어떤 땅에서 어떤 건축물을 건축할 수 있는지를 법으로 정해놓고 있습니다.

단독주택을 지을 수 있는지, 연립주택을 지을 수 있는지, 아파트를 지을 수 있는지, 63빌딩을 지을 수 있는지, 공장을 지을 수 있는지, 교회를 지을 수 있는지…

또 짓는다면 몇 층까지 지을 수 있는지, 심지어는 옆으로 넓게 지을지, 위로 높게 지을지도 내 맘대로 못하고, 법에 정해진 내용을 지키면서 그 범위 내에서 지어야 합니다.

그러니까, 골치 아프지만 법을 알아야 하는 것입니다. 또 기분 나쁘지만 그 법을 지켜야지, 내 맘대로 해서는 안 되는 것입니다.

이제까지 어려운 길을 걸어왔습니다. 더 이상의 자세한 내용은 필요한 때에 전문가와 상담하시는 것이 나을 것입니다. 지금 이 자리에서 그런 것까지 다 알려고 하다가는 정말 머리에 쥐가 나서 토지 투자, 해 보지도 못하고 포기하고 말아버릴 것 같으니까요.

마지막으로 한 번 더 정리해 드리고 이 장을 마감하겠습니다. 한변은 워나~악 친절한 사람이라니까요.ㅎㅎ

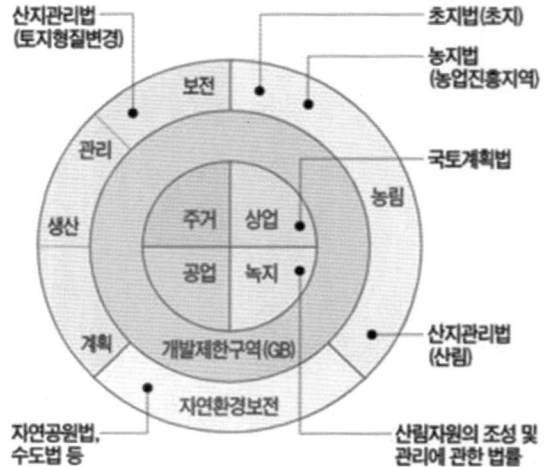

《자료정리 1》

《공간정보의 구축 및 관리 등에 관한 법률 시행령》
[시행 2016.1.25.] [대통령령 제26922호, 2016.1.22., 타법개정]
←「측량·수로조사 및 지적에 관한 법률 시행령」 제58조

제58조(지목의 구분) 법 제67조제1항에 따른 지목의 구분은 다음 각 호의 기준에 따른다.

1. **전**
물을 상시적으로 이용하지 않고 곡물·원예작물(과수류는 제외한다)·약초·뽕나무·닥나무·묘목·관상수 등의 식물을 주로 재배하는 토지와 식용(食用)으로 죽순을 재배하는 토지

2. **답**
물을 상시적으로 직접 이용하여 벼·연(蓮)·미나리·왕골 등의 식물을 주로 재배하는 토지

3. **과수원**
사과·배·밤·호두·귤나무 등 과수류를 집단적으로 재배하는 토지와 이에 접속된 저장고 등 부속시설물의 부지.
다만, 주거용 건축물의 부지는 "대"로 한다.

4. 목장용지
다음 각 목의 토지. 다만, 주거용 건축물의 부지는 "대"로 한다.
가. 축산업 및 낙농업을 하기 위하여 초지를 조성한 토지
나. 「축산법」 제2조제1호에 따른 가축을 사육하는 축사 등의 부지

다. 가목 및 나목의 토지와 접속된 부속시설물의 부지

5. **임야**
산림 및 원야(原野)를 이루고 있는 수림지(樹林地)·죽림지·암석지·자갈땅·모래땅·습지·황무지 등의 토지

6. 광천지
지하에서 온수·약수·석유류 등이 용출되는 용출구(湧出口)와 그 유지(維持)에 사용되는 부지.
다만, 온수·약수·석유류 등을 일정한 장소로 운송하는 송수관·송유관 및 저장시설의 부지는 제외한다.

7. 염전
바닷물을 끌어들여 소금을 채취하기 위하여 조성된 토지와 이에 접속된 제염장(製鹽場) 등 부속시설물의 부지.
다만, 천일제염 방식으로 하지 아니하고 동력으로 바닷물을 끌어들여 소금을 제조하는 공장시설물의 부지는 제외한다.

8. **대**
가. 영구적 건축물 중 주거·사무실·점포와 박물관·극장·미술관 등 문화시설과 이에 접속된 정원 및 부속시설물의 부지
나. 「국토의 계획 및 이용에 관한 법률」 등 관계 법령에 따른 택지조성공사가 준공된 토지

9. **공장용지**
가. 제조업을 하고 있는 공장시설물의 부지
나. 「산업집적활성화 및 공장설립에 관한 법률」 등 관계 법령에 따른 공장부지 조성공사가 준공된 토지
다. 가목 및 나목의 토지와 같은 구역에 있는 의료시설 등 부속시

설물의 부지

10. 학교용지
학교의 교사(校舍)와 이에 접속된 체육장 등 부속시설물의 부지

11. 주차장
자동차 등의 주차에 필요한 독립적인 시설을 갖춘 부지와 주차전용 건축물 및 이에 접속된 부속시설물의 부지.
다만, 다음 각 목의 어느 하나에 해당하는 시설의 부지는 제외한다.
가. 「주차장법」 제2조제1호가목 및 다목에 따른 노상주차장 및 부설주차장(「주차장법」 제19조제4항에 따라 시설물의 부지 인근에 설치된 부설주차장은 제외한다)
나. 자동차 등의 판매 목적으로 설치된 물류장 및 야외전시장

12. 주유소용지
다음 각 목의 토지.
다만, 자동차·선박·기차 등의 제작 또는 정비공장 안에 설치된 급유·송유시설 등의 부지는 제외한다.
가. 석유·석유제품 또는 액화석유가스 등의 판매를 위하여 일정한 설비를 갖춘 시설물의 부지
나. 저유소(貯油所) 및 원유저장소의 부지와 이에 접속된 부속시설물의 부지

13. **창고용지**
물건 등을 보관하거나 저장하기 위하여 독립적으로 설치된 보관시설물의 부지와 이에 접속된 부속시설물의 부지

14. **도로**
다음 각 목의 토지.

다만, 아파트·공장 등 단일 용도의 일정한 단지 안에 설치된 통로 등은 제외한다.
가. 일반 공중(公衆)의 교통 운수를 위하여 보행이나 차량운행에 필요한 일정한 설비 또는 형태를 갖추어 이용되는 토지
나. 「도로법」 등 관계 법령에 따라 도로로 개설된 토지
다. 고속도로의 휴게소 부지
라. 2필지 이상에 진입하는 통로로 이용되는 토지

15. 철도용지
교통 운수를 위하여 일정한 궤도 등의 설비와 형태를 갖추어 이용되는 토지와 이에 접속된 역사(驛舍)·차고·발전시설 및 공작창(工作廠) 등 부속시설물의 부지

16. 제방
조수·자연유수(自然流水)·모래·바람 등을 막기 위하여 설치된 방조제·방수제·방사제·방파제 등의 부지

17. **하천**
자연의 유수(流水)가 있거나 있을 것으로 예상되는 토지

18. **구거**
용수(用水) 또는 배수(排水)를 위하여 일정한 형태를 갖춘 인공적인 수로·둑 및 그 부속시설물의 부지와 자연의 유수(流水)가 있거나 있을 것으로 예상되는 소규모 수로부지

19. **유지(溜池)**
물이 고이거나 상시적으로 물을 저장하고 있는 댐·저수지·소류지(소유지)·호수·연못 등의 토지와 연·왕골 등이 자생하는 배수가 잘 되지 아니하는 토지

20. 양어장
육상에 인공으로 조성된 수산생물의 번식 또는 양식을 위한 시설을 갖춘 부지와 이에 접속된 부속시설물의 부지

21. 수도용지
물을 정수하여 공급하기 위한 취수·저수·도수(導水)·정수·송수 및 배수 시설의 부지 및 이에 접속된 부속시설물의 부지

22. **공원**
일반 공중의 보건·휴양 및 정서생활에 이용하기 위한 시설을 갖춘 토지로서 「국토의 계획 및 이용에 관한 법률」에 따라 공원 또는 녹지로 결정·고시된 토지

23. 체육용지
국민의 건강증진 등을 위한 체육활동에 적합한 시설과 형태를 갖춘 종합운동장·실내체육관·야구장·골프장·스키장·승마장·경륜장 등 체육시설의 토지와 이에 접속된 부속시설물의 부지. 다만, 체육시설로서의 영속성과 독립성이 미흡한 정구장·골프연습장·실내수영장 및 체육도장, 유수(流水)를 이용한 요트장 및 카누장, 산림 안의 야영장 등의 토지는 제외한다.

24. 유원지
일반 공중의 위락·휴양 등에 적합한 시설물을 종합적으로 갖춘 수영장·유선장(遊船場)·낚시터·어린이놀이터·동물원·식물원·민속촌·경마장 등의 토지와 이에 접속된 부속시설물의 부지. 다만, 이들 시설과의 거리 등으로 보아 독립적인 것으로 인정되는 숙식시설 및 유기장(遊技場)의 부지와 하천·구거 또는 유지[공유(公有)인 것으로 한정한다]로 분류되는 것은 제외한다.

25. 종교용지
일반 공중의 종교의식을 위하여 예배·법요·설교·제사 등을 하기 위한 교회·사찰·향교 등 건축물의 부지와 이에 접속된 부속시설물의 부지

26. 사적지
문화재로 지정된 역사적인 유적·고적·기념물 등을 보존하기 위하여 구획된 토지. 다만, 학교용지·공원·종교용지 등 다른 지목으로 된 토지에 있는 유적·고적·기념물 등을 보호하기 위하여 구획된 토지는 제외한다.

27. 묘지
사람의 시체나 유골이 매장된 토지, 「도시공원 및 녹지 등에 관한 법률」에 따른 묘지공원으로 결정·고시된 토지 및 「장사 등에 관한 법률」 제2조제9호에 따른 봉안시설과 이에 접속된 부속시설물의 부지.
다만, 묘지의 관리를 위한 건축물의 부지는 "대"로 한다.

28. 잡종지
다음 각 목의 토지. 다만, 원상회복을 조건으로 돌을 캐내는 곳 또는 흙을 파내는 곳으로 허가된 토지는 제외한다.
가. 갈대밭, 실외에 물건을 쌓아두는 곳, 돌을 캐내는 곳, 흙을 파내는 곳, 야외시장, 비행장, 공동우물
나. 영구적 건축물 중 변전소, 송신소, 수신소, 송유시설, 도축장, 자동차운전학원, 쓰레기 및 오물처리장 등의 부지
다. 다른 지목에 속하지 않는 토지

《자료정리 2》

《용도별 건축물의 종류》

건축법 시행령 제3조의5 관련
[별표 1] <개정 2014.11.28.><개정 2016.2.11.>
작성일 2016.5.7.

<안녕하세요, 한덕렬 변호사입니다. 제가 인터넷에 올리는 글은 복사 방지를 하지 않습니다. 얼마든지 복사해 가서 사용하셔도 좋습니다. 다만 다른 카페에 올릴 때에는 꼭 출처를 밝혀 주시기 바랍니다.
또 저는 글을 올릴 때 꼭 작성일 또는 수정일을 명기합니다. 법은 바뀝니다. 인터넷에 올라오는 글 중에 출처도 밝히지 않고 인용, 재인용을 거치면서 가끔 2000년대 법의 내용을 가지고 지금 통용되는 것인 양 올라오는 글이 있는데, 상당히 무책임한 일입니다. 남의 글을 볼 때에는 꼭 그 글이 언제 작성된 것인지 유념해서 보시기 바랍니다.>

건축법 제2조 제2항은,
'**건축물의 용도**는 다음과 같이 구분하되, 각 용도에 속하는 건축물의 세부 용도는 대통령령으로 정한다'고 하면서,
1. 단독주택
2. 공동주택
3. 제1종 근린생활시설
4. 제2종 근린생활시설
 (이하 생략)
등을 열거하고 있고,
이에 따라 건축법 시행령 제3조의5(용도별 건축물의 종류)는, '법 제2조제2항 각 호의 용도에 속하는 건축물의 종류는 별표 1과 같다'고 하고, 별표 1은 다음과 같이 '용도별 건축물의 종류'에 대하여 자세한 규정을 두고 있습니다.
이는 **각 용도지역에서 건축할 수 있는 건축물의 종류**를 알아보기 위한 전제가 되는 것이므로, 이번 기회에 한번 정리를 하여 보겠습니다.

1. 단독주택
[단독주택의 형태를 갖춘 가정어린이집·공동생활가정·지역아동센터 및 노인복지시설(노인복지주택은 제외한다)을 포함한다]
가. **단독주택**
나. **다중주택**: 다음의 요건을 모두 갖춘 주택을 말한다.
   1) 학생 또는 직장인 등 여러 사람이 장기간 거주할 수 있는 구조로 되어 있는 것
   2) 독립된 주거의 형태를 갖추지 아니한 것(각 실별로 욕실은 설치할 수 있으나, 취사시설은 설치하지 아니한 것을 말한다. 이하 같다)
   3) 연면적이 330제곱미터 이하이고 층수가 3층 이하인 것
다. **다가구주택**: 다음의 요건을 모두 갖춘 주택으로서 공동주택에 해당하지 아니하는 것을 말한다.
   1) 주택으로 쓰는 층수(지하층은 제외한다)가 3개 층 이하일 것. 다만, 1층의 바닥면적 2분의 1 이상을 필로티 구조로 하여 주차장으로 사용하고 나머지 부분을 주택 외의 용도로 쓰는 경우에는 해당 층을 주택의 층수에서 제외한다.
   2) 1개 동의 주택으로 쓰이는 바닥면적(부설 주차장 면적은 제외한다. 이하 같다)의 합계가 660제곱미터 이하일 것
   3) 19세대 이하가 거주할 수 있을 것
라. 공관(公館)

2. 공동주택
[공동주택의 형태를 갖춘 가정어린이집·공동생활가정·지역아동센터·노인복지시설(노인복지주택은 제외한다) 및 「주택법 시행령」 제3조제1항에 따른 원룸형 주택을 포함한다].
다만, 가목이나 나목에서 층수를 산정할 때 1층 전부를 필로티 구조로 하여 주차장으로 사용하는 경우에는 필로티 부분을 층수에서 제외하고,

다목에서 층수를 산정할 때 1층의 바닥면적 2분의 1 이상을 필로티 구조로 하여 주차장으로 사용하고 나머지 부분을 주택 외의 용도로 쓰는 경우에는 해당 층을 주택의 층수에서 제외하며, 가목부터 라목까지의 규정에서 층수를 산정할 때 지하층을 주택의 층수에서 제외한다.

가. **아파트**: 주택으로 쓰는 층수가 <u>5개 층 이상</u>인 주택
나. **연립주택**: 주택으로 쓰는 1개 동의 바닥면적(2개 이상의 동을 지하주차장으로 연결하는 경우에는 각각의 동으로 본다) 합계가 <u>660제곱미터를 초과</u>하고, 층수가 <u>4개 층 이하</u>인 주택
다. **다세대주택**: 주택으로 쓰는 1개 동의 바닥면적 합계가 <u>660제곱미터 이하</u>이고, 층수가 <u>4개 층 이하</u>인 주택(2개 이상의 동을 지하주차장으로 연결하는 경우에는 각각의 동으로 본다)
라. **기숙사**: 학교 또는 공장 등의 학생 또는 종업원 등을 위하여 쓰는 것으로서 1개 동의 공동취사시설 이용 세대 수가 전체의 50퍼센트 이상인 것(「교육기본법」 제27조제2항에 따른 학생복지주택을 포함한다)

※ 일반적으로 <u>다중주택<다가구주택<다세대주택<연립주택<아파트</u>

3. 제1종 근린생활시설 : 가까운데, 작은 것

가. 식품·잡화·의류·완구·서적·건축자재·의약품·의료기기 등 <u>일용품을 판매하는 소매점</u>으로서 같은 건축물(하나의 대지에 두 동 이상의 건축물이 있는 경우에는 이를 같은 건축물로 본다. 이하 같다)에 해당 용도로 쓰는 바닥면적의 합계가 <u>1천제곱미터 미만</u>인 것
(*넘으면 7호 판매시설, 단 서점은 4호 2종근생*)

나. <u>휴게음식점</u>, 제과점 등 음료·차(茶)·음식·빵·떡·과자 등을 조리하거나 제조하여 판매하는 시설(제4호너목(*제조업소*) 또는 제17호(*공장*)에 해당하는 것은 제외한다)로서 같은 건

축물에 해당 용도로 쓰는 바닥면적의 합계가 <u>300제곱미터 미만인 것</u>

다. 이용원, 미용원, 목욕장, 세탁소 등 <u>사람의 위생관리나 의류 등을 세탁·수선</u>하는 시설(세탁소의 경우 공장에 부설되는 것과 「대기환경보전법」, 「수질 및 수생태계 보전에 관한 법률」 또는 「소음·진동관리법」에 따른 배출시설의 설치 허가 또는 신고의 대상인 것은 제외한다)

라. 의원, 치과의원, 한의원, 침술원, 접골원(接骨院), 조산원, 안마원, 산후조리원 등 <u>주민의 진료·치료</u> 등을 위한 시설
(*병원은 9호 의료시설, 동물병원은 4호 2종근생*)

마. 탁구장, <u>체육도장</u>으로서 같은 건축물에 해당 용도로 쓰는 바닥면적의 합계가 <u>500제곱미터 미만인 것</u>
(*넘으면 13호 운동시설*)

바. 지역자치센터, 파출소, 지구대, 소방서, 우체국, 방송국, 보건소, 공공도서관, 건강보험공단 사무소 등 <u>공공업무시설</u>로서 같은 건축물에 해당 용도로 쓰는 바닥면적의 합계가 <u>1천 제곱미터 미만인 것</u> (*넘으면 14호 업무시설*)

사. 마을회관, 마을공동작업소, 마을공동구판장, 공중화장실, 대피소, 지역아동센터(단독주택과 공동주택에 해당하는 것은 제외한다) 등 <u>주민이 공동으로 이용하는 시설</u>

아. 변전소, 도시가스배관시설, 통신용 시설(해당 용도로 쓰는 바닥면적의 합계가 <u>1천제곱미터 미만인 것에 한정한다</u>), 정수장, 양수장 등 <u>주민의 생활에 필요한 에너지공급·통신서비스제공이나 급수·배수와 관련된 시설</u>

4. **제2종 근린생활시설: 조금 먼 데, 조금 큰 것**

가. 공연장(극장, 영화관, 연예장, 음악당, 서커스장, 비디오물감상실, 비디오물소극장, 그 밖에 이와 비슷한 것을 말한다. 이하 같다)으로서 같은 건축물에 해당 용도로 쓰는 바닥면적의

합계가 500제곱미터 미만인 것
(넘으면 5호 문화및집회시설)
나. 종교집회장[교회, 성당, 사찰, 기도원, 수도원, 수녀원, 제실(祭室), 사당, 그 밖에 이와 비슷한 것을 말한다. 이하 같다]으로서 같은 건축물에 해당 용도로 쓰는 바닥면적의 합계가 500제곱미터 미만인 것
(넘으면 6호 종교시설)
다. 자동차영업소로서 같은 건축물에 해당 용도로 쓰는 바닥면적의 합계가 1천제곱미터 미만인 것
(넘으면 20호 자동차 관련 시설)
라. 서점(제1종 근린생활시설에 해당하지 않는 것)
마. 총포판매소
바. 사진관, 표구점
사. 청소년게임제공업소, 복합유통게임제공업소, 인터넷컴퓨터게임시설제공업소, 그 밖에 이와 비슷한 게임 관련 시설로서 같은 건축물에 해당 용도로 쓰는 바닥면적의 합계가 500제곱미터 미만인 것
(넘으면 7호 판매시설)
아. 휴게음식점, 제과점 등 음료·차(茶)·음식·빵·떡·과자 등을 조리하거나 제조하여 판매하는 시설(너목(제조업소) 또는 제17호(공장)에 해당하는 것은 제외한다)로서 같은 건축물에 해당 용도로 쓰는 바닥면적의 합계가 300제곱미터 이상인 것
자. 일반음식점
차. 장의사, 동물병원, 동물미용실, 그 밖에 이와 유사한 것
카. 학원(자동차학원·무도학원 및 정보통신기술을 활용하여 원격으로 교습하는 것은 제외한다), 교습소(자동차교습·무도교습 및 정보통신기술을 활용하여 원격으로 교습하는 것은 제외한다), 직업훈련소(운전·정비 관련 직업훈련소는 제외

한다)로서 같은 건축물에 해당 용도로 쓰는 바닥면적의 합계가 500제곱미터 미만인 것
(넘으면 10호 교육연구시설)
타. 독서실, 기원
파. 테니스장, 체력단련장, 에어로빅장, 볼링장, 당구장, 실내낚시터, 골프연습장, 놀이형시설(「관광진흥법」에 따른 기타유원시설업의 시설을 말한다. 이하 같다) 등 주민의 체육 활동을 위한 시설(제3호마목(탁구장, 체육도장-1종근생)의 시설은 제외한다)로서 같은 건축물에 해당 용도로 쓰는 바닥면적의 합계가 500제곱미터 미만인 것
(넘으면 13호 운동시설)
하. 금융업소, 사무소, 부동산중개사무소, 결혼상담소 등 소개업소, 출판사 등 일반업무시설로서 같은 건축물에 해당 용도로 쓰는 바닥면적의 합계가 500제곱미터 미만인 것
(넘으면 14호 업무시설)
거. 다중생활시설(「다중이용업소의 안전관리에 관한 특별법」에 따른 다중이용업 중 고시원업의 시설로서 독립된 주거의 형태를 갖추지 않은 것을 말한다. 이하 같다)로서 같은 건축물에 해당 용도로 쓰는 바닥면적의 합계가 500제곱미터 미만인 것
(넘으면 15호 숙박시설)
너. 제조업소, 수리점 등 물품의 제조·가공·수리 등을 위한 시설로서 같은 건축물에 해당 용도로 쓰는 바닥면적의 합계가 500제곱미터 미만이고, 다음 요건 중 어느 하나에 해당하는 것
 1) 「대기환경보전법」, 「수질 및 수생태계 보전에 관한 법률」 또는 「소음·진동관리법」에 따른 배출시설의 설치 허가 또는 신고의 대상이 아닌 것
 2) 「대기환경보전법」, 「수질 및 수생태계 보전에 관한 법률」 또는 「소음·진동관리법」에 따른 배출시설의 설치 허가 또

는 신고의 대상 시설이나 귀금속·장신구 및 관련 제품 제조시설로서 <u>발생되는 폐수를 전량 위탁처리하는 것</u>

더. 단란주점으로서 같은 건축물에 해당 용도로 쓰는 바닥면적의 합계가 <u>150제곱미터 미만인 것</u>
(*넘으면 16호 위락시설*)

러. <u>안마시술소</u>, <u>노래연습장</u>

5. 문화 및 집회시설

가. <u>공연장</u>으로서 제2종 근린생활시설에 해당하지 아니하는 것

나. <u>집회장</u>[예식장, 공회당, 회의장, 마권(馬券) 장외 발매소, 마권 전화투표소, 그 밖에 이와 비슷한 것을 말한다]으로서 제2종 근린생활시설에 해당하지 아니하는 것

다. <u>관람장</u>(경마장, 경륜장, 경정장, 자동차 경기장, 그 밖에 이와 비슷한 것과 <u>체육관 및 운동장</u>으로서 관람석의 바닥면적의 합계가 <u>1천 제곱미터 이상</u>인 것을 말한다)

라. <u>전시장</u>(박물관, 미술관, 과학관, 문화관, 체험관, 기념관, 산업전시장, 박람회장, 그 밖에 이와 비슷한 것을 말한다)

마. <u>동·식물원</u>(동물원, 식물원, 수족관, 그 밖에 이와 비슷한 것을 말한다)

6. 종교시설

가. <u>종교집회장</u>으로서 제2종 근린생활시설에 해당하지 아니하는 것

나. 종교집회장(제2종 근린생활시설에 해당하지 아니하는 것을 말한다)에 설치하는 <u>봉안당</u>(奉安堂)

7. 판매시설

가. <u>도매시장</u>(「농수산물유통 및 가격안정에 관한 법률」에 따른 농수산물도매시장, 농수산물공판장, 그 밖에 이와 비슷한 것

을 말하며, 그 안에 있는 근린생활시설을 포함한다)
나. <u>소매시장</u>(「유통산업발전법」 제2조제3호에 따른 대규모 점포, 그 밖에 이와 비슷한 것을 말하며, 그 안에 있는 근린생활시설을 포함한다)
다. <u>상점</u>(그 안에 있는 근린생활시설을 포함한다)으로서 다음의 요건 중 어느 하나에 해당하는 것
　1) 제3호가목에 해당하는 용도(서점은 제외한다)로서 제1종 근린생활시설에 해당하지 아니하는 것
　2) 「게임산업진흥에 관한 법률」 제2조제6호의2가목에 따른 청소년게임제공업의 시설, 같은 호 나목에 따른 일반게임제공업의 시설, 같은 조 제7호에 따른 인터넷컴퓨터게임시설제공업의 시설 및 같은 조 제8호에 따른 복합유통게임제공업의 시설로서 제2종 근린생활시설에 해당하지 아니하는 것

8. **운수시설**
가. 여객자동차터미널
나. 철도시설
다. 공항시설
라. 항만시설
마. 삭제 <2009.7.16>

9. **의료시설**
가. <u>병원</u>(종합병원, 병원, 치과병원, 한방병원, 정신병원 및 요양병원을 말한다)
나. 격리병원(전염병원, 마약진료소, 그 밖에 이와 비슷한 것을 말한다)

10. **교육연구시설**(제2종 근린생활시설에 해당하는 것은 제외한다)
가. <u>학교</u>(유치원, 초등학교, 중학교, 고등학교, 전문대학, 대학,

대학교, 그 밖에 이에 준하는 각종 학교를 말한다)
나. 교육원(연수원, 그 밖에 이와 비슷한 것을 포함한다)
다. 직업훈련소(운전 및 정비 관련 직업훈련소는 제외한다)
라. 학원(자동차학원·무도학원 및 정보통신기술을 활용하여 원격으로 교습하는 것은 제외한다)
마. 연구소(연구소에 준하는 시험소와 계측계량소를 포함한다)
바. 도서관

11. **노유자시설**
가. 아동 관련 시설(어린이집, 아동복지시설, 그 밖에 이와 비슷한 것으로서 단독주택, 공동주택 및 제1종 근린생활시설에 해당하지 아니하는 것을 말한다)
나. 노인복지시설(단독주택과 공동주택에 해당하지 아니하는 것을 말한다)
다. 그 밖에 다른 용도로 분류되지 아니한 사회복지시설 및 근로복지시설

12. **수련시설**
가. 생활권 수련시설(「청소년활동진흥법」에 따른 청소년수련관, 청소년문화의집, 청소년특화시설, 그 밖에 이와 비슷한 것을 말한다)
나. 자연권 수련시설(「청소년활동진흥법」에 따른 청소년수련원, 청소년야영장, 그 밖에 이와 비슷한 것을 말한다)
다. 「청소년활동진흥법」에 따른 유스호스텔
라. 「관광진흥법」에 따른 야영장 시설로서 제29호에 해당하지 아니하는 시설<개정 2016.2.11.>

13. **운동시설**
가. 탁구장, 체육도장, 테니스장, 체력단련장, 에어로빅장, 볼링

장, 당구장, 실내낚시터, 골프연습장, 놀이형시설, 그 밖에 이와 비슷한 것으로서 제1종 근린생활시설 및 제2종 근린생활시설에 해당하지 아니하는 것
(*작은 것은 1종 or 2종 근생*)
나. 체육관으로서 관람석이 없거나 관람석의 바닥면적이 <u>1천제곱미터 미만인 것</u>
(*넘으면 5호 문화및 집회시설*)
다. 운동장(육상장, 구기장, 볼링장, 수영장, 스케이트장, 롤러스케이트장, 승마장, 사격장, 궁도장, 골프장 등과 이에 딸린 건축물을 말한다)으로서 관람석이 없거나 관람석의 바닥면적이 <u>1천 제곱미터 미만인 것</u>
(*넘으면 5호 문화및 집회시설*)

14. **업무시설**
가. <u>공공업무시설</u>: 국가 또는 지방자치단체의 청사와 외국공관의 건축물로서 제1종 근린생활시설(*1천 제곱미터 미만*)에 해당하지 아니하는 것
나. <u>일반업무시설</u>: 다음 요건을 갖춘 업무시설을 말한다.
   1) 금융업소, 사무소, 결혼상담소 등 소개업소, 출판사, 신문사, 그 밖에 이와 비슷한 것으로서 제2종 근린생활시설(*500제곱미터 미만*)에 해당하지 않는 것
   2) 오피스텔(업무를 주로 하며, 분양하거나 임대하는 구획 중 일부 구획에서 숙식을 할 수 있도록 한 건축물로서 국토교통부장관이 고시하는 기준에 적합한 것을 말한다)

15. **숙박시설**
가. <u>일반숙박시설 및 생활숙박시설</u>
나. <u>관광숙박시설</u>(관광호텔, 수상관광호텔, 한국전통호텔, 가족호텔, 호스텔, 소형호텔, 의료관광호텔 및 휴양 콘도미니엄)

다. 다중생활시설(제2종 근린생활시설(*500제곱미터 미만*)에 해당하지 아니하는 것을 말한다)
라. 그 밖에 가목부터 다목까지의 시설과 비슷한 것

16. **위락시설**
가. 단란주점으로서 제2종 근린생활시설(*150제곱미터 미만*)에 해당하지 아니하는 것
나. 유흥주점이나 그 밖에 이와 비슷한 것
다. 「관광진흥법」에 따른 유원시설업의 시설, 그 밖에 이와 비슷한 시설(제2종 근린생활시설(*500제곱미터 미만*)과 운동시설에 해당하는 것은 제외한다)
라. 삭제 <2010.2.18>
마. 무도장, 무도학원
바. 카지노영업소

17. **공장**
물품의 제조·가공[염색·도장(塗裝)·표백·재봉·건조·인쇄 등을 포함한다] 또는 수리에 계속적으로 이용되는 건축물로서 제1종 근린생활시설, 제2종 근린생활시설, 위험물저장 및 처리시설, 자동차 관련 시설, 자원순환 관련 시설 등으로 따로 분류되지 아니한 것

18. **창고시설**(위험물 저장 및 처리 시설 또는 그 부속용도에 해당하는 것은 제외한다)
가. 창고(물품저장시설로서 「물류정책기본법」에 따른 일반창고와 냉장 및 냉동 창고를 포함한다)
나. 하역장
다. 「물류시설의 개발 및 운영에 관한 법률」에 따른 물류터미널
라. 집배송 시설

19. 위험물 저장 및 처리 시설

「위험물안전관리법」, 「석유 및 석유대체연료 사업법」, 「도시가스사업법」, 「고압가스 안전관리법」, 「액화석유가스의 안전관리 및 사업법」, 「총포·도검·화약류 등 단속법」, 「유해화학물질 관리법」 등에 따라 설치 또는 영업의 허가를 받아야 하는 건축물로서 다음 각 목의 어느 하나에 해당하는 것.

다만, 자가난방, 자가발전, 그 밖에 이와 비슷한 목적으로 쓰는 저장시설은 제외한다.

가. <u>주유소</u>(기계식 세차설비를 포함한다) 및 석유 판매소
나. <u>액화석유가스</u> 충전소·판매소·저장소(기계식 세차설비를 포함한다)
다. <u>위험물</u> 제조소·저장소·취급소
라. <u>액화가스</u> 취급소·판매소
마. <u>유독물</u> 보관·저장·판매시설
바. <u>고압가스</u> 충전소·판매소·저장소
사. <u>도료류</u> 판매소
아. <u>도시가스</u> 제조시설
자. <u>화약류</u> 저장소
차. 그 밖에 가목부터 자목까지의 시설과 비슷한 것

20. 자동차 관련 시설(건설기계 관련 시설을 포함한다)

가. 주차장
나. 세차장
다. 폐차장
라. 검사장
마. <u>매매장</u>
바. 정비공장
사. <u>운전학원 및 정비학원</u>(운전 및 정비 관련 직업훈련시설을 포함한다)

아. 「여객자동차 운수사업법」, 「화물자동차 운수사업법」 및 「건설기계관리법」에 따른 차고 및 주기장(駐機場)

21. **동물 및 식물 관련 시설**
가. 축사(양잠·양봉·양어시설 및 부화장 등을 포함한다)
나. 가축시설[가축용 운동시설, 인공수정센터, 관리사(管理舍), 가축용 창고, 가축시장, 동물검역소, 실험동물 사육시설, 그 밖에 이와 비슷한 것을 말한다]
다. 도축장
라. 도계장
마. 작물 재배사
바. 종묘배양시설
사. 화초 및 분재 등의 온실
아. 식물과 관련된 마목부터 사목까지의 시설과 비슷한 것(동·식물원(*5호 문화및 집회시설*)은 제외한다)

22. **자원순환 관련 시설**
가. 하수 등 처리시설
나. 고물상
다. 폐기물재활용시설
라. 폐기물 처분시설
마. 폐기물감량화시설

23. **교정 및 군사 시설**(제1종 근린생활시설에 해당하는 것은 제외한다)
가. 교정시설(보호감호소, 구치소 및 교도소를 말한다)
나. 갱생보호시설, 그 밖에 범죄자의 갱생·보육·교육·보건 등의 용도로 쓰는 시설
다. 소년원 및 소년분류심사원

라. 국방·군사시설

24. **방송통신시설**(제1종 근린생활시설에 해당하는 것은 제외한다)
가. 방송국(방송프로그램 제작시설 및 송신·수신·중계시설을 포함한다)
나. 전신전화국
다. 촬영소
라. 통신용 시설
마. 그 밖에 가목부터 라목까지의 시설과 비슷한 것

25. **발전시설**
발전소(집단에너지 공급시설을 포함한다)로 사용되는 건축물로서 제1종 근린생활시설에 해당하지 아니하는 것

26. **묘지 관련 시설**
가. 화장시설
나. 봉안당(종교시설에 해당하는 것은 제외한다)
다. 묘지와 자연장지에 부수되는 건축물

27. **관광 휴게시설**
가. 야외음악당
나. 야외극장
　　※실내 음악당, 극장은 4호 2종근생(500제곱미터 미만) 또는 5호 문화 및 집회시설
다. 어린이회관
라. 관망탑
마. 휴게소
바. 공원·유원지 또는 관광지에 부수되는 시설

28. **장례식장**
[의료시설의 부수시설(「의료법」 제36조제1호에 따른 의료기관의 종류에 따른 시설을 말한다)에 해당하는 것은 제외한다]

29. **야영장 시설**
「관광진흥법」에 따른 야영장 시설로서 관리동, 화장실, 샤워실, 대피소, 취사시설 등의 용도로 쓰는 바닥면적의 합계가 <u>300제곱미터 미만인 것</u><개정 2016.2.11.>
(*넘으면 12호 수련시설*)

비고
1. 제3호 및 제4호에서 "해당 용도로 쓰는 바닥면적"이란 <u>부설 주차장 면적을 제외한 실(實) 사용면적에 공용부분 면적(복도, 계단, 화장실 등의 면적을 말한다)을 비례 배분한 면적을 합한 면적을 말한다.</u>
2. 비고 제1호에 따라 "해당 용도로 쓰는 바닥면적"을 산정할 때 <u>건축물의 내부를 여러 개의 부분으로 구분하여 독립한 건축물로 사용하는 경우에는 그 구분된 면적 단위로 바닥면적을 산정한다.</u>
   다만, 다음 각 목에 해당하는 경우에는 각 목에서 정한 기준에 따른다.
   가. <u>제4호너목</u>(*제조업소*)에 해당하는 건축물의 경우에는 내부가 여러 개의 부분으로 구분되어 있더라도 해당 용도로 쓰는 바닥면적을 모두 합산하여 산정한다.
   나. <u>동일인이 둘 이상의 구분된 건축물을 같은 세부 용도로 사용하는 경우에는</u> 연접되어 있지 않더라도 이를 모두 합산하여 산정한다.
   다. <u>구분 소유자(임차인을 포함한다)가 다른 경우에도 구분된</u>

건축물을 같은 세부 용도로 연계하여 함께 사용하는 경우(통로, 창고 등을 공동으로 활용하는 경우 또는 명칭의 일부를 동일하게 사용하여 홍보하거나 관리하는 경우 등을 말한다)에는 연접되어 있지 않더라도 연계하여 함께 사용하는 바닥면적을 모두 합산하여 산정한다.
3. 「청소년 보호법」 제2조제5호가목8) 및 9)에 따라 여성가족부장관이 고시하는 청소년 출입·고용금지업의 영업을 위한 시설은 제1종 근린생활시설 및 제2종 근린생활시설에서 제외한다.
4. 국토교통부장관은 별표 1 각 호의 용도별 건축물의 종류에 관한 구체적인 범위를 정하여 고시할 수 있다.

≪인터넷에서 수집한 글≫

지목(개별계획)의 법률적 이해와 토지개발실무

✔ 전(田)·답(畓)·과(果) ⇒ 농지→ 농지법/농어촌발전특별조치법/농어촌정비법 등

- **공간계획**(주거, 상업, 공업, 관리지역 등)에서 개발을 허용하면 농지이므로 개별계획을 지정한 개별법, 즉 **농지법**에 의거 농지전용허가를 받아 **건축법**에 의거 개발하는 것이다.
- 관리용지에 해당하는 농업진흥지역내의 농지도 관심을 기울여 볼 만한데 관리지역이 아닌 관리용지를 말하는데 관리용지란 미래 공간계획을 위해 도시기본계획상 지정된 예비용 토지로서 이해를 하셔야 한다.
- 과수원도 농지로서 농지법이 적용된다.

다시 한 번 강조하자면 **공간계획**이 우선하는 것으로 **개별계획**인 농지계획은 공간계획에서 허용해야만 개별계획에서 행위를 할 수가 있다는 얘기인데….
예를 들자면 농지에서 숙박시설을 짓고 싶다면 농지법(개별법)이 아니고 공간계획인 **국토계획법**에서 허용하는 용도지역에서 허용할 때 그 다음 개별 계획법령인 **농지법**에 의해 전용허가를 받아 개발할 수가 있다는 말이다. 만약 임야라면 개별법인 **산지관리법**으로 또한 목장이라면 **초지법**을 적용하라는 것이다.
농어촌정비법(농정법)이 있는데 이 법령은 개별법이고 그래서 개별계획이 있는데 그것이 유명한 농어촌개발사업 중 하나인 주말농장, 관광농원, 민박, 관광휴양단지사업과 한계농지 등이다.

즉, 주말농장을 하고 싶다면 우선 공간계획(용도지역)에서 허용해야 하고 그 다음에 농어촌정비법을 적용하여 지목이 농지이므

로 농지법에 의거 농지전용을 받는 것이다.
만약 지목이 임야이면 농지법이 아닌 산지관리법에 의거 임야훼손허가를 받으면 되는 것이다.

✔ **목(牧) ⇒ 목장용지 → 초지법/축산법/낙농진흥법 등**
- 목장용지를 관리하는 법령은 **초지법**이고 개별계획은 초지계획이며 다른 지목으로 전용할 때에는 대체 초지조성비용을 납부해야 한다.
- 초지는 임야에도 초지조성을 해놓은 경우가 있는데 이때는 **초지법**과 **산지관리법**을 동시에 적용한다.

초지라 함은 다년생 개량목초의 재배에 이용되는 토지와 사료작물재배지와 목장도로·진입도로·축사 및 부대시설을 위한 토지를 말하며 초지도 농지의 사촌으로 이해하시라.

✔ **임(林) ⇒ 임야 → 산지관리법/산림법**
- 임야를 관리하는 개별법령이 **산림법**과 **산지관리법**이다.
- 관리용지에 해당하는 경사도가 15% 이하를 기준으로 하는 임야나 21% 이하의 임지 중에서는 임목 본수도를 세밀하게 분석하라.
- 토지적성평가에서 **영급**이라는 용어가 있는데 이는 나무의 나이를 말하는 것으로 1영급은 10년생이고 3영급은 30년생 나무를 말하는 것이다.
- 4영급, 즉 40년생 나무가 생육하는 임야는 경사도와는 관계없이 토지적성 평가에서 절대평가 즉, 평가에서 제외되므로 보전관리지역으로 지정되는 것이다.

토임(土林)이라 하는 것은 토지대장에 있는 임야를 말하는 것으로 그래서 土地와 林野의 줄임말 土林이라 하는 것이다.
이런 경우는 축척 때문에 발생하는데 임야는 임야이지만 임야대장이 아닌 토지대장에 등재된 경우가 가끔씩 나온다.
문제가 있는 토지는 아니다. 그렇다고 무조건 좋다고도 할 수 없는데 공간계획에서 허용해야 하기 때문이다.
우리나라는 28개 지목 중에서 임야를 제외하고는 토지대장에 땅에 대한 내용을 기재해야 하는데 임야는 임야대장에 등재시킨다. 그 이유는 축척에 관련하기 때문인데 임야대장에는 1/3000과 1/6000 축척도면을 토지대장에는 1/500, 1/600, 1/1200을 등재한다. 토임은 임야나 토지대장에 등재하는데 그 이유는 축척이 임야의 축척이 아니기 때문으로 토지대장임야이다.
또한 바다의 매립지가 임야대장에 등재되는 이유는 최초 지적공부에 등재될 때 축척이 임야의 축척인 1/3천, 또는 1/6천이기 때문으로 간혹 이 매립지를 임야로 알고 산림훼손을 신청하는 경우가 있으나 이는 아니다.

✔ **대(垈)** ⇒ **대지**→ 특별한 법령이 없고 건축법이 대표적인 법령이다
- 지목변경의 목표는 대지이다.
- 지목이 대지인 경우는 개별법은 없고 공간계획과 건축법에 의한 행위만 하면 된다.
- 형질변경사업의 목표는 결국 대지이다.

농지가 형질변경이 되었다고 지목이 대지로 변경되는 것은 아니다. 형질변경 후 건축물의 건축을 완공한 후 준공검사가 나와야 가능한 것이다.

✔ **광(鑛)** ⇒ **광천지**→ 온천법/먹는물관리법/지하수법
- 이는 **온천법** 또는 **먹는물관리법**에 의해 개별법이 적용된다.
- 온천이 나온다고 대박을 꿈꾸는 것은 호랑이 담배 피우던 시절의 얘기이다.
- 무조건 온천시설(목욕숙박시설)로 개발하는 것이 아니고 도시

계획시설에 의한 도시계획사업으로 개발을 진행하여야 한다.
- 복잡할 뿐 아니라 주변의 동의 등 까다로운 내용으로 최근에는 온천수가 나오면…
- 그냥 대형 목욕탕이나 찜질방으로 건축허가를 받아 단독 개발해 버린다.

온천개발이나 시판용 생수개발에서는 광천지로 지정이 되어야 하나 온천은 도시계획과 같은 도시계획사업임을 잊지 마시라.
그러나 온천수나 석유를 일정장소로 운송하는 송수관 송유관 등의 부지는 아니다.

✔ **염(鹽) ⇒ 염전→ 공유수면관리법/공유수면매립법**
- 바닷물을 끌어들여 소금을 채취하는 부지를 말하는데 다만 천일제염방식에 의한 부속 토지를 말하는 것이다.
- 염전은 **공유수면관리법**의 적용임을 유의하시고
- 일반 토지의 염전은 개별법과 공간계획에 의한 개발로 종료된다.

염전은 육지도 바다도 아닌 중간자로 이해하시라.
최대만수위가 공유수면이기 때문인데 따라서 공유수면관리계획에 의한 염전은 공유수면매립절차가 별도로 필요하다.
그래서 간혹 일반 염전이 아닌 공유수면으로 관리되는 이런 염전은 주변가격의 1/2 정도에서 형성되기도 한다.
서해안에서 간혹 바다를 메운 양식장이 매물로 나오는 경우가 있는데 이때는 공유수면매립절차에 의해 허가를 받아야만 육지로 바뀔 수가 있다.
이런 경우 개발비용만큼의 토지만 개발자가 가져가고 나머지는 개발이익으로 환수되는 경우가 있으니 유의하시길….

- ✔ 장(場) ⇒ 공장→ 공업배치법/산업입지개발법/환경보전법(수질·대기·소음) 등
  - 공장용지는 위험시설이기에 아파트 등 공동주택이 인접하여 건축하는 행위는 규제를 받으므로 주의하시고
  - 공장건물은 법인이므로 건물에는 부가가치세가 발생함에 주의하시길

공장용지라고 해서 반드시 지목이 "공장(場)"일 필요는 없는 것으로 대지나 잡종지여도 무관하다. 다만 지상의 건축물을 공장으로 인허가를 받아 공장건물로 건축하면 공장이 되는 것이다.

필자의 경험으로는 도시토지에서 공업지역은 대부분 공장으로 되지만 비도시지역에서의 공장은 지목이 잡종지나 대지로 되어 있다.

- ✔ 학(學) ⇒ 학교용지→ 학교보건법/학교시설사업촉진법
  - 학교용지는 도시기반시설임을 잊지 마시고
  - 이 기반시설로 결정 후 10년간 미집행 때는 장기미집행시설로 결정된다.
  - 다만 학교용지는 도시계획으로 결정되는 경우가 있는데 학교용지의 매입 매각은 반드시 관할 교육청의 허가가 있어야 한다.

장기미집행시설이란 무엇인가?
도시계획시설에는 도로용지, 공원용지, 학교용지, 종교용지 등 53개 종류가 있는데 이 용지는 시설결정에 따라 집행되어야 하나 계획대로 집행되지 아니하는 경우 기능발휘 등에 지장을 초래하고 소유권행사를 제약함으로서 민원이 많이 발생하고 있다. 따라서 2000년 7월부터는 도시계획시설로 결정된 날로부터 10년이 경과된 시설 중 사업이 시행되지 아니한 경우 2001년 12월 31일까지 도시계획시설의 폐지여부를 검토하여 단계별 집행계

획을 수립하도록 하고 있다. 따라서 장기미집행시설의 기준년도는 2001년 12월 31일이다.
또한 2022년 7월 1일이 2000년 7월 1일 이전 지정된 미집행시설에 대한 일몰제 끝점일이다.

✔ **철(鐵)** ⇒ 철도용지→ 철도법
- 철도용지의 경계로부터 10m 이내에는 철도시설을 보호하기 위한 시설녹지로 지정되어 개발이 제한된다.
- "**완충녹지지역**"이란 녹지를 기능에 따라 세분한 것의 하나로 대기오염·소음·진동·악취 기타 이에 준하는 공해와 각종사고나 자연재해 기타 이에 준하는 재해 등의 방지를 위하여 설치하는 녹지지역이다.
- "**시설녹지지역**"은 도시계획구역 내에서 도시의 자연환경을 보전하거나 개선하고 공해나 재해방지를 통하여 양호한 도시경관의 향상을 위해 지정한 용도지역이다.
- 시설녹지로 결정되면 건축이 규제되고 주로 공공시설보호를 위해 지정하나 국토계획법이나 건축법상의 용도지역은 아니다.
- 주로 철도 도로 등의 연도에서 10~20m 내에서 지정된다.
- "**경관녹지지역**"은 녹지의 기능분류중 하나로 도시자연환경을 보전하거나 이를 개선함으로서 도시의 경관을 향상시키기 위해 지정한다.
- 주로 도시경관이 양호한 지역에서 지정된다.

필자의 경험에 의하면 시설녹지로 결정된 경우 도로로 사용하고자 하여도 허가가 쉽지 아니함을 많이 봐 왔다.
따라서 개발하려는 경우 도로계획이 시설녹지에 설치하려는 경우 반드시 해당 시, 군에 문의해 보시기 바란다.

✔ **도(道)** ⇒ 도로→ 도로법/고속국도법/사도법 등.
- 도로라 함은 원칙으로 4m 이상으로서 일반의 교통에 공용되

는 도로를 말한다.
- 도로의 종류는 일반도로, 자동차전용도로, 보행자전용도로, 자전거전용도로, 고가도로, 지하도로로 구분한다.
- 도로의 정의는 4m의 폭 이상으로서 일반의 교통에 공용되는 도로를 말한다.
- 건축법상 도로는 보행과 자동차 통행이 가능한 구조로 원칙은 너비가 4m 이상이어야 한다.

접도구역이라 함은 도로구조의 손괴방지, 미관 보존 또는 교통에 대한 위험을 방지하기 위하여 도로경계선으로부터 일정 거리 이내에 지정되는 구역으로서, 일반국도의 경우 도로 경계선으로부터 5m 이내, 고속도로의 경우 20m 이내에서 지정할 수 있다.
"도로에 저촉"이란 도시계획에 의한 도시계획도로선이 대상 토지를 침범한 상태를 말하며 건축이나 형질변경 등 토지이용에서 제한을 받는다.
반면에 **"접함"**이란 대상 토지가 도로계획선을 침범하지 아니하고 도로와 경계를 이루고 있는 상태를 말한다.

✔ **유(溜)** ⇒ 유지, 연못 → **내수면어업법/사유수면관리규칙**
- 연못은 옛날에는 저수지로서의 기능을 했으나 이제는 낚시터로서의 레저 개념으로 임의로 유지로 변경하는 경우가 많다.
- 과거 도시의 기원이 대부분 사라지고 이제는 도시외곽의 낚시터가 인기가 있는데 이런 경우 "유지"가 된다.

지목이 유지와 잡종지와 대지가 농촌지역에 있다면 물론 주변 환경에 따라 다를 수가 있지만 필자는 유지인 토지를 찍을 것이다. 그 이유는 개발에 따른 개발환경검토에서 유리한 점이 많기 때문이다.
지목이 유지로 된 경우 굳이 지목변경 없이 우선 검토하시라.

✔ 구(溝) ⇒ 구거, 도랑→ 하천법/하수도법 등.
- 구거는 지적법상 음용(飮用)이 불가한 소규모의 수로부지로서 공용구거와 사유구거가 있다.
- 이때 **사유구거**라 함은 건축행위시 하수도로 사용하기 위해 일정한 토지를 하수용도로 사용할 때이다.
- 구거는 쉽게 하수도라고 생각하시면 되는데 건축허가시 상수계획과 함께 하수처리계획을 수립해야 할 때 구거가 필요하다.
- 다만 구거는 변경이 원칙적(자연유수에 의한 유로변경)으로 가능하지만 필자의 경험으로는 쉽지는 아니하다.

공용구거는 두 개의 종류가 있다고 생각하시라.
즉, 관리주체에 따라 일반구거와 농업용구거가 있는데 특히 농업용구거의 관리자는 농업기반공사에서 관리하고 있는데 전원주택이나 기타 건축행위시 하수로 설치에서 농업용구거와의 연결시는 불허가 처리된다.
구거의 용도폐지신청은 인접토지소유자의 동의가 필요하며 "자연유수"(장마 등)로 유실되는 경우도 유로변경신청이 가능하다.

✔ 천(川) ⇒ 하천→ 하천법/소하천정비법 등.
- 하천은 28개 지목 중에서 유일하게 지번이 없는 지목이며 그러나 구거는 지번이 있다.
- 또한 하천용지로 결정되면 등기부도 폐쇄해 버린다.
- 즉, 하천법상의 하천은 등기부도 지번도 없는 토지이다.

만약 하천으로 지목이 표시된 토지가 토지대장상에 있다면 대상 토지는 하천이면서 아직 하천법에 의한 토지보상이 이뤄지지 아니한 토지로 보시면 된다.

✔ 제(堤) ⇒ 제방 → 하천법/소하천정비법 등
- 방수제, 방조제, 방파제, 방사제 등의 부지로 조수, 자연유수,

모래, 바람 등을 막기 위한 시설의 부지를 말한다.
- 제방시설을 보호하기 위해 제방의 경계로부터 일정한 거리 내에는 시설녹지로 결정된다.
- 따라서 시설을 보호하기 위한 행위는 허용되지만 기타의 행위는 원칙적으로 제한된다.

시설녹지 내에서는 건축물의 건축, 형질변경 등 제한사항이 지방자치단체의 조례로 있으니 반드시 검토를 해야 한다.

✔ **수(水)** ⇒ **수도용지** → **수도법/지하수법/환경정책기본법/한강수계상수원수질개선및주민지원등에관한법률 등**
- 여기서의 수도용지는 상수시설을 보호하기 위해 지목을 수도용지로 하고 행위규제를 원칙으로 한다.
- 또한 광역 상수도계획에 의한 상수원 보호를 위해 **"수변구역"**으로 지정한 지역이 있는데 수도권 시민의 한강상수원(팔당인근)을 보호하기 위해
- 남양주, 가평, 양주, 광주 등 한강수계 500m 이내의 지역에 설치한 지역으로 개발 형질변경 등 각종행위가 제한되고 있다.

강 옆이라고 좋아하기보다는 수변구역에 포함되는지의 여부부터 살펴야 한다.
또한 특별대책지역(환경정책기본법)의 경우에는 1킬로미터 이내의 지역에서 모든 개발행위가 제한된다.

✔ **체(體)** ⇒ **체육시설용지** → **체육시설의설치및이용에관한법률 등**
- 골프장, 운동장, 체육관 등을 생각하시라.
- 도시지역이 아닌 농촌지역에서는 골프장등은 관리용지로 결정되는데…
- 관리용지와 관리지역은 내용이 다르며 관리용지는 현재 이용되고 있거나…
- 도시기본계획상 앞으로 이용을 해야 할 지역에서의 토지는 관

리용지로 지정하고 있다.

✔ 공(公) ⇒ 공원→ 도시공원법/자연공원법 등
- 지목이 공원이라는 얘기이지 법률(도시공원법/자연공원법)상의 공원은 아니지만 공원으로 지정되면 "공원"으로 표시되는 것이 원칙인데--
- 다만 공원용지에서는 지목이 임야(林)로 표시 되는 것이 정석이다.
- 도시지역내에 있는 공원은 도시공원법으로 도시지역외(비도시=농촌)에 있는 공원은 자연공원으로 이해하시라.
- 좁은 의미의 공원용지는 법령상 공원이고 넓은 의미의 공원은 법령상 공원용지와 테마공원, 하천, 농경지, 문화재를 포함한 광역의 개념이다.

공원용지는 이제부터 장기미집행시설로 2021년 7월부터는 일몰제 즉, 무조건 해제된다고 보시라.
공원은 "**자연공원법**"의 적용을 받는 "국립," "도립", "군립공원"의 자연공원과 "**도시공원법**"의 적용을 받는 "도시자연공원", "근린공원", "어린이공원", "묘지공원", "체육공원"의 도시공원으로 구분된다.
다만 지목상 공원은 지적법에서의 규정이고 공원지역에서 표시될 뿐이다.
쉽게 이해하자면 도시외의 지역 즉, 농촌지역의 공원을 자연공원이라 이해하자.

✔ 원(園) ⇒ 유원지→ 관광기본법/관광진흥법/국토계획법
- 유원지로 결정되면 무조건 유원지로 개발할 수 있는 것이 아니고 도시계획처럼 계획을 수립한 후 개발해야 한다.
- 도시지역이 아닌 지역에서의 유원지는 관리용지인데 "관리용지"는 누누이 설명한 대로 앞으로 이용될 토지를 도시기본계

획상 지정한 용어이다.

즉, 유원지로 지목이 되어 있는 경우에 유원지시설을 설치해 준다는 말이 아니고 도계획시설사업으로 결정되어야 개발이 가능하다는 말이다. 이때 아직 개발이 관리계획에 의해 결정되지 아니한 경우 도시기본계획에서는 유원지로 개발을 이용할 것을 전제한다면 바로 "관리용지"로 도시기본계획상 구상한다는 말이다. 지목에서의 유원지는 지목으로서의 유원지와 도시계획시설로서의 유원지의 2가지가 있음을 유의하실 것.

✔ 잡(雜) ⇒ 잡종지
- 아무 곳에도 속하지 아니한 땅이다.
- 공장, 주택 등을 지을 수 있으며 대지와 같이 개별법은 없으며…
- 공간계획에서 허용되는 행위는 건축법등에 의해 행위를 할 수 있다.

✔ 종(宗) ⇒ 종교용지→ 전통사찰보전법/국토계획법
- 종교용지도 도시계획시설용지로 일정기간(10년)이상이 넘으면 미집행시설용지로 보시라.
- 미집행시설은 일정기간이 넘으면 장기미집행시설로 되고 일정기간이 지나면 용도가 자동 해지된다.

✔ 묘(墓) ⇒ 묘지→ 장사에관한법률 등
- 분묘기지권 지하의 건축물로 생각하라.
- 즉 지상권이 바로 분묘기지권이라 생각하시되 다만 분묘기지권은 등기능력이 없는 권리이다.
- 도시공원법에 의해 결정된 묘지공원도 지목은 묘지이다.

✔ 사(史) ⇒ 사적지→ 문화재보호법/향교재산법
- 일정거리 내에서의 문화재 보호구역은 건축·형질변경 등 행위

제한이 있다.
- 목조, 석조건물은 처마로부터 20m~100m 이내의 구역
- 석탑, 전탑은 지대석에서 10m~25m 이내의 구역
- 당간, 석등, 노주 등은 10m 이내의 구역
- 기타 국보나 보물 등 중요민속자료는 필요하다고 인정되는 구역에서 행위가 제한된다.

✔ 외에 주차장, 주유소용지, 창고용지, 양어장이 있다

≪인터넷에서 수집한 글≫

개발행위를 통한 토지의 투자가치 상승

개발행위를 하고자 할 때 가장 먼저 고려하여야 하는 것은 무엇일까?
해당 부지 위에 내가 건축하고자 하는 건축물, 예를 들면 공장이나 창고 또는 물류부지, 일반음식점 등이 들어설 수 있는지 여부를 확인하는 것이다.
토지이용계획확인원의 용도지역에서 허용하는 건축물 안에 포함되어 있는지를 확인하여야 하는 것이다.
그럼, 실제 건축한 공장, 주유소, 음식점 등 지목에 익숙해진 투자자들보다 더 나은 수익률을 안겨다주는 토지는 무엇일까?
산업화 및 도시화에 따라, 도시용지는 갈수록 부족해져 비도시용지는 개발과 보존이라는 양면성에서 저울질하게 되는 것이다.
건축행위가 어렵도록 규제한 비도시용지를 법률에서 정한 범위 안에서 개발행위를 받은 주택이나 공장 등의 수요는 갈수록 늘어가는 것이다.
본래 보존의 목적이 강한 비도시용지를 개발허가를 통해 건축하고 지목이 대, 장, 창, 주 등으로 변하게 되면 수익률은 극대화 되는 것이다. 토지의 마력은 여기에 있다고 볼 수 있다.
오늘은 개발행위를 통한 토지의 투자가치를 살펴보기로 하자.
계획관리지역은 건축할 수 있는 건축물의 범위가 가장 넓다.
그리고 도시용지(주거지역, 상업지역, 공업지역)를 제외한 비도시용지 중에서 유일하게 건폐율이 40%다. 제2종지구단위계획을 통해, 아파트나 공장 및 물류단지로 건축할 수 있어 가장 투자가치가 높다고 볼 수 있다.
도시지역으로의 편입이 예상되는 용도지역인 계획관리지역은 지역여부를 떠나 주목을 받는 이유다.

자연녹지지역은 계획관리지역 다음으로 건축할 수 있는 건축물의 범위가 넓으나, 일반공장이나 일반음식점, 숙박시설의 건축이 불가능하다는 점에서 계획관리지역보다 아래로 쳐주는 것이 현실이다.

건폐율도 계획관리지역보다 낮은 20%다. 하지만, 현장에서는 도시지역에 있고 주변 인프라와 연계가 가능하기 때문에 계획관리지역보다 시세가 떨어지지는 않는 편이다.

아울러, 도시개발사업을 통해 아파트를 건축할 수 있는 지리적 장점으로 인해 또는 타운하우스등 공동주택도 가능하다는 점 때문에 선호하는 투자자들도 많다.

세분화 이전에는 동일한 관리지역으로 개발 신분이나 토지 가치가 동일하였지만, 세분화이후 **생산관리지역**과 **보전관리지역**은 상대적으로 가치가 떨어진다. 숙박시설, 공장, 일반창고, 일반음식점 등이 허용되지 않기 때문이다.

생산녹지지역 역시, 자연녹지지역에 비해 건축할 수 있는 건축물의 범위가 대폭 축소되면서 가치가 떨어진다.

하지만, 생산관리지역이나 생산녹지지역에서도 주택 및 근린생활시설 등이 허용되기 때문에 수익률 측면에서는 계획관리지역에 떨어지지 않는 지역도 많다. 오히려, 생산녹지지역으로 둘러싸인 역세권 주변의 토지는 자연녹지 및 계획관리지역보다 비싼 경우도 있다.

토지투자로서 매력이 없는 농림지역, 보전녹지지역, 자연환경보전지역 역시 토지의 활용도에 따라 그 가치가 달라질 수 있다.

농림지역은 농업용창고 및 충전소가 가능하고, **보전녹지지역**은 유치원과 휴게음식점이 가능하고, 또한 **자연환경보전지역** 역시 농어가주택이나 소매점이 가능하다는 점에서 쓸모없는 토지는 없다고 보는 것이 타당하다.

결국 개발행위에 따라 토지의 신분은 달라지기 때문에 개발행위 전후의 가치를 비교할 줄 알아야 하는 것이다.

■ 단독주택과 농가주택

단독주택은 모든 용도지역에서 건축할 수 있다. 즉, 녹지지역과 관리지역에서는 단독주택이 허용되는 데 반해 농림지역과 자연환경보전지역에서는 **농가주택**만이 허용되고 있다.

단독주택과 농가주택의 가치는 분양사업 가능 여부에 있다. 단독주택이 가능한 용도지역에서는 여러 세대 허가를 받아 전원주택 분양사업이 가능하지만, 농가주택만이 가능한 용도지역에서는 농업인 자격을 요하기 때문에 여러 세대 허가가 아닌 1세대만 허가를 내주고 결국 분양사업이 불가능하다. 따라서, 분양사업을 하고자 할 때는 녹지지역과 관리지역을 고려하여야 하는 것이다.

Tip. 건축법상의 단독주택

[단독주택의 형태를 갖춘 가정어린이집·공동생활가정·지역아동센터 및 노인복지시설(노인복지주택은 제외한다)을 포함한다]
가. 단독주택
나. 다중주택: 다음의 요건을 모두 갖춘 주택을 말한다.
  1) 학생 또는 직장인 등 여러 사람이 장기간 거주할 수 있는 구조로 되어 있는 것
  2) 독립된 주거의 형태를 갖추지 아니한 것(각 실별로 욕실은 설치할 수 있으나, 취사시설은 설치하지 아니한 것을 말한다. 이하 같다)
  3) <u>연면적이 330제곱미터 이하</u>이고 층수가 <u>3층 이하</u>인 것
다. 다가구주택: 다음의 요건을 모두 갖춘 주택으로서 공동주택에 해당하지 아니하는 것을 말한다.
  1) 주택으로 쓰는 <u>층수</u>(지하층은 제외한다)가 <u>3개 층 이하</u>일 것. 다만, 1층의 바닥면적 2분의 1 이상을 필로티 구조로 하

여 주차장으로 사용하고 나머지 부분을 주택 외의 용도로 쓰는 경우에는 해당 층을 주택의 층수에서 제외한다.
2) 1개 동의 주택으로 쓰이는 바닥면적(부설 주차장 면적은 제외한다. 이하 같다)의 합계가 <u>660제곱미터 이하</u>일 것
3) <u>19세대 이하가 거주할 수 있을 것</u>

라. 공관(公館)

■ 일반음식점과 휴게음식점

일반음식점과 **휴게음식점**의 차이는 주류 영업을 할 수 있느냐 없느냐에 있다. 일반음식점은 주류 영업이 가능하기 때문에 투자 가치가 있음은 자명하다.

관리지역 세분화이전에는 '관리지역'에서 일반음식점이 허용되었기 때문에 가평 및 양평 등의 북한강 주변에는 카페등의 일반음식점이 쉽게 들어설 수 있었다. 하지만, 관리지역 세분화로 인해 기존 카페는 생산관리지역등으로 분류되는 경우가 많기 때문에 해당 카페 주변지역 역시 카페가 들어설 수 있다고 판단하여서는 아니되는 것이다.

북한강을 따라, 돈 되는 일반음식점이 아닌 단순한 소매점으로 전락(?)하는 사례가 왕왕 발생한다. 접근성이 좋고, 경치가 좋아 카페로서 적격이다 생각하는 부지, 계획관리지역 여부는 반드시 확인하여야 할 것이다.

■ 숙박시설

숙박시설은 계획관리지역에서만 허용되고 있다. 다만 지자체에 따라 조례로 도로에서 50m 떨어져야 숙박시설이 허용된다는 점에 유의하여야 한다.

■ 일반공장과 첨단공장

파주·김포·평택·화성·안성 등 수도권 성장관리권역에서 가장 일

반적인 개발행위는 공장부지를 개발하는 것이다. 따라서 해당지역에서는 **공장허가 가능 여부**가 토지 가치를 판단하는 데 절대적인 기준이 되는 것이다.

성장관리지역에서는 계획관리지역인 땅과 그렇지 않은 땅의 신분이 극명하게 달라, 시세의 절반가량으로 거래되고 있는 실정이다.

자연녹지와 생산녹지지역에서는 계획관리지역에서 가능한 일반공장은 불가능하고 첨단업종의 공장만이 가능하다.

■ 일반창고와 농림수산업용창고

팔당호 상수원 수질보전 특별대책지역인 남양주·여주·광주·이천·용인 모현면 등에서는 비오수 배출시설인 창고를 개발하는 일이 가장 보편적인 개발행위다. 따라서, 이 지역은 **창고허가 가능 여부**가 토지의 가치를 판단하는 절대적인 기준이 된다.

해당지역에서 관리지역에 있는 창고라면 **일반 창고**라 여기고, 농림지역에 있는 창고라면 **농림수산업용 창고**라고 판단하면 된다. 농림지역에서는 일반 창고가 허가되지 않기 때문이다.

하지만, 실무상에서 농림지역에 있는 농림수산업용 창고는 건폐율이 50%까지 허용되며 창고가 집단화되면 농지로서의 활용가치가 떨어지면서 관리지역으로 편입되는 사례가 종종 일어나기에 투자측면에서는 검토할 만하다.

■ 주유소와 충전소, 유치원과 어린이집

간혹, 지방 여행을 하다보면 생뚱맞은 자리에 **주유소**나 **충전소**가 있는 것을 목격하곤 한다. 충전소는 농림지역에서도 가능하기 때문에 상대적으로 저렴한 농림지역에 위치하고 있는 것이다. 결국, 충전소를 건축하기 위해 농림지역이 아닌 비싼 관리지역이나 녹지지역을 매수하여야 하는 우는 범하지 말아야 하는 것이다.

유치원과 **어린이집** 역시 농림지역이나 자연환경보전지역을 제외한 모든 용도지역에서 허용되고 있다는 점에 주의하여야 한다.

무조건적으로 계획관리지역이나 자연녹지지역이 좋은 것은 아니라는 것이다. 목적에 맞는 땅을 찾아야 하는 이유다.

第四講
제 4강

농지 투자

4.1. 농지, 너의 정체는 무엇이뇨?

토지 투자를 하는 사람들은 '농지'와 '임야'를 그 주요 대상으로 삼고 있습니다.

그런데, '농지'라는 게 도대체 무엇인가요?

'농사 짓는 땅…'

뭐, 맞는 말이기는 하지만 웬지 뭐가 좀 부족한 것 같지요?

지난 시간에 제가 토지 투자를 위해서 공부하는 우리는 이제 '법학도'가 되었다고 말하였지요. 자 그러면, '법학도'로서의 실력을 좀 발휘해 볼까요?

'농지법', '농지법 시행령' 등을 살펴보면 **농지**, **농업인**, **농업법인**, **농업경영**, **자경** 등 여러 가지 용어에 대하여 정의 규정을 두고 있는 것을 알 수 있습니다.

그런데, 뭔가 복잡하기만 하고 잘 정리가 되지 않지요?

법과 시행령을 왔다갔다 하면서 눈알을 핑핑 돌려봐도 뭐가 뭔

소리인지 '정의'가 잘 '정의'되지 않지요?
　그래서 17년간 판사로서, 16년간 변호사로서 이 짓을 밥 먹듯이 한 제가 한번 정리를 해 보았습니다.

먼저 '농지'에 대해서 살펴보겠습니다.

'농지'란
1. 지목이 전·답·과수원으로 되어 있는 토지
2. 법적 지목을 불문하고 3년 이상 실제로 농작물 경작지 또는 다년생식물 재배지로 이용되는 토지
   다년생식물:
   1) 목초 종묘 인삼 약초 잔디 및 조림용 묘목
   2) 과실 뽕나무 유실수 그 밖의 생육기간이 2년 이상인 식물
   3) 조경 또는 관상용 수목과 그 묘목(조경 목적으로 식재한 것을 제외한다)
3. 위 1, 2호 토지의 개량시설(유지, 양·배수시설, 수로, 농로, 제방 등 농지의 보전이나 이용에 필요한 시설)의 부지
4. 위 1, 2호 토지에 설치한
   1) 고정식온실·버섯재배사·비닐하우스와 그 부속시설의 부지
   2) 축사·곤충사육사와 그 부속시설의 부지
   3) 간이퇴비장의 부지
   4) 농막·간이저온저장고·간이액비저장조(각 일정 규모 이하의 것)의 부지
   중의 어느 하나에 해당하는 토지를 말한다.

   다만, 다음에 해당하는 토지는 제외한다.
   ―'초지법'에 따라 조성된 초지
   ―지목이 전·답·과수원이 아닌 토지(지목이 임야인 토지는

제외)로서
　　농작물 경작지 또는 다년생식물 재배지로 계속하여 이용되
　　는 기간이 3년 미만인 토지
　─지목이 임야인 토지로서 산지전용허가를 거치지 아니하고
　　농작물의 경작 또는 다년생식물의 재배에 이용되는 토지

　휴~ 정리가 좀 됩니까? 그래도 안 된다구요? 할 수 없습니다. 제 머리로는 이 이상 더 간결하게 정리할 수는 없을 것 같습니다.

4.2. 농지의 소유와 제한

　지난 시간에 우리는 아주 쉬운 말인 '농지'에 대해서 알아보았는데, 그것도 알고 보니 아주 어려운 말이었습니다.

　이쯤해서 투덜이는 또 투덜댑니다. 뭐 이런 걸 다 알아야 하나?
　알아야 합니다. 저 믿고 조금만 더 따라 오세요. '경제적 자유'가 눈 앞에 보입니다.
　아이다, 나는 편하게 살고 줄이나 잘 설란다…
　너, 금수저 물고 태어났냐? 아니면 그냥 따라와라~~잉
　팍, 쎄려뿔라. 잘 살게 해준데도… 말을 안들어, 말을…

　ㅎㅎ 농담이구요. 우리가 간단한 말인 '농지'의 정의를 공부하는 데 왜 그렇게 머리를 싸매고 달려들었냐 하면 이 '농지'라는 놈이 아주 별난 놈이기 때문입니다.

우선 이 '농지'는 아무나 소유할 수는 없는 땅입니다. '농자유전' 혹은 '경자유전'이라고, 농사를 짓는 사람만이 농지를 소유할 수 있다는 것은 우리 헌법상의 이념이기도 합니다.

여기서 웬 헌법까지???

ㅎㅎ 우리는 '법학도'라니까요.

'헌법 제1조, 대한민국은 민주공화국이다. 대한민국의 주권은 국민에게 있고, 모든 권력은 국민으로부터 나온다'만 폼나게 읊조릴 것이 아니라 헌법을 열고(헌법을 열라니까 투덜이는 왜 또 대문을 열러 가냐? 얼릉 와!) 한번 직접 찾아보세요.

대한민국 헌법 제121조는 제1항에서 '국가는 농지에 관하여 경자유전의 원칙이 달성될 수 있도록 노력하여야 하며, 농지의 소작제도는 금지된다'고 선언하고, 제2항에서 '농업생산성의 제고와 농지의 합리적인 이용을 위하거나 불가피한 사정으로 발생하는 농지의 임대차와 위탁경영은 법률이 정하는 바에 의하여 인정된다'고 그 예외를 규정하고 있습니다.

에고, 별일이야. 토지 투자 공부하다가 이제는 헌법까지 공부하네… ㅎㅎ

그리고, **'농지법'**에서는 '농지는 자기의 농업경영에 이용하거나 이용할 자가 아니면 소유하지 못한다'고 되어 있습니다.

그러면 실제로 '농지'는 누가 소유할 수 있는 것인가?

'농지'는 **'농업인'**과 **'농업인이 되고자 하는 자'**, 그리고 **'농업법인'**만이 이를 소유할 수 있습니다.

야~ 투덜이, 벌써 '잘 됐다' 하고 짐 싸는거야? 잠깐잠깐… 그렇게 쉽게 포기를 해서야 쓰나!

아니, 뭐 농업인…만이 농지를 소유할 수 있다는데, 나는 농업인이 아닌 것 같고…

다들 투덜이를 바라보고 한변호사를 바라보며, 고개를 끄덕끄덕 합니다.

쯧쯧, '농업인'만 보이고 그 다음에 있는 '농업인이 되고자 하는 자'와 '농업법인'은 안 보입니까?

그렇습니다. 우리는 '농업인이 되고자 하는' 굳은 마음을 가지고 있으면 '농지'를 소유할 수 있는 것입니다. 또 '농업법인'을 통하여 간접적으로 '농지'를 소유할 수도 있습니다. 그러니 짐 싸려는 것 잠깐 멈추시고, 한변호사의 말을 조금 더 들어보세요.

'농지'의 소유권을 취득하려면('농지'에 관하여 소유권이전등기를 신청하려면) **농지취득자격증명**을 발급받아야 하는데, 이 증명은 <u>'농지'를 취득하려는 '농업인', '농업인이 되고자 하는 자', '농업법인'에게 발급</u>됩니다.

그러니까 '농업인이 되고자 하는 굳은 마음'만 가지고 있으면, 좀더 정확히 말하면 **영농의사**와 **농업경영계획**만 있으면 '농지취득자격증명'을 발급받을 수 있고, 따라서 농지의 소유권을 취득할 수 있는 것입니다.

나는 농업인이 되고자 하는 '굳은' 마음은 없고 '엷은' 마음밖에 없는데, 어떻게 하나요?

에고, 참! 마음을 '굳게' 가지십시오. ㅎㅎ

나는 농지를 취득할 때에는 '농업인이 되고자 하는 굳은 마음'을 가지고 있었는데, 농지를 취득하고 나서는 그 마음이 사라졌다, 어떻게 하나요?

뭘 어떻게 해? 죽자고 사랑한다던 '사랑'도 사라질 수 있는 것 아냐?

나는…
그만그만!!! 이 사람들이 투자를 하려는거야, 말려는거야.

《자료정리 3》

≪농지의 소유권이전등기에 관한 사무처리지침≫
[시행 2011.10.13] [대법원등기예규 제1415호, 2011.10.12, 일부개정]

1. 대상토지
이 지침은 **토지대장상 지목이 전·답·과수원인 토지**(이하 "농지"라 한다)에 대하여 소유권이전등기를 신청하는 경우에 해당 농지가 어느 시기에 조성, 등록전환 또는 지목변경 되었는지를 불문하고 이를 적용한다.

2. **농지취득자격증명을 첨부하여야 하는 경우**
 가. 아래의 경우에는 「농지법」 제8조 제1항의 규정에 의하여 농지의 소재지를 관할하는 시장(도농복합형태의 시에 있어서는 농지의 소재지가 동지역인 경우에 한한다)·구청장(도농복합형태의 시의 구에 있어서는 농지의 소재지가 동지역인 경우에 한한다)·읍장 또는 면장이 발행하는 **농지취득자격증명을 소유권이전등기신청서에 첨부**하여야 한다.
  (1) 자연인 또는 「농어업경영체 육성 및 지원에 관한 법률」 제16조에 따라 설립된 영농조합법인과 같은 법 제19조에 따라 설립되고 업무집행권을 가진 자 중 3분의 1 이상이 농업인인 농업회사법인이 농지에 대하여 매매, 증여, 교환, 양도담보, 명의신탁해지, 신탁법상의 신탁 또는 신탁해지, 사인증여, 계약해제, 공매, 상속인 이외의 자에 대한 특정적 유증 등을 등기원인으로 하여 소유권이전등기를 신청하는 경우. 다만, 아래 제3항에서 열거하고 있는 사유를 등기원인으로 하여 소유권이전등기를 신청하는 경우에는 그러하지 아니하다.

<구 규정>
(1) 자연인 또는 「농업·농촌기본법」 제15조의 규정에 의하여 설립된 영농조합법인과 같은 법 제16조에 의하여 설립된 농업회사법인이 농지에 대하여 매매, 증여, 교환, 양도담보, 명의신탁해지, 신탁법상의 신탁 또는 신탁해지, 사인증여, 계약해제, 공매, 상속인 이외의 자에 대한 특정적 유증 등 아래 제3항에서 열거하고 있는 사유를 제외한 나머지 사유를 등기원인으로 하여 소유권이전등기를 신청하는 경우

(2) 「초·중등교육법」 및 「고등교육법」에 의한 학교, 「농지법시행규칙」 제5조 관련 별표2에 해당하는 공공단체 등이 그 목적사업을 수행하기 위하여 농지를 취득하여 소유권이전등기를 신청하는 경우
(3) 「농지법」 제6조 제2항 제9호의2에 따른 영농여건불리농지를 취득하여 소유권이전등기를 신청하는 경우
나. 국가나 지방자치단체로부터 농지를 매수하여 소유권이전등기를 신청하는 경우 및 <u>농지전용허가를 받거나 농지전용신고를 한 농지에 대하여 소유권이전등기를 신청하는 경우</u>와 동일 가구(세대)내 친족간의 매매등을 원인으로 하여 소유권이전등기를 신청하는 경우에도 농지취득자격증명을 첨부하여야 한다.

3. 농지취득자격증명을 첨부할 필요가 없는 경우
아래의 경우에는 농지취득자격증명을 첨부하지 아니하고 소유권이전등기를 신청할 수 있다.
  가. 국가나 지방자치단체가 농지를 취득하여 소유권이전등기를 신청하는 경우
  나. <u>상속 및 포괄유증, 상속인에 대한 특정적 유증, 취득시효완성, 공유물분할, 매각, 진정한 등기명의 회복, 농업법인의 합병을 원인으로 하여</u> 소유권이전등기를 신청하는 경우
  다. 「공익사업을 위한 토지 등의 취득 및 보상에 관한 법률」에 의한 수용 및 협의취득을 원인으로 하여 소유권이전등기

를 신청하는 경우 및 「징발재산정리에관한 특별조치법」 제20조, 「공익사업을 위한 토지 등의 취득 및 보상에 관한 법률」 제91조의 규정에 의한 환매권자가 환매권에 기하여 농지를 취득하여 소유권이전등기를 신청하는 경우

라. 「국가보위에 관한 특별조치법 제5조 제4항에 의한 동원대상지역내의 토지의 수용·사용에 관한 특별조치령에 의하여 수용·사용된 토지의 정리에 관한 특별조치법」 제2조 및 제3조의 규정에 의한 환매권자등이 환매권등에 의하여 농지를 취득하여 소유권이전등기를 신청하는 경우

마. 「농지법」 제17조의 규정에 의한 농지이용증진사업시행계획에 의하여 농지를 취득하여 소유권이전등기를 신청하는 경우

바. **도시지역내의 농지**에 대한 소유권이전등기를 신청하는 경우, 다만 도시지역 중 **녹지지역 안의 농지에 대하여는 도시계획시설사업에 필요한 농지에 한함**(「국토의 계획 및 이용에 관한 법률」 제83조 제3호 참조)

사. 「농지법」 제34조 제2항에 의한 **농지전용협의를 완료한 농지**를 취득하여 소유권이전등기를 신청하는 경우 및 「국토의 계획 및 이용에 관한 법률」 제118조의 규정에 의하여 **토지거래계약 허가를 받은 농지**에 대하여 소유권이전등기를 신청하는 경우(「국토의 계획 및 이용에 관한 법률」 제126조 제1항 참조)

아. 「농지법」 제13조 제1항 제1호부터 제6호까지에 해당하는 저당권자가 농지저당권의 실행으로 인한 경매절차에서 매수인이 없어 「농지법」 제13조 제1항의 규정에 의하여 스스로 그 경매절차에서 담보농지를 취득하는 경우 및 「자산유동화에 관한법률」 제3조의 규정에 의한 유동화전문회사 등이 「농지법」 제13조 제1항 제1호 부터 제4호까지의 규정에 의한 저당권자로부터 농지를 취득하는 경우

자. 한국농어촌공사가 「한국농어촌공사 및 농지관리기금법」

에 의하여 농지를 취득하거나, 「농어촌정비법」 제16조에 의하여 농지를 취득하여 소유권이전등기를 신청하는 경우
차. 「농어촌정비법」 제25조 소정의 농업생산기반 정비사업 시행자에 의하여 시행된 환지계획 및 같은 법 제43조 소정의 교환·분할·합병에 따라 농지를 취득하여 소유권이전등기를 신청하는 경우와 같은 법 제82조 소정의 농어촌관광휴양단지개발사업자가 그 사업의 시행을 위하여 농어촌관광휴양단지로 지정된 지역 내의 농지를 취득하여 소유권이전등기를 신청하는 경우
카. 「농어촌정비법」 제96조의 규정에 의하여 지정된 한계농지등의 정비사업시행자가 정비지구안의 농지를 취득하여 소유권이전등기를 신청하는 경우(같은 법 제100조 참조)
타. 지목이 농지이나 **토지의 현상이 농작물의 경작 또는 다년생 식물재배지로 이용되지 않음이 관할관청이 발급하는 서면에 의하여 증명**되는 토지에 관하여 소유권이전등기를 신청하는 경우
파. 「산업집적활성화 및 공장설립에 관한 법률」 제13조 제1항 또는 제20조 제2항의 규정에 의한 공장설립등의 승인을 신청하여 공장입지승인을 얻은 자 및 「중소기업창업 지원법」 제33조제1항의 규정에 의한 사업계획의 승인을 신청하여 공장입지승인을 얻은 자가 당해 농지를 취득하여 소유권이전등기를 신청하는 경우(「기업활동 규제완화에 관한 특별조치법」 제9조 제4항, 제13조 참조)

4. 종중의 농지취득

종중은 원칙적으로 농지를 취득할 수 없으므로 위토를 목적으로 새로이 농지를 취득하는 것도 허용되지 아니하며, 다만 농지개혁 당시 위토대장에 등재된 기존 위토인 농지에 한하여 당해 농지가 위토대장에 종중 명의로 등재되어 있음을 확인하는 내용의 위토대장 소관청 발급의 증명서를 첨부하여 그 종중 명의로의 소

<u>유권이전등기를 신청할 수 있다.</u>

5. 다른 등기예규의 폐지 및 개정
등기예규 제5호(등기예규집 제597항, 이하 괄호 안의 번호는 등기예규집의 항번호를 말한다), 제15호(제594항), 제26호(590항), 제29호(제582), 제49호(제585항), 제65호(제589항), 제88호(제592항), 제227호(제606항), 제273호(제584항), 제274호(제583항), 제381호(제587항), 제464호(제588호), 제521호(제595항), 제596호(제593항), 제597호(제596항), 제736호(제598항), 제802호(제584-1항)는 이를 각 폐지하고, 등기예규 제721호(제92항)의 2.① 중 "농지개혁법 제19조 제2항"을 "농지법 제8조"로, 등기예규 제718호(제266항)의 5. 중 "임야매매증명 및 농지개혁법 제19조 제2항의 규정에 의한 농지매매증명의 제출을 요하지 아니한다."를 "임야매매증명의 제출을 요하지 아니한다."로 각 개정한다.

부칙 <제1415호, 2011.10.12>
이 예규는 2011년 10월 13일부터 시행한다.

《자료정리 4》

≪**농지취득자격증명 발급 심사요령**≫
[시행 2015.8.17.] [농림축산식품부예규 제31호, 2015.8.17., 일부개정]

[시행 2013.5.16.]
○ 농지취득자격증명을 발급받아야 하는 농지의 정의에 간이저온저장고의 부지를 포함(안 제2조 제1항 제3호 다목)
○ 농지에 재배할 수 있는 다년생식물의 범위를 모든 식물로 확대(안 제2조 제2항 제2호)
 - 농지에 재배할 수 있는 다년생식물을 식용, 약용, 조경·관상용 식물에 한정하던 것을 모든 다년생식물로 확대함에 따라 이를 반영
 ※ 식용, 약용, 조경·관상용 → 도료, 염료, 수질정화, 천연살충 등 모든 용도
○ 농업법인의 농지소유 요건 완화에 따라 이를 반영(안 제2조 제4항)
○ 영농여건불리농지 등을 농지취득자격증명 발급 대상 농지에 추가(안 제4조)
○ 농지전용사업이 시행중인 경매 농지에 대한 최고가매수신고인의 자격증명 신청시 처리요령 규정 신설(안 제9조의2)

제1장 총 칙

제1조(목적) 이 요령은 「**농지법**」(이하 "법"이라 한다) 제8조, 같은 법 시행령(이하 "영"이라 한다) 제6조·제7조 및 같은 법 시행규칙(이하 "규칙"이라 한다) 제7조에 따른 농지취득자격증명의 발급에 관하여 필요한 세부사항을 정함으로써 「헌법」 제121조 제1항에 따른 경자유전의 원칙을 달성하고 「농지법」 제3조에 따른 농지에 관한 기본이념을 구현하는 것을 목적으로 한다.

<농지법>
[시행 2016.1.21.] [법률 제13405호, 2015.7.20., 일부개정]

제8조(농지취득자격증명의 발급) ①농지를 취득하려는 자는 농지 소재지를 관할하는 시장(구를 두지 아니한 시의 시장을 말하며, 도농 복합 형태의 시는 농지 소재지가 동지역인 경우만을 말한다),구청장(도농 복합 형태의 시의 구에서는 농지 소재지가 동지역인 경우만을 말한

다), 읍장 또는 면장(이하 "시·구·읍·면의 장"이라 한다)에게서 농지취득자격증명을 발급받아야 한다. 다만, 다음 각 호의 어느 하나에 해당하면 농지취득자격증명을 발급받지 아니하고 농지를 취득할 수 있다. <개정 2009.5.27>
  1. 제6조제2항 제1호·제4호·제6호·제8호 또는 제10호(같은 호 바목은 제외한다)에 따라 농지를 취득하는 경우
  2. 농업법인의 합병으로 농지를 취득하는 경우
  3. 공유 농지의 분할이나 그 밖에 대통령령으로 정하는 원인으로 농지를 취득하는 경우
② 제1항에 따른 농지취득자격증명을 발급받으려는 자는 다음 각 호의 사항이 모두 포함된 농업경영계획서를 작성하여 농지 소재지를 관할하는 시·구·읍·면의 장에게 발급신청을 하여야 한다. 다만, 제6조 제2항 제2호·제3호·제7호·제9호·제9호의2 또는 제10호바목에 따라 농지를 취득하는 자는 농업경영계획서를 작성하지 아니하고 발급신청을 할 수 있다. <개정 2009.5.27>
  1. 취득 대상 농지의 면적
  2. 취득 대상 농지에서 농업경영을 하는 데에 필요한 노동력 및 농업 기계·장비·시설의 확보 방안
  3. 소유 농지의 이용 실태(농지 소유자에게만 해당한다)
③제1항 본문과 제2항에 따른 신청 및 발급 절차 등에 필요한 사항은 대통령령으로 정한다.
④제1항 본문과 제2항에 따라 농지취득자격증명을 발급받아 농지를 취득하는 자가 그 소유권에 관한 등기를 신청할 때에는 농지취득자격증명을 첨부하여야 한다.

<농지법 시행령>
[시행 2016.1.25.] [대통령령 제26922호, 2016.1.22., 타법개정]

제6조(농지취득자격증명발급대상의 예외) 법 제8조 제1항 제3호에서 "그 밖에 대통령령으로 정하는 원인"이란 다음 각 호의 어느 하나에 해당하는 경우를 말한다.
  1. 시효의 완성으로 농지를 취득하는 경우
  2. 「징발재산정리에 관한 특별조치법」 제20조, 「공익사업을 위한 토지 등의 취득 및 보상에 관한 법률」 제91조에 따른 환매권자가 환매권에 따라 농지를 취득하는 경우
  3. 「국가보위에 관한 특별조치법 제5조 제4항에 따른 동원대상지역 내의 토지의 수용·사용에 관한 특별조치령에 따라 수용·사용된 토지의 정리에 관한 특별조치법」 제2조 및 같은 법 제3조에 따른 환매권자 등이 환매권 등에 따라 농지를 취득하는 경우
  4. 법 제17조에 따른 농지이용증진사업 시행계획에 따라 농지를 취득하는 경우

<농지법 시행령>
[시행 2016.1.25.] [대통령령 제26922호, 2016.1.22., 타법개정]

제7조(농지취득자격증명의 발급) ①법 제8조 제2항에 따라 농지취득자격증명을 발급받으려는 자는 농지취득자격증명신청서류를 농지의 소재지를 관할하는 시장(구를 두지 아니한 시의 시장을 말하며, 도농복합형태의 시에 있어서는 농지의 소재지가 동지역인 경우만을 말한다)·구청장(도농복합형태의 시의 구에 있어서는 농지의 소재지가 동지역인 경우만을 말한다)·읍장 또는 면장(이하 "시·구·읍·면의 장"이라 한다)에게 제출하여야 한다. 이 경우 농림축산식품부장관이 정하는 전자적인 방법을 활용하여 제출할 수 있다. <개정2016.1.19>

②시·구·읍·면의 장은 제1항에 따른 농지취득자격증명의 발급신청을 받은 때에는 그 신청을 받은 날부터 4일(법 제8조제2항 단서에 따라 농업경영계획서를 작성하지 아니하고 농지취득자격증명의 발급신청을 할 수 있는 경우에는 2일) 이내에 다음 각 호의 요건에 적합한지의 여부를 확인하여 이에 적합한 경우에는 신청인에게 농지취득자격증명을 발급하여야 한다. <개정2008.2.29, 2013.3.23, 2013.12.30>

1. 법 제6조 제1항이나 제2항 제2호·제3호·제7호 또는 제9호에 따른 취득요건에 적합할 것
2. 농업인이 아닌 개인이 주말·체험영농에 이용하고자 농지를 취득하는 경우에는 신청 당시 소유하고 있는 농지의 면적에 취득하려는 농지의 면적을 합한 면적이 법 제7조 제3항에 따른 농지의 소유상한 이내일 것
3. 법 제8조 제2항 각 호 외의 부분 본문에 따라 농업경영계획서를 제출하여야 하는 경우에는 그 계획서에 같은 항 각 호의 사항이 포함되어야 하고, 그 내용이 신청인의 농업경영능력 등을 참작할 때 실현가능하다고 인정될 것
4. 신청인이 소유농지의 전부를 타인에게 임대 또는 사용대(使用貸)하거나 농작업의 전부를 위탁하여 경영하고 있지 아니할 것. 다만, 법 제6조 제2항 제3호 또는 제9호에 따라 농지를 취득하는 경우에는 그러하지 아니하다.
5. 신청당시 농업경영을 하지 아니하는 자가 자기의 농업경영에 이용하고자 하여 농지를 취득하는 경우에는 해당 농지의 취득 후 농업경영에 이용하려는 농지의 총면적이 다음 각 목의 어느 하나에 해당할 것
    가. 고정식온실·버섯재배사·비닐하우스·축사 그 밖의 농업생산에 필요한 시설로서 농림축산식품부령으로 정하는 시설이 설치되어 있거나 설치하려는 농지의 경우 : 330제곱미터 이상
    나. 곤충사육사가 설치되어 있거나 곤충사육사를 설치하려는 농지의 경우: 165제곱미터 이상
    다. 가목 및 나목 외의 농지의 경우 : 1천제곱미터 이상

③제2항 제3호에 따른 농지취득자격의 확인기준 등에 관한 세부사항은 농림축산식품부령으로 정한다. <개정 2008.2.29, 2013.3.23>

<농지법 시행규칙>
[시행 2016.1.21.] [농림축산식품부령 제195호, 2016.1.21., 일부개정]

제7조(농지취득자격증명신청서 등) ①영 제7조 제1항에서 "농지취득자격증명신청서류"란 다음 각 호의 서류를 말한다
  1. 별지 제2호 서식의 농지취득인정서(법 제6조 제2항 제2호에 해당하는 경우에 한정한다)
  2. 별지 제3호 서식의 농지취득자격증명신청서
  3. 별지 제4호 서식의 농업경영계획서(농지를 농업경영 목적으로 취득하는 경우에 한정한다)
  4. 농지임대차계약서 또는 농지사용대차계약서(농업경영을 하지 아니하는 자가 취득하려는 농지의 면적이 영 제7조 제2항 제5호 각 목의 어느 하나에 해당하지 아니하는 경우에 한정한다)
  5. 농지전용허가(다른 법률에 따라 농지전용허가가 의제되는 인가 또는 승인 등을 포함한다)를 받거나 농지전용신고를 한 사실을 입증하는 서류(농지를 전용목적으로 취득하는 경우에 한정한다)

② 제1항에 따른 신청서 제출시 시·구·읍·면장은 「전자정부법」 제36조 제1항에 따른 행정정보의 공동이용을 통하여 법인 등기사항증명서(신청인이 법인인 경우만 해당한다)를 확인하여야 한다. <개정 2009.11.27, 2012.7.18>

③ 영 제7조 제3항에 따라 농지취득자격을 확인할 때에는 다음 각 호의 사항을 종합적으로 고려하여야 한다. 이 경우 정보·통신매체를 통한 교육으로 학력을 인정받는 학교에 재학 중인 학생 또는 야간수업을 받는 학생 등 통상적인 농업경영 관행에 따라 농업경영을 할 수 있다고 인정되는 학생, 농업경영을 하고 있는 학생 또는 법 제6조 제2항 제3호의 목적으로 농지를 취득하려는 「고등교육법」에 따른 학교에 재학 중인 학생을 제외한 「초·중등교육법」 및 「고등교육법」에 따른 학교에 재학 중인 학생은 농지취득자격이 없는 것으로 본다. <개정 2012.6.29, 2016.1.21>
  1. 취득대상 농지의 면적
  2. 취득대상 농지를 농업경영에 이용하기 위한 노동력 및 농업기계·장비 등의 확보여부 또는 확보방안
  3. 소유농지의 이용실태(농지를 소유하고 있는 자의 경우에 한정한다)
  4. 경작하려는 농작물 또는 재배하고자 다년생식물의 종류
  5. 농작물의 경작지 또는 다년생식물의 재배지 등으로 이용되고 있지 아니하는 농지의 경우에는 농지의 복구가능성 등 취득대상 토지의 상태

6. 신청자의 연령·직업 또는 거주지 등 영농여건
7. 신청자의 영농의지

④ 시·구·읍·면의 장은 영 제7조 제2항에 따라 농지취득자격증명신청에 대하여 농지취득자격증명을 발급하는 경우에는 별지 제5호 서식의 농지취득자격증명에 따르며, 이를 별지 제6호 서식의 농지취득자격증명발급대장에 기재하여야 한다. <개정2008.6.13>

제2조(정의) 이 요령에서 사용하는 용어의 정의는 다음과 같다.
① "**농지**"란 다음 각 호의 어느 하나에 해당하는 토지를 말한다.
  1. <u>전·답, 과수원, 그 밖에 법적 지목(地目)을 불문하고 실제로 농작물 경작지 또는 다년생식물 재배지로 이용되는 토지</u>. 다만, 다음 각목에 해당하는 토지를 **제외**한다.
      가. 「공간정보의 구축 및 관리 등에 관한 법률」에 따른 지목이 전·답, 과수원이 아닌 토지로서 농작물 경작지 또는 제2항 각 호에 따른 다년생식물 재배지로 계속하여 이용되는 기간이 3년 미만인 토지
      나. 「공간정보의 구축 및 관리 등에 관한 법률」에 의한 지목이 임야인 토지(가목에 해당하는 토지를 제외한다)로서 그 형질을 변경하지 아니하고 제2항 제2호 또는 제3호에 따른 다년생식물의 재배에 이용되는 토지
      다. 「초지법」에 따라 조성된 초지
  2. <u>제1호의 토지의 개량시설(유지, 양·배수시설, 수로, 농로, 제방, 토양의 침식이나 재해로 인한 농작물의 피해를 방지하기 위하여 설치한 계단·흙막기·방풍림 그 밖에 이에 준하는 시설을 말한다)의 부지</u>
  3. <u>농작물 경작지 또는 제2항 각 호의 다년생식물 재배지로 이용되고 있는 토지에 설치한 다음 각 목의 시설의 부지</u>
      가. 고정식온실·버섯재배사·비닐하우스와 그 부속시설
      나. 축사 또는 곤충사육사와 그 부속시설
      다. 농막·간이저온저장고·간이퇴비장 또는 간이액비저장조
② "**다년생식물 재배지**"란 다음 각 호의 어느 하나에 해당하는

식물을 재배하는 토지를 말한다.
  1. 목초·종묘·인삼·약초·잔디 및 조림용 묘목
  2. 과수·뽕나무·유실수 기타 생육기간이 2년 이상인 식물
  3. 조경 또는 관상용 수목과 그 묘목(조경목적으로 식재한 것을 제외한다)
③ "**농업인**"이란 다음 각 호의 어느 하나에 해당하는 개인을 말한다.
  1. <u>1천제곱미터 이상의 농지에서 농작물 또는 다년생식물을 경작 또는 재배하거나 1년 중 90일 이상 농업에 종사하는 자</u>
   * 90일 이상 농업에 종사하는 자란 농업경영주와 1년 중 90일 이상 농업경영이나 농지 경작활동의 피고용인으로 종사한다는 계약을 체결하고 노동력을 제공하고 있는 자
  2. <u>농지에 330제곱미터 이상의 고정식온실·버섯재배사·비닐하우스 기타 농업생산에 필요한 시설을 설치하여 농작물 또는 다년생식물을 경작 또는 재배하는 자</u>
  3. <u>대가축 2두, 중가축 10두, 소가축 100두, 가금 1천수 또는 꿀벌 10군 이상을 사육하거나 1년 중 120일 이상 축산업에 종사하는 자</u>
  4. <u>농업경영을 통한 농산물의 연간 판매액이 120만원 이상인 자</u>
④ "**농업법인**"이란 「농어업경영체 육성 및 지원에 관한 법률」 제16조에 따라 설립된 <u>영농조합법인</u>과 다음 각 호의 요건에 모두 적합한 같은 법 제19조의 규정에 의하여 설립된 <u>농업회사법인</u>을 말한다.
  1. <삭제>
  2. <삭제>
  3. <u>농업회사법인의 업무집행권을 가진 자 중 3분의 1 이상이 농업인일 것</u>

<구 규정>
1. 농업인이 출자한 출자액의 합계가 그 농업회사법인의 총출자액의 4분의 1을 초과할 것
2. 농업회사법인을 대표하는 자가 농업인일 것

3. 농업회사법인의 업무집행권을 가진 자 중 2분의 1 이상이 농업인일 것

농업법인의 범위
농업·농촌기본법 제15조의 규정에 의하여 설립된 영농조합법인
다음 요건에 모두 적합한 농업·농촌기본법 제16조 규정에 의하여 설립된 농업회사 법인
- 합명·합자·유한회사일 경우 (주식회사는 제외)
- 농업인 출자액이 농업회사법인 총출자액이 1/2를 초과할 것
- 대표사원(유한회사는 이사)이 농업인일 것
- 업무집행사원(유한회사는 이사)의1/2 이상이 농업인일 것

⑤ "**농업경영**"이란 농업인이나 농업법인이 자기의 계산과 책임으로 농지에서 농작물을 경작하거나 다년생식물을 재배하는 것을 말한다.

⑥ "**주말·체험영농**"이란 농업인이 아닌 개인이 주말등을 이용하여 취미 또는 여가활동으로 농작물을 경작하거나 다년생식물을 재배하는 것을 말한다.

⑦ "고정식온실·버섯재배사 및 비닐하우스의 부속시설"이란 해당 고정식온실·버섯재배사 및 비닐하우스와 연접하여 설치된 시설로서 농작물 또는 다년생식물의 경작·재배·관리·출하 등 일련의 생산과정에 직접 이용되는 다음 각 호의 시설을 말한다. <2015.8.17. 신설>

　　1. 보일러, 양액탱크, 종균배양설비, 농자재 및 농산물보관실, 작업장 등 해당 고정식온실·버섯재배사 및 비닐하우스에서 농작물 또는 다년생식물을 재배하는데 직접 필요한 시설
　　2. 해당 고정식온실·버섯재배사 및 비닐하우스에서 생산된 농작물 또는 다년생식물을 판매하기 위한 간이진열시설(연면적이 33제곱미터 이하인 경우로 한정한다)
　　3. 시설 면적이 6천제곱미터 이하에서 농림축산식품부장관이 정하여 공고하는 면적 이상인 고정식온실·버섯재배사 및 비닐하우스에서 재배하는 농작물 또는 다년생식물의 관리를 위하여 설치하는 시설(연면적 33제곱미터 이하이고, 주거 목적이 아닌 경우로 한정한다)

⑧ "축사 및 곤충사육사의 부속시설"이란 해당 축사 또는 곤충사육사와 연접하여 설치된 시설로서 가축 또는 곤충의 사육·관리·출하 등 일련의 생산과정에 직접 이용되는 다음 각 호의 시설을 말한다.
  1. 축사의 부속시설 : 급여(給與)시설, 착유시설, 위생시설, 가축분뇨처리시설, 농기계보관시설, 진입로, 가축운동장, 자가소비용 사료의 간이처리 또는 보관시설과 사육하는 가축의 관리를 위해 설치하는 시설(연면적 33제곱미터 이하이고, 주거 목적이 아닌 경우로 한정한다)
  2. 곤충사육사의 부속시설 : 자가소비용 사료의 간이처리 또는 보관시설, 진입로, 사육 용기 세척시설 및 사육하는 곤충의 관리를 위해 설치하는 시설(연면적 33제곱미터 이하이고, 주거 목적이 아닌 경우로 한정한다)

⑨ "농막·간이저온저장고 및 간이액비저장조 중 농림축산식품부령으로 정하는 시설"이란 각각 다음 각 호의 시설을 말한다. <2015.8.17. 신설>
  1. 농막: 농작업에 직접 필요한 농자재 및 농기계 보관, 수확농산물 간이 처리 또는 농작업 중 일시 휴식을 위하여 설치하는 시설(연면적 20제곱미터 이하이고, 주거 목적이 아닌 경우로 한정한다)
  2. 간이저온저장고: 연면적 33제곱미터 이하일 것
  3. 간이액비저장조: 저장 용량이 200톤 이하일 것

제2장 농지취득자격증명발급대상

제3조(농지취득자격증명 발급대상) ① 농지의 소유권을 취득하고자 하는 자는 법 제8조 제1항 및 제4항에 따라 농지취득자격증명(이하 "자격증명"이라 한다)을 발급받아 소유권에 관한 등기를

신청할 때에 이를 첨부하여야 한다.
② 제1항의 규정에도 불구하고 다음 각 호의 어느 하나에 해당하는 경우에는 법 제8조 제1항 단서 및 영 제6조에 따라 <u>자격증명</u>을 발급받지 아니하고 농지를 취득할 수 있다.
  1. 국가 또는 지방자치단체가 농지를 취득하는 경
  2. 상속(상속인에게 한 유증을 포함한다. 이하 같다)에 의하여 농지를 취득하는 경우
  3. 다음 각 목의 어느 하나에 해당하는 농지저당권자가 법 제13조에 따라 그 <u>담보농지를 취득</u>하는 경우
    가. 「농업협동조합법」에 따른 지역농업협동조합, 지역축산업협동조합, 품목별·업종별협동조합 및 그 중앙회, 「수산업협동조합법」에 따른 지구별수산업협동조합·업종별수산업협동조합·수산물가공수산업협동조합 및 그 중앙회 또는 「산림조합법」에 따른 지역산림조합·품목별·업종별산림조합 및 그 중앙회
    나. 한국농어촌공사
    다. 「은행법」에 따라 설립된 금융기관이나 「상호저축은행법」에 따른 상호저축은행, 「신용협동조합법」에 따른 신용협동조합, 「새마을금고법」에 따른 새마을금고 및 그 중앙회
    라. 「금융기관부실자산 등의 효율적 처리 및 한국자산관리공사의 설립에 관한 법률」에 따라 설립된 한국자산관리공사
    마. 「자산유동화에 관한 법률」 제3조에 따른 유동화전문회사 등
    바. 「한국농수산식품유통공사법」에 따른 한국농수산식품유통공사
    사. 「농업협동조합의 구조개선에 관한 법률」에 따라 설립된 농업협동조합 자산관리회사
  4. 법 제34조제2항에 따라 **농지의 전용에 관한 협의**를 완료한

다음 각 목의 어느 하나에 해당하는 농지를 취득하는 경우
  가. 「국토의 계획 및 이용에 관한 법률」에 따른 <u>도시지역 안에 주거지역·상업지역·공업지역 또는 도시계획시설예정지로 지정 또는 결정된 농지</u>
  나. 「국토의 계획 및 이용에 관한 법률」에 따른 <u>계획관리지역의 지구단위계획구역으로 지정된 농지</u>
    * 계획관리지역의 지구단위계획구역 농지 중 자격증명을 받지 아니하고 취득할 수 있는 농지는 '09.11.28부터 농림수산식품부장관과 농지전용에 관한 협의를 거쳐 지정된 농지에 한함
  다. 「국토의 계획 및 이용에 관한 법률」에 따른 <u>도시지역안의 녹지지역 및 개발제한구역안의 농지에 대하여 같은 법 제56조에 따라 개발행위의 허가를 받거나 「개발제한구역의 지정 및 관리에 관한 특별조치법」 제12조 제1항 각호 외의 부분 단서에 따라 토지형질변경허가를 받은 농지</u>

5. 다음 각 목의 법률에 따라 농지를 취득하여 소유하는 경우
  가. 「한국농어촌공사 및 농지관리기금법」에 따라 한국농어촌공사가 농지를 취득하여 소유하는 경우
  나. 「농어촌정비법」 제16조·제25조·제43조·제82조 또는 제100조에 따라 농지를 취득하여 소유하는 경우
    제16조(국가 등이 시행한 농업생산기반시설의 관리와 이관)
    제25조(환지계획)
    제43조(교환·분할·합병의 시행)
    제82조(농어촌 관광휴양단지의 개발)
    제100조(한계농지등의 매매 등)
  다. 「공유수면 관리 및 매립에 관한 법률」에 따라 매립농지를 취득하여 소유하는 경우
  라. 토지수용으로 농지를 취득하여 소유하는 경우
  마. 농림축산식품부장관과 협의를 마치고 「공익사업을 위한 토지 등의 취득 및 보상에 관한 법률」에 따라 농지를

　　　　　취득하여 소유하는 경우
　6. 다음 각 목에 해당하는 원인으로 농지를 취득하는 경우
　　가. <u>농업법인의 합병 또는 공유농지의 분할</u>에 의하여 농지를 취득하는 경우
　　나. <u>시효의 완성</u>으로 농지를 취득하는 경우
　　다. 「징발재산정리에 관한 특별조치법」 제20조·「공익사업을 위한 토지 등의 취득 및 보상에 관한 법률」 제91조에 따라 환매권자가 환매권에 의하여 농지를 취득하는 경우
　　라. 법 제17조에 따른 농지이용증진사업시행계획에 따라 농지를 취득하는 경우
　　마. 「국가보위에 관한 특별조치법 제5조제4항에 따른 동원대상지역 내의 토지의 수용·사용에 관한 특별조치령에 의하여 수용·사용된 토지의 정리에 관한 특별조치법」 제2조 및 제3조에 따른 환매권자 등이 환매권 등에 의하여 농지를 취득하는 경우

제4조(자격증명발급대상자) 자격증명은 다음 각 호의 어느 하나에 해당하는 자에 대하여 발급한다.
　1. 농지를 취득하고자 하는 다음 각목의 어느 하나에 해당하는 자
　　가. <u>농업인 또는 **농업인이 되고자 하는 자**</u>
　　나. <u>농업법인</u>
　2. 「초·중등교육법」 및 「고등교육법」에 따른 학교 및 규칙 별표2에 따른 공공단체등(농지취득인정서를 발급받은 경우에 한정한다)
　3. **주말·체험영농을 하고자 하는 농업인이 아닌 개인**
　4. 법 제34조제1항에 따른 **농지전용허가**(다른 법률에 의하여 농지전용허가가 의제되는 인가·허가·승인 등을 포함한다)를 받거나 법 제35조 또는 법 제43조에 따른 **농지전용신고**를 한 자(해당 농지를 취득하는 경우에 한정한다)

농지의 소유권이전등기에 관한 사무처리지침

나. 국가나 지방자치단체로부터 농지를 매수하여 소유권이전등기를 신청하는 경우 및 농지전용허가를 받거나 농지전용신고를 한 농지에 대하여 소유권이전등기를 신청하는 경우와 동일 가구(세대)내 친족간의 매매등을 원인으로 하여 소유권이전등기를 신청하는 경우에도 농지취득자격증명을 첨부하여야 한다.

<농지법>
[시행 2016.1.21.] [법률 제13405호, 2015.7.20., 일부개정]

제34조(농지의 전용허가·협의) ①농지를 전용하려는 자는 다음 각 호의 어느 하나에 해당하는 경우 외에는 대통령령으로 정하는 바에 따라 농림축산식품부장관의 허가를 받아야 한다. 허가받은 농지의 면적 또는 경계 등 대통령령으로 정하는 중요 사항을 변경하려는 경우에도 또한 같다. <개정 2008.2.29.,2009.5.27., 2013.3.23.>
 1. 다른 법률에 따라 농지전용허가가 의제되는 협의를 거쳐 농지를 전용하는 경우
 2. 「국토의계획 및 이용에 관한 법률」에 따른 도시지역 또는 계획관리지역에 있는 농지로서 제2항에 따른 협의를 거친 농지나 제2항 제1호 단서에 따라 협의 대상에서 제외되는 농지를 전용하는 경우
 3. 제35조에 따라 농지전용신고를 하고 농지를 전용하는 경우
 4. 「산지관리법」제14조에 따른 산지전용허가를 받지 아니하거나 같은법 제15조에 따른 산지전용신고를 하지 아니하고 불법으로 개간한 농지를 산림으로 복구하는 경우
 5. 「하천법」에 따라 하천관리청의 허가를 받고 농지의 형질을 변경하거나 공작물을 설치하기 위하여 농지를 전용하는 경우
②주무부장관이나 지방자치단체의 장은 다음 각 호의 어느 하나에 해당하면 대통령령으로 정하는 바에 따라 농림축산식품부장관과 미리 농지전용에 관한 협의를 하여야 한다. <개정 2008.2.29., 2009.5.27., 2011.4.14., 2013.3.23.>
 1. 「국토의 계획 및 이용에 관한 법률」에 따른 도시지역에 주거지역·상업지역 또는 공업지역을 지정하거나 도시·군계획시설을 결정할 때에 해당 지역예정지 또는 시설 예정지에 농지가 포함되어 있는 경우. 다만, 이미 지정된 주거지역·상업지역·공업지역을 다른 지역으로 변경하거나 이미 지정된 주거지역·상업지역·공업지역에 도시·군계획시설을 결정하는 경우는 제외한다.
 1의2. 「국토의 계획 및 이용에 관한 법률」에 따른 계획관리지역에 지구단위계획구역을 지정할 때에 해당구역 예정지에 농지가 포함되어 있는 경우
 2. 「국토의 계획 및 이용에 관한 법률」에 따른 도시지역의 녹지지역

및 개발제한구역의 농지에 대하여 같은 법 제56조에 따라 개발행위를 허가하거나 「개발제한구역의 지정 및 관리에 관한 특별조치법」 제12조 제1항 각 호 외의 부분 단서에 따라 토지의 형질변경 허가를 하는 경우

제35조(농지전용신고) ① 농지를 다음 각 호의 어느 하나에 해당하는 시설의 부지로 전용하려는 자는 대통령령으로 정하는 바에 따라 시장·군수 또는 자치구구청장에게 신고하여야 한다. 신고한 사항을 변경하려는 경우에도 또한 같다. <개정 2009.5.27., 2012.1.17.>
   1. 농업인 주택, 어업인 주택, 농축산업용 시설(제2조 제1호 나목에 따른 개량시설과 농축산물 생산시설은 제외한다), 농수산물 유통·가공 시설
   2. 어린이놀이터·마을회관 등 농업인의 공동생활 편의 시설
   3. 농수산 관련 연구 시설과 양어장·양식장 등 어업용 시설
② 제1항에 따른 신고 대상 시설의 범위와 규모, 농업진흥지역에서의 설치 제한, 설치자의 범위 등에 관한사항은 대통령령으로 정한다.

5. 「한국농어촌공사 및 농지관리기금법」 제24조 제2항에 따른 농지의 개발사업지구 안에서 한국농어촌공사가 개발하여 매도하는 다음 각 목의 어느 하나에 해당하는 농지를 취득하는 자
   가. 도·농간의 교류촉진을 위한 1천500제곱미터 미만의 농원부지
   나. 농어촌관광휴양지에 포함된 1천500제곱미터 미만의 농지
6. 「농어촌정비법」 제98조 제3항에 따른 한계농지 등의 정비사업시행자로부터 1천500제곱미터 미만의 농지를 분양받는 자
7. 법 제6조 제2항 제9호의2에 따른 영농여건불리농지를 취득하는 자
8. 법 제6조 제2항 제10호 바목에 따라 비축용 농지를 취득하는 한국토지주택공사

제3장 농지취득자격증명발급 신청

제5조(자격증명 발급권자) 자격증명은 취득하고자 하는 <u>농지의 소재지를 관할하는</u> 시장(구를 두지 아니한 시의 시장을 말하며, 도농 복합 형태의 시는 농지의 소재지가 동(洞)지역인 경우만을 말한다)·구청장(도농복합형태의 시의 구에서는 농지의 소재지가 동(洞)지역인 경우만을 말한다)·읍장 또는 면장(이하 "<u>시·구·읍·면의 장</u>"이라 한다)이 발급한다.

제6조(자격증명 신청자) ① 자격증명은 농지를 취득하고자 하는 자가 신청하여야 한다.
② 시·구·읍·면장은 제3조 제2항 각 호에 해당하는 자가 자격증명 발급을 신청하는 경우에는 신청인에게 자격증명을 발급받지 아니하고 농지를 취득할 수 있음을 알려주어야 한다.

제7조(자격증명의 발급신청) ① 자격증명을 발급받고자 하는 자는 규칙 제7조에 따른 농지취득자격증명신청서를 작성한 후 제2항 각 호의 서류를 첨부하여 해당 농지의 소재지를 관할하는 시·구·읍·면장에게 제출하여야 한다.
② 제1항에 따른 농지취득자격증명신청서에는 다음 각 호의 서류를 첨부하여야 한다.
  1. <u>농업경영계획서</u>(제4조 제1호에 해당하는 경우에 한정한다)
  2. 농지취득인정서(제4조 제2호에 해당하는 자에 한정한다)
  3. <u>농지의 임대차계약서</u> 또는 <u>사용대차계약서</u>(농지를 임차하거나 사용차하여 농작물을 경작하거나 다년생식물 재배에 이용하거나 이용할 계획임을 입증하고자 하는 경우에 한정한다)
  4. 농지전용허가(다른 법률에 따라 농지전용허가가 의제되는 인가·허가·승인 등을 포함한다)를 받거나 농지전용신

고를 한 사실을 입증하는 서류(제4조 제4호에 해당하는 경우에 한정한다)
③ 시·구·읍·면장은 자격증명을 발급받고자 하는 자에 대하여 다음 각 호에 해당하는 서류를 추가로 제출하게 할 수 있다.
1. 취득하고자 하는 농지가 형질변경 등으로 인해 통상적으로 경작 또는 재배가 곤란한 경우에는 <u>농지로의 복구계획서</u> (농업경영계획서에 복구계획이 포함되지 아니한 경우에 한정한다)
2. 한국토지주택공사가 「공공토지비축에 관한 법률」에 따라 비축용 농지를 취득하는 경우에는 공공토지비축심의위원회의 심의·의결을 거친 비축용 농지임을 확인할 수 있는 서류
3. 제9조의2에 따라 <u>농지전용사업이 시행중인 경매농지를 취득하고자 하는 경우에는 최고가매수신고인을 입증하는 서류</u>
4. 제9조의2 제2항에 따라 <u>최고가매수신고인이 농지전용사업이 시행중인 경매농지를 전용목적으로 취득하고자 하는 경우에는 당해농지에 대한 전용사업계획서</u>

④ 시·구·읍·면장은 자격증명 발급 신청이 있는 경우에는 「전자정부법」 제36조 제1항에 따른 <u>행정정보의 공동이용을 통하여 다음 각호의 사항을 확인</u>하여야 한다.
1. 신청인이 법인인 경우에는 <u>법인등기사항증명서</u>
2. 신청대상 농지가 법 제6조 제2항 제9호의2에 따른 <u>영농여건불리농지인 경우에는 토지이용계획확인서</u>
3. 신청대상 농지가 법 제6조 제2항 제10호의 바목에 따른 비축용 농지인 경우에는 당해 농지가 「국토의 계획 및 이용에 관한법률」에 따른 계획관리지역 또는 자연녹지지역 안의 농지인지 여부

제4장 농지취득자격증명발급

제8조(자격증명 발급요건) ① 농지취득자격증명신청서를 접수한 시·구·읍·면장은 농지취득자격증명신청서 및 농업경영계획서의 기재사항과 주민등록 및 농지원부 등에 따라 신청인이 다음 각 호의 요건에 해당하는지를 확인·심사한 후 적합하다고 인정할 때에는 지체 없이 자격증명을 발급하여야 한다. 이 경우 신청인이 **농업경영계획서**를 제출한 경우로서 필요하다고 판단되는 경우에는 **현지 확인** 등을 하여야 한다.
  1. 제4조에 따른 **자격증명발급대상자**일 것
  2. **농지를 취득하는 목적**이 다음 각 목의 규정에 적합할 것
     가. 자기의 농업경영에 이용하고자 하는 경우(제4조 제1호 각목에 해당하는 자에 한정한다)
     나. 시험·연구·실습지 또는 종묘생산용지로 이용하고자 하는 경우(제4조 제2호에 해당하는 자에 한정한다)
     다. 주말·체험영농에 이용하고자 하는 경우(제4조 제3호에 해당하는 자에 한정한다)
     라. 전용목적 사업에 이용하고자 하는 경우(제4조제 4호에 해당하는 자에 한정한다)
     마. 농지의 개발사업지구 또는 한계농지정비사업지구 안의 농지를 소유하고자 하는 경우(제4조 제5호 또는 제6호에 해당하는 자에 한정한다)
     바. 한국토지주택공사가 비축용 농지를 소유하고자 하는 경우
  3. 농업인이 아닌 개인이 주말·체험영농에 이용하고자 농지를 취득하는 경우에는 신청 당시 소유하고 있는 농지의 면적에 취득하고자 하는 농지의 면적을 합한 면적이 **1천제곱미터 미만**일 것(이 경우 면적의 계산은 그 세대원 전부가 소유하는 총면적으로 한다)
  4. 신청인이 작성한 **농업경영계획서**가 다음 각 목의 사항을 포

함하고 있을 것
　가. 취득대상 농지의 면적
　나. 취득대상 농지의 농업경영에 적합한 노동력 및 농업기계·장비의 확보방안
　다. 소유농지의 이용실태(농지를 소유하고 있는 자의 경우에 한정한다)
5. 농업경영능력 등 다음 각 목의 사항을 종합적으로 고려할 때 **농업경영계획의 실현가능성**이 있다고 인정될 것(제4조 제2호부터 제8호까지 해당하는 자를 제외한다). 이 경우 「초·중등교육법」 및 「고등교육법」에 따른 학교에 <u>재학 중인 학생은 농업경영계획의 실현가능성이 없는 것으로 본다</u>. 다만, 정보·통신매체를 통한 교육으로 학력을 인정받는 학교에 재학 중인 학생 또는 야간수업을 받는 학생 등 통상적인 농업경영 관행에 따라 농업경영을 할 수 있다고 인정되는 학생이나 농업경영을 하고 있는 학생을 제외한다.
　가. 취득대상 농지의 면적
　나. 취득대상 농지를 농업경영에 이용하기 위한 노동력 및 농업기계·장비 등의 확보여부 또는 확보방안
　다. 소유농지의 이용실태(농지를 소유하고 있는 자의 경우에 한정한다)
　라. 경작 또는 재배하고자 하는 농작물 또는 다년생식물의 종류
　마. 농작물의 경작 또는 다년생식물의 재배지 등으로 이용되고 있지 아니하는 농지의 경우에는 농지의 복구가능성 등 취득대상 토지의 상태
　바. 신청자의 연령·직업 또는 거주지 등 영농여건
　사. 신청자의 영농의지
6. <u>신청인이 소유농지 전부를 타인에게 임대 또는 사용대하거나 농작업의 전부를 위탁하여 경영하고 있지 않을 것</u>(제4조 제3호·제5호 또는 제6호에 해당하는 자를 제외한다)

7. 신청당시 농업경영을 하지 아니하는 자가 자기의 농업경영에 이용하고자 농지를 취득하는 경우에는 해당 농지의 취득 후 농업경영에 이용하고자 하는 농지의 총면적이 다음 각목의 어느 하나에 해당할 것
    가. 농지에 고정식온실·버섯재배사·비닐하우스·축사가 설치되어 있거나 설치하고자 하는 경우 그 시설이 차지하는 농지 면적 : **330제곱미터 이상**
    나. 곤충사육사가 설치되어 있거나 곤충사육사를 설치하려는 농지의 경우: 165제곱미터 이상 <신설>
    다. 가목 및 나목 외의 농지 : **1천제곱미터 이상**
8. 제7조 제3항 제1호에 따라 <u>농지로의 복구계획서를 제출하거나 농업경영계획서에 복구계획을 포함하여 작성한 경우에는 그 계획이 실현 가능할 것</u>

② 시·구·읍·면장은 제1항에 따른 확인과 심사를 할 경우 신청인이 **투기 등의 목적으로 농지를 소유하고자** <u>농업경영계획서에 허위의 사실을 기재하거나 농업경영을 위장할 목적으로 취득 농지에 수목·묘목 등 다년생식물 등을 식재하고자 하는 것으로 판단되는 경우에는 자격증명을 발급하여서는 아니 된다.</u>

③ 농지취득자격증명신청서를 접수한 시·구·읍·면장은 제1항에 따라 농지취득자격증명을 심사하는 경우에 「농지정보시스템 이용 및 운영·관리 규정」에 따른 농지정보시스템의 항공사진을 활용할 수 있다
    1. <삭제,'12.7.18>
    2. <삭제,'12.7.18>

제9조(자격증명의 발급) ① 시·구·읍·면장은 신청인이 제8조의 자격증명발급요건에 부합되는 경우에는 <u>신청서 접수일부터 4일(법 제8조제2항 단서에 따른 농업경영계획서를 작성하지 아니하고 자격증명 발급을 신청하는 경우에는 2일) 이내에 자격증명</u>

을 발급하여야 한다.
② 시·구·읍·면장은 신청인이 제8조의 자격증명발급요건에 부합되지 아니하는 경우에는 신청서 접수일부터 4일(법 제8조 제2항 단서의 규정에 의한 농업경영계획서를 작성하지 아니하고 자격증명 발급을 신청하는 경우에는 2일) 이내에 **자격증명 미발급 사유**를 명시하여 신청인에게 문서로 통보하여야 한다.
③ 시·구·읍·면장은 신청인이 법 제2조 제1호에 따른 농지가 아닌 토지, 자격증명을 발급받지 아니하고 취득할 수 있는 농지 또는 「농지법」을 위반하여 불법으로 형질변경한 농지 등에 대하여 자격증명의 발급을 신청한 경우로서 제2항에 해당하는 경우에는 <u>그 자격증명 미발급 사유를 아래의 예시와 같이 구체적으로 기재</u>하여야 한다(아래 예시 이외의 사유로 미발급 통보하는 경우에도 그 사유를 구체적으로 기재하여야 한다.).

1. 신청대상 토지가 법 제2조제1호에 따른 농지에 해당하지 아니하는 경우 : <u>『신청대상 토지가 「농지법」에 의한 농지에 해당되지 아니함』</u>
2. 신청대상 농지가 자격증명을 발급받지 아니하고 취득할 수 있는 농지인 경우 : <u>『신청대상농지는 농지취득자격증명을 발급받지 아니하고 취득할 수 있는 농지임("도시계획구역안 주거지역으로 결정된 농지" 등 해당 사유를 기재)』</u>
3. 신청인의 농지취득 원인이 자격증명을 발급받지 아니하고 농지를 취득할 수 있는 것인 경우 : <u>『취득원인이 농지취득자격증명을 발급받지 아니하고 농지를 취득할 수 있는 경우에 해당함』</u>
4. 신청대상 농지가 「농지법」을 위반하여 불법으로 형질이 변경되었거나 불법건축물이 있는 농지인 경우 : <u>『신청대상 농지는 취득 시 농지취득자격증명을 발급받아야 하는 농지이나 불법으로 형질이 변경되었거나 불법건축물이 있는 부분에 대한 복구가 필요하며 현 상태에서는 농지취득자</u>

격증명을 발급할 수 없음」

제9조의2(농지전용사업이 시행중인 경매 농지에 대한 자격증명의 발급) ① 시·구·읍·면장은 농지전용사업이 시행중인 경매농지에 대하여 당해농지의 최고가매수신고인이 농업경영 또는 주말 체험영농 목적으로 당해 경매농지에 대한 자격증명을 신청한 경우에는 당해 농지의 상태, 경작 또는 재배 가능성 등을 검토하여 <u>미리</u> 자격증명을 발급할 수 있다.
② 시·구·읍·면장은 농지전용사업이 시행중인 경매농지에 대하여 당해 농지의 최고가매수신고인이 전용목적으로 당해 경매농지에 대한 자격증명을 신청한 경우에는 제7조 제3항 제4호에 따른 전용사업계획서의 실현 가능성 등을 검토하여 <u>미리 자격증명을 발급할 수있다.(상기 "농지전용사업계획서의 실현 가능성"은 향후 기존 농지전용허가 취소 및 명의변경을 전제로 최고가매수신고인의 전용사업계획서상 실현가능성을 검토하여 판단.)</u>
③ 시·구·읍·면장은 제1항 및 제2항에 따라 미리 농지취득자격증명을 발급해 준 후에는 <u>해당 농지에 대하여 다음과 같이 농지전용 허가취소 또는 농지전용 변경 등의 조치를 하여야 한다.</u>
   1. 해당 농지를 농업경영 또는 주말·체험영농을 목적으로 취득한 경우 : 해당농지에 대한 농지전용 허가 취소
   2. 해당 농지를 농지전용 목적으로 취득한 경우 : 해당 농지의 전용허가 사항을 신규 취득자 앞으로 변경하거나, 기존의 농지전용 허가를 취소하고 신규 취득자 명의로 농지전용 허가

제5장 농지취득인정

제10조(시험지·연구지·실습지 등으로 쓰일 농지의 취득인정) ① 「초·중등교육법」 및 「고등교육법」에 따른 학교 또는 규칙 제4조

에 따른 공공단체 등이 법 제6조제2항 제2호에 따라 시험지·연구지·실습지 또는 종묘생산지로 농지를 취득하고자 하는 경우에는 소관 중앙행정기관의 장(소관 사무에 관한 권한을 위임받은 자를 포함한다. 이하 같다.)의 추천을 거쳐 신청농지 소재지 관할 시·도지사(이하 '시·도지사')의 농지취득인정을 받아야 한다.
② 제1항에 따라 농지취득인정을 받고자 하는 자는 규칙 별지 제1호 서식의 농지취득인정신청서에 다음 각 호의 서류를 첨부하여 소관 중앙행정기관의 장에게 제출하여야 한다.
    1. 취득하려는 농지의 활용계획이 포함되어 있는 사업계획서
    2. 신청당시 소유하고 있는 농지의 명세와 활용현황
    3. 허가증·인가증·등록증 등 농지취득자격이 있음을 입증하는 서류
    4. (삭제)
    5. 소관 중앙행정기관의 장의 농지취득인정추천서
③ 소관 중앙행정기관의 장은 제1항에 따른 농지취득인정신청서류를 제출받은 때에는 이를 검토한 후 농지취득인정의 추천을 할 필요가 있다고 인정하는 경우에 한하여 해당 신청 서류에 추천서를 첨부하여 시·도지사에게 보내야 한다.
④ 시·도지사는 제2항 및 제3항에 따라 농지취득인정신청서류를 접수한 때에는 기존 소유 농지 및 신청대상 농지 현지조사를 실시하고, 그 신청내용이 법 제6조 제2항 제2호에 따른 요건에 적합한지의 여부를 검토한 후 적합하다고 인정하는 경우에는 규칙 별지 제2호 서식의 농지취득인정서를 신청인에게 내주어야 하며, 적합하지 아니하다고 인정하는 경우에는 그 사유를 구체적으로 밝혀 신청인에게 통보하여야한다. 이 경우 시·도지사는 농지취득인정신청의 처리결과를 그 추천을 한 소관 중앙행정기관의 장에게 통보하여야 한다.
⑤ 시행규칙 제6조 제6항에 따라 전통사찰이 취득인정을 받을 수 있는 농지는 사찰이 있는 시(특별시 및 군의 지역을 제외한 광

역시를 포함한다)·군 또는 이에 연접한 시·군에 소재한 농지에 한정한다.

제10조의2(농지취득인정 발급현황 보고) 시·도지사는 다음해의 1월31일까지 해당 년도의 농지취득인정 발급현황을 별지 제1호 서식에 의하여 농림축산식품부장관에게 보고하여야 한다.

제6장 보 칙

제11조(부정한 방법 등으로 자격증명을 발급받은 자에 대한 조치) 시·구·읍·면장은 농지취득자격증명신청서 및 농업경영계획서의 허위사실 기재 등으로 **사위 기타 부정한 방법에 의하여 농지취득자격증명이 발급된 경우**에는 즉시 신청인을 고발하여야 한다.

제12조(자격증명발급대장 비치 등) ① 시·구·읍·면장은 규칙 제7조제4항에 따른 농지취득자격증명발급대장을 비치하고 기록·유지하여야 한다. 이 경우 새올행정시스템에 의하여 처리하는 대장파일(자기 디스크 그 밖에 이와 유사한 방법으로 기록 보관하는 대장)로 관리하는 것으로 이를 갈음할 수 있다.
② 시·구·읍·면장은 토지거래계약허가부서와 토지거래계약허가에 대한 농지취득자격 심사에 관한 협의가 있는 경우 그 사항을 제1항 후단에 따른 새올행정시스템에 기록·관리하여야 하며, 제13조에 따른 자격증명발급 상황보고에 포함하여야 한다.
③ 시·구·읍·면장은 자격증명을 발급한 경우로서 해당 농지의 소유권이 이전된 때에는 지체 없이 그 소유권이전내용을 농지원부에 기록하여야 한다.

제13조(자격증명발급 상황보고) 시·구·읍·면장은 다음해의 1월20일까지 해당 년도의 자격증명발급상황을 별지 제2호 서식에

의하여 시·도지사에게 보고(자치구가 아닌 구의 구청장 및 읍장·면장의 경우에는 관할 시장·군수를 거쳐야 한다)하고 시·도지사는 이를 취합하여 다음해의 1월 31일까지 농림축산식품부장관에게 보고하여야 한다.

부칙 <제31호, 2015.8.17.>
 1.(시행일) 이 요령은 2015년 8월 17일부터 시행한다.
 2.(재검토기한) 농림축산식품부장관은 「훈령·예규 등의 발령 및 관리에 관한 규정」에 따라 이 예규에 대하여 2016년 1월 1일 기준으로 매 3년이 되는 시점(매 3년째의 12월 31일까지를 말한다)마다 그 타당성을 검토하여 개선 등의 조치를 하여야 한다.

4.3. 농업인, 너는 누구냐?

지난 시간에 우리는 '농지'는 '농업인, 농업인이 되고자 하는 자, 농업법인'만이 이를 소유할 수 있다는 것을 배웠습니다.

그럼 여기서, '농업인'이란 어떤 사람입니까?
'농사 짓는 사람'?
'법학도'라는 사람이 그렇게 쉽게 나와서는 안 되겠지요.

'농지법'은 **'농업인'**을 다음과 같이 정의하고 있습니다.

농업에 종사하는 개인으로서

1. 1천제곱미터 이상의 농지에서 농작물 또는 다년생식물을 경작 또는 재배하는 자

2. 1년 중 90일 이상 농업에 종사하는 자

3. 농지에 330제곱미터 이상의 고정식 온실·버섯재배사·비닐하우스, 그 밖의 농업생산에 필요한 시설을 설치하여 농작물 또는 다년생식물을 경작 또는 재배하는 자

4. 대가축 2두, 중가축 10두, 소가축 100두, 가금 1000수 또는 꿀벌 10군 이상을 사육하는 자

5. 1년 중 120일 이상 축산업에 종사하는 자

6. 농업경영(농업인이나 농업법인이 자기의 계산과 책임으로 농업을 영위하는 것)을 통한 농산물의 연간 판매액이 120만원

<u>이상인 자</u>

한편 '농업·농촌 및 식품산업기본법'과 '그 법 시행령'에서는,

'농업인'이란
농업(농작물재배업, 축산업, 임업 및 이들과 관련된 산업)을 경영하거나 이에 종사하는 자로서

1. 1천제곱미터 이상의 농지를 경영하거나 경작하는 사람
2. 농업경영을 통한 농산물의 연간 판매액이 120만원 이상인 사람
3. 1년 중 90일 이상 농업에 종사하는 사람
4. <u>영농조합법인의 농산물 출하·유통·가공·수출활동에 1년 이상 계속하여 고용된 사람</u>
5. <u>농업회사법인의 농산물 유통·가공·판매활동에 1년 이상 계속하여 고용된 사람</u>

을 말한다고 규정하고 있습니다.

같은 '농업인'인데도 법에 따라 정의하는 바가 조금씩 다르지요?

구체적인 경우에 '농업인'인지 여부의 판정은 최종적으로 법원 판사가 하는 것입니다. 판사님이 조세소송, 행정소송 등의 재판에서 어떤 사람이 '농업인'인지의 여부가 문제되었을 때, '농업인'이라고 주장하는 사람이 제출하는 증거를 종합하여, 그가 과연 위 각 법에서 정한 '농업인'에 해당하는지 여부를 판단하여 최종적으로 '그렇다', '아니다'고 선언해 주시는 것입니다. 판사님들 참 바쁘시지요? 죄 지은 사람 벌 주고 내 돈 떼어먹은 놈한테 돈 갚으라고만 해 주시는 분인 줄 알았더니 별걸 다 해 주시네… ㅎㅎ

그러니까 투덜이처럼 제집 앞 마당에 텃밭 조금 만들어서 상추 쬐께 심어놓고 플랭카드 만들어서 '나는 농업인이다'라고 선언한다거나 아니면 학부모 신상조사서 직업란에 '농업인'이라고 적어넣는다고 해서 '농업인'이 되는 것은 아니라는 말씀입니다.

또 알량이처럼 '농업인 자격고시'라도 보려고 시험과목이 뭐냐고 묻고 다니지 마시라는 말씀입니다.

최종적으로 '농업인'인지 여부의 판정은 판사님이 하시는 것이라고 했지만 우리가 부딪히는 일상생활에서는 우선 일차적으로 행정부서의 담당 공무원이 우리가 위 법에서 정한 '농업인'에 해당하는지 여부를 판단하게 됩니다. 그런데 아무래도 판사님보다는 덜 믿음직스럽지요?

그래서 '**농업인 확인서**'라는 게 있고, '**농업인 확인서 발급규정**'이라는 농림축산식품부 고시가 있습니다. 또 '**농지원부**'라는 게 있습니다.

웬지 손님 떨어지는 소리가 들리는 것 같아서 오늘은 여기까지 하겠습니다. ㅎㅎ

《자료정리 5》

《농업인 확인서 발급규정》
[시행 2015.12.23.] [농림축산식품부고시 제2015-173호, 2015.12.23., 일부개정]

제1조(목적) 이 고시는 「농업·농촌 및 식품산업 기본법 시행령(이하 "법 시행령"이라 한다)」 제3조 제1항의 농업인 기준에 해당하는 사람을 확인하는데 필요한 농업인의 확인신청, 확인 기준, 확인 절차 및 확인서 발급 등에 관한 사항을 정하는 것을 목적으로 한다.

<농업·농촌 및 식품산업 기본법 시행령>(약칭: 농업식품기본법 시행령)
[시행2015.12.31.] [대통령령 제26844호, 2015.12.31., 타법개정]

제3조(농업인의기준) ① 법 제3조제2호에서"대통령령으로 정하는 기준에 해당하는 자"란 다음 각 호의 어느 하나에 해당하는 사람을 말한다. <개정 2009.12.15., 2015.12.22.>
 1. **1천제곱미터 이상의 농지**(「농어촌정비법」제98조에 따라 비농업인이 분양받거나 임대받은 농어촌 주택 등에 부속된 농지는 제외한다)를 경영하거나 경작하는 사람
 2. 농업경영을 통한 **농산물의 연간 판매액이 120만원 이상**인 사람
 3. **1년 중 90일 이상 농업에 종사**하는 사람
 4. 「농어업경영체 육성 및 지원에 관한 법률」 제16조제1항에 따라 설립된 영농조합법인의농산물 출하·유통·가공·수출활동에 **1년 이상 계속하여 고용**된 사람
 5. 「농어업경영체 육성 및 지원에 관한 법률」제19조제1항에 따라 설립된 농업회사법인의 농산물 유통·가공·판매활동에 1년 이상 계속하여 고용된 사람
② 삭제 <2015.12.22.>
③ 제1항에 따른 농업인의 확인 방법 등에 관하여 필요한 사항은 농림축산식품부장관이 정하여 고시한다. <개정2013.3.23., 2015.12.22.>
[제목개정2015.12.22.]

제2조(정의) 이 고시에서 사용하는 용어의 정의는 다음 각 호와 같다.
1. "농업인"이란 법 시행령 제3조 제1항에 규정된 사람을 말한다.
2. "농업인 확인"이란 법 시행령 제3조 제1항의 농업인임을 이 고시에 따라 <u>국립농산물품질관리원의 지원장 및 사무소장(이하 "농관원의 지원(사무소)장"이라 한다)</u>이 확인하는 것을 말한다.
3. "농지"란 「농지법」 제2조 제1호의 농지를 말한다.

<농지법>
[시행 2016.1.21.] [법률 제13405호, 2015.7.20., 일부개정]
제2조(정의) 이 법에서 사용하는 용어의 뜻은 다음과 같다. <개정 2007.12.21, 2009.4.1, 2009.5.27>
1. "농지"란 다음 각 목의 어느 하나에 해당하는 토지를 말한다.
   가. 전·답, 과수원, 그 밖에 법적 지목(地目)을 불문하고 실제로 농작물 경작지 또는 다년생식물 재배지로 이용되는 토지. 다만, 「초지법」에 따라 조성된 초지 등 대통령령으로 정하는 토지는 제외한다.
   나. 가목의 토지의 개량시설과 가목의 토지에 설치하는 농축산물 생산시설로서 대통령령으로 정하는 시설의 부지

<농지법 시행령>
[시행2016.1.25.] [대통령령 제26922호, 2016.1.22., 타법개정]
제2조(농지의범위) ① 「농지법」(이하 "법"이라 한다) 제2조 제1호 가목 본문에 따른 다년생식물재배지는 다음 각 호의 어느 하나에 해당하는 식물의 재배지로 한다. <개정2009.11.26.>
1. 목초·종묘·인삼·약초·잔디 및 조림용 묘목
2. 과수·뽕나무·유실수 그 밖의 생육기간이 2년 이상인 식물
3. 조경 또는 관상용 수목과 그 묘목(조경목적으로 식재한 것을 제외한다)

②법 제2조 제1호 가목 단서에서"「초지법」에 따라 조성된 토지 등 대통령령으로 정하는 토지"란 다음 각 호의 토지를 말한다. <개정 2009.12.14., 2015.6.1., 2016.1.19.>
1. 「공간정보의 구축 및 관리 등에 관한 법률」에 따른 지목이 전·답, 과수원이 아닌 토지(지목이 임야인 토지는 제외한다)로서 농작

물 경작지 또는 제1항 각호에 따른 다년생식물 재배지로 계속하여 이용되는 기간이 3년 미만인 토지
2. 「공간정보의 구축 및 관리 등에 관한 법률」에 따른 지목이 임야인 토지로서 「산지관리법」에 따른 산지전용허가(다른 법률에 따라 산지전용허가가 의제되는 인가·허가·승인 등을 포함한다)를 거치지 아니하고 농작물의 경작 또는 다년생식물의재배에 이용되는 토지
3. 「초지법」에 따라 조성된 초지

③ 법 제2조 제1호 나목에서"대통령령으로 정하는 시설"이란 다음 각 호의 구분에 따른 시설을 말한다. <개정 2008.2.29., 2009.11.26., 2012.7.10., 2013.3.23.,2013.12.30., 2014.12.30.>
1. 법 제2조 제1호 가목의 토지의 개량시설로서 다음 각 목의 어느 하나에 해당하는 시설
   가. 유지(溜池), 양·배수시설, 수로, 농로, 제방
   나. 그 밖에 농지의 보전이나 이용에 필요한 시설로서 농림축산식품부령으로 정하는 시설
2. 법 제2조 제1호 가목의 토지에 설치하는 농축산물 생산시설로서 농작물 경작지 또는 제1항 각 호의 다년생식물의 재배지에 설치한 다음 각 목의 어느 하나에 해당하는 시설
   가. 고정식온실·버섯재배사 및 비닐하우스와 농림축산식품부령으로 정하는 그 부속시설
   나. 축사·곤충사육사와 농림축산식품부령으로 정하는 그 부속시설
   다. 간이퇴비장
   라. 농막·간이저온저장고 및 간이액비저장조 중 농림축산식품부령으로 정하는 시설

제3조(농업인 확인 신청) 법 시행령 제3조제1항에 따라 농업인 확인을 받고자 하는 사람은 「주민등록법」에 따라 <u>주민등록표에 등록된 신청자의 거주지를 관할하는 농관원의 지원(사무소)장에게</u> 별지 제1호 서식에 따라 농업인 확인을 신청할 수 있다. 다만, 거주지와 농지 소재지의 관할이 다를 경우 <u>농지 소재지 농관원의 지원(사무소)장을 경유하여 신청할 수 있다.</u>

제4조(농업인 확인 기준) 이 고시에 따라 농업인 확인서를 발급받기 위해서는 농업인확인을 신청한 사람이 다음 각 호의 어느 하나에 해당하여야 한다.

1. 법 시행령 제3조 제1항 제1호의 농업인 기준은 다음 각 목의 어느 하나를 충족한 경우
    가. 농지법 제50조에 따라 **1천제곱미터 이상의 농지**(별표 1을 충족하여야 한다. 이하 같다)에 대한 농지원부등본을 교부받아 제출한 사람
    나. 농지법 제20조에 따라 1천제곱미터 이상의 농지에 대한 대리경작자지정통지서를 제출한 사람
    다. 농지법 제23조 및 제24조에 따라 1천제곱미터 이상의 농지에 대한 임대차계약 또는 사용대차계약을 체결하고 서면 계약서를 제출한 사람
    라. 가목과 나목, 가목과 다목, 가목·나목·다목 및 나목과 다목에 따른 각 농지의 합계가 1천제곱미터 이상이면서 관련 서류를 제출한 사람
    마. 기타 다음의 요건을 충족한 사람
        (1) 신청인의 주소지(주민등록표상 주소를 말한다) 또는 토지의 소재지를 관할하는 읍·면·동장이 법 시행령 제3조 제1항 제1호의 농업인임을 별지 제2호 서식으로 확인한 경우
2. 법 시행령 제3조 제1항 제2호의 농업인 기준은 다음 각 목의 어느 하나를 충족한 경우
    가. 다음의 자와 **연간 120만원 이상의 농산물**(법 시행령 제5조의 농산물을 말한다. 이하 같다) 판매계약을 체결하고 서면 계약서를 제출하거나 농산물 출하·판매를 증명할 수 있는 서류(영수증 등)를 제출한 사람
        (1) 「농수산물유통 및 가격안정에 관한 법률」 제2조에 규정된 도매시장법인·시장도매인·중도매인·매매참가인·산지유통인 및 농수산물종합유통센터
        (2) 「축산물위생관리법」 제22조·제24조 및 제26조에 따라 영업을 허가받거나 신고·승계한 자
        (3) 「축산법」 제34조에 따라 개설된 가축시장을 통하여

가축을 구매하는 자
(4) 「농어업·농어촌 및 식품산업 기본법(이하 "법"이라 한다)」제3조 제4호의 생산자단체(이 고시에서 생산자단체는 이를 말한다)
(5) 「유통산업발전법」제8조 및 같은 법 시행규칙 제5조에 따라 등록하여 영업을 개시한 대규모 점포등의 개설자
(6) 「부가가치세법」제5조에 따라 사업자등록을 한 자

나. 「산지관리법」제4조 제1항 제1호의 보전산지에서 육림업(자연휴양림·자연수목원의 조성·관리·운영업을 포함한다), 임산물 생산·채취업 및 임업용 종자·묘목 재배업을 다음의 기준 중 어느 하나에 따라 경영하는 사람
(1) 대추나무·호두나무 : 1천제곱미터 이상
(2) 밤나무 : 5천제곱미터 이상
(3) 잣나무 : 1만제곱미터 이상
(4) 연간 표고자목(표고자목): 20세제곱미터 이상
(5) 산림용 종자·묘목생산업자: 「산림자원의조성 및 관리에 관한 법률」제16조 제1항 및 같은 법 시행령 제12조 제1항 제1호에 따라 등록된 자
(6) 분재소재를 생산하거나 산나물·야생버섯 등 산림부산물을 재배하는 자: 3백제곱미터 이상의 포지(圃地)를 확보
(7) (1)에서 (6)까지 이외 목본 및 초본식물 : 3만제곱미터 이상

다. 기타 다음의 요건 중 어느 하나를 충족한 사람
(1) 농지에 330제곱미터 이상의 고정식온실·버섯재배사·비닐하우스의 시설을 설치하여 식량·채소·과실·화훼·특용·약용작물, 버섯, 양잠및 종자·묘목(임업용은 제외한다)을 재배하는 사람
(2) 농지에 660제곱미터 면적 이상의 채소·과실·화훼

작물(임업용은 제외한다)을 재배하는 사람
- (3) 330제곱미터 이상의 농지에 「농지법 시행규칙」 제3조에 규정된 축사 관련 부속시설을 설치하여 별표 2 기준 이상의 가축규모나 별표 3 기준 이상의 가축사육시설 면적에 별표 2 기준 이상의 가축을 사육하는 사람
- (4) 축산법 제22조에 따른 부화업이나 종축업을 등록한 사람
- (5) 농지에 3천제곱미터 이상의 조경수를 식재 생산하는 사람
- (6) 「곤충산업의 육성 및 지원에 관한 법률」 제12조에 따라 곤충의 사육 또는 생산에 대해 신고확인증을 받은 자로서 별표 4의 사육규모 이상으로 대상 곤충을 사육하는 사람
- (7) 기타 신청인의 주소지(주민등록표상 주소를 말한다) 또는 토지의 소재지를 관할하는 읍·면·동장이 법 시행령 제3조 제1항 제2호의 농업인임을 별지 제2호 서식으로 확인한 경우

3. 법 시행령 제3조 제1항 제3호의 농업인 기준은 다음 각 목의 어느 하나를 충족한 경우
   가. 가족원인 농업종사자로서 다음의 요건을 모두 충족한 사람
   - (1) 제1호에서 제2호까지의 농업인 충족기준 중 어느 하나에 해당되는 농업인(이하 "농업경영주"라 한다)의 가족원으로서 주민등록표에 *6개월 이상 연속적으로* 함께 등록된 사람
   - (2) (1)의 농업경영주의 주소가 법 제3조 제5호의 농촌이나 법 제61조의 준농촌에 위치하고 농업경영주와 가족원인 농업종사자가 실제 함께 거주하는 사람
   - (3) 「국민연금법」 제9조의 지역가입자이거나 제10조

의 임의가입자(「국민연금법」 제13조 제1항의 임의계속가입자 중 지역임의계속가입자를 포함한다) 또는 「국민건강보험법」 제6조 제3항의 지역가입자
  나. <u>가족원이 아닌 농업종사자</u>의 경우에는 <u>농업경영주와 1</u>**년 중 90일 이상**<u>농업경영이나 농지경작활동의 고용인으로 종사한다는 고용계약을 체결하고 서면 계약서를 제출한 사람</u>
  다. 기타 다음의 요건을 충족한 사람
    (1) 신청인의 주소지(주민등록표상 주소를 말한다) 또는 토지의 소재지를 관할하는 읍·면·동장이 법 시행령 제3조 제1항 제3호의 농업인임을 별지 제2호 서식으로 확인한 경우
4. 법 시행령 제3조 제1항 제4호 및 제5호의 농업인 기준은 다음 각 목의 어느 하나를 충족한 경우
  가. 「농어업경영체 육성 및 지원에 관한 법률」 제16조 제1항에 따라 설립된 <u>영농조합법인의 농업 생산 및 농산물 출하·유통·가공·수출활동에 고용된 사람이 **1년 이상 (계속 종사를 말한다)의 고용계약**을 체결하고 서면 계약서를 제출한 사람</u>
  나. 「농어업경영체 육성 및 지원에 관한 법률」 제19조 제1항에 따라 농업회사법인의 농업 생산 및 농산물의 유통·가공·판매활동에 고용된 사람이 1년 이상(계속 종사를 말한다)의 고용계약을 체결하고 서면 계약서를 제출한 사람.
    다만, 법인의 대표와 등기이사는 해당하지 아니한다.

제5조(농업인 확인 절차 등) ① 농관원의 지원(사무소)장은 다음 각 호에 대해서는 제3조의 농업인 확인 신청서 및 제4조·제11조의 <u>관련 첨부 증빙자료를 검토(檢討)하여 농업인 확인서의 발급 여부를 결정한다.</u>

1. 제4조 제1호 가목에서 라목까지
　　2. 제4조 제2호 가목에서 나목까지
　　3. 제4조 제3호 가목
② 농관원의 지원(사무소)장은 다음 각 호에 대해서는 <u>관계 공무원</u>에게 **현지조사**를 하게 하여 그 결과에 따라 농업인 확인서의 발급여부를 결정한다. 다만, 제4항에 따라 농업인 사실여부가 확인되는 경우에는 현지조사를 생략할 수 있다.
　　1. 제4조 제1호 마목
　　1. 제4조 제2호 다목
　　2. 제4조 제3호 나목에서 다목까지
　　3. 제4조 제4호
③ 농관원의 지원(사무소)장은 제1항 및 제2항에 따라 농업인 확인서의 발급여부를 결정할 때에는 다음 각 호를 확인한다.
　　1. 법 제40조에 따라 등록된 신청자의 <u>농업경영정보 일치 여부</u>

　　　<농어업·농어촌 및 식품산업 기본법>

　　　제40조(농어업경영체의 경영정보 등록) 정부는 농어업·농어촌과 관련된 융자·보조금 등을 지원받거나 받으려는 농어업경영체에 대하여 농지, 축사, 원예시설 및 어선·어구·어장·양식장 등 생산수단, 생산 농수산물, 생산방법, 사용어법·어구, 가축사육 마릿수 및 포획·채취·양식규모 등에 관한 농어업 경영 관련 정보를 등록하도록 하고, 이를 활용하는 데에 필요한 정책을 세우고 시행하여야 한다.

　　2. <u>농업경영주가 **자기의 계산과 책임**(생산요소 등의 선택·사용권과 생산 농산물의 판매·처분권 등을 실질적으로 행사하는 것을 말한다)으로 농작물재배업·축산업·임업을 영위하고 있는지 여부</u>
　　3. 90일 이상 농업에 종사하는 농업인은 농업경영주의 농작물재배, 가축사육, 조림·육림, 임업용 유실수재배 및 산림부산물 채취 등의 활동에 다음 각 호의 기준에 따라 실제 고용되거나, 가족노동을 계속하여 제공하고 있는지 여부

가. **고용노동**: <u>최소 3개월 이상 연속적으로 노동력 제공여부</u>(여러 명의 농업경영주에게 수일간이나 하루 중 4시간 이상 연속적으로 번갈아가며 노동력을 제공하는 경우를 포함한다)
　　　나. **가족노동**: <u>최소 6개월 이상 연속적으로 주민등록표에 농업경영주와 함께 가족원으로 등록된 상태에서 노동력 제공 여부</u>

　　　<구 규정>
　　　3. 농업경영주 이외의 농업인은 농업경영주의 농작물재배, 가축사육, 조림·육림, 임업용 유실수재배 및 산림부산물채취 등의 활동에 다음 각 호의 기준에 따라 타인노동으로 실제 고용되거나 가족노동을 계속해서 제공하고 있는지 여부
　　　　가. **타인노동** : 최소 3개월 이상 연속적으로 노동력 제공여부 (여러 명의 농업경영주에게 수일간이나 하루 중 4시간 이상 연속적으로 번갈아가며 노동력을 제공하는 경우를 포함한다)
　　　　나. **가족노동** : 최소 6개월 이상 연속적으로 주민등록표에 농업경영주와 함께 가족원으로 등록된 상태에서 노동력 제공 여부

　　4. 신청자의 주소지(주민등록표상의 주소를 말한다) 또는 토지의 소재지를 관할하는 <u>이장·통장이나 이웃주민의 의견</u>(이웃주민은 2명 이상이어야 한다)
④ 농관원의 지원(사무소)장은 농업인 확인 등과 관련하여 제출된 문서(관련 증빙자료를 포함한다)에 대하여 관계 중앙행정기관의 장, 지방자치단체의장 또는 「공공기관의 운영에 관한 법률」에 따른 공공기관의 장 및 생산자단체 등에 사실여부를 확인하여 처리할 수 있다.
⑤ 제4항에 따라 사실여부의 확인을 요청받은 관계 중앙행정기관의 장, 지방자치단체의 장 또는 「공공기관의 운영에 관한 법률」에 따른 공공기관의 장 및 생산자단체 등은 특별한 사정이 없

으면 신속하고 성실히 협조하여야 한다.

제6조(농업인 확인서 발급) ① 농관원의 지원(사무소)장은 제3조에 따라 농업인 확인신청서가 접수되면 제4조의 농업인 확인 방법 중 어느 하나에 해당하는 때에는 <u>농업인확인 신청서를 접수한 날부터 10일 내</u>에 별지 제3호 서식에 따라 농업인 확인서를 발급한다.
② 농관원의 지원(사무소)장은 제3조에 따른 농업인 확인신청서가 제4조의 농업인 확인 방법 중 어느 하나에도 맞지 않은 때에는 농업인 확인신청서를 접수한 날부터 10일 내에 이 고시에 따른 농업인 확인서를 발급할 수 없다는 통지를 별지 제4호 서식에 따라 하여야 한다.
③ 제1항에 따른 농업인 확인서는 <u>발급한 날부터 3개월이 되는 날까지 유효</u>하며, 이 기한이 지나면 다시 신청하여 발급받아야 한다.
④ 농관원의 지원(사무소)장은 제1항 및 제2항의 기한까지 필요한 조치를 취할 수 없는 때에는 그 이유와 연장 기한을 정하여 신청인에게 통지하여야 하며 이 경우 가능한 한 빨리 필요한 조치를 하도록 노력하여야 한다.

제7조(지도·감독 및 사후관리 등) ① 국립농산물품질관리원장은 제3조에서 제6조까지에 따른 농업인의 확인 신청, 확인 기준, 확인 절차 및 확인서 발급 등에 관한 농관원의 지원(사무소)장의 사무를 지도하고 감독할 수 있다.
② 농관원의 지원(사무소)장은 농업인의 확인 등과 관련된 별지 제1호 서식, 별지 제2호 서식, 별지 제3호 서식, 별지 제4호 서식 및 별지 제5호 서식의 문서를 접수한 날과 발송한 날부터 5년간 보관·관리하여야 한다. 이 경우 필요한 등록대장에 대하여는 각 기관의 업무실정에 맞게 작성하여 관리하되 별지 제6호 서식을 사

용하고 각 등록대장의 보관·관리기간은 제2항 전단을 준용한다.
③ 농림축산식품부장관은 필요하다고 판단하면 관련 문서 및 등록대장 등의 보관·관리기간에 대한 실태를 조사하여 별도 지침으로 보관·관리기간을 조정할 수 있다.
④ 이 고시에 따라 농업인 확인 등에 관한 업무를 처리하거나 관련이 있는 사람이 업무처리과정에서 알게 되거나 얻게 된 신청인에 관한 정보 및 관련증빙자료 등은 이 고시에 따른 업무처리에만 사용하여야 하며 이를 다른 사람에게 제공하거나 누설하여서는 아니 된다.

제8조(신청인의 허위 증빙자료 등) 신청인이 농업인 확인서를 발급받기 위하여 작성한 기술내용 또는 해당기관에 제출하거나 첨부한 관련증빙자료 등이 허위 그 밖에 부정한 방법에 따른 것으로 판명되는 때에는 이 고시에 따른 농업인확인은 유효하지 않다.

제9조(개인정보조회 양식) 이 고시에 따라 농관원의 지원(사무소)장이 관계중앙행정기관의 장, 지방자치단체의 장 또는 「공공기관의 운영에 관한 법률」에 따른 공공기관의 장 및 생산자단체 등에 대하여 농업인 확인서발급에 필요한 농업인 사실 확인 등과 관련하여 행하는 신청자에 관한 개인정보조회동의는 별지 제5호 서식을 사용한다.

제10조(농업인 확인서를 요구하는 자 등의 준수사항) 법령이나 훈령·예규·고시·공고 등으로 법 시행령 제3조 제1항의 농업인 기준을 적용하거나 확인하는 관계 중앙행정기관의 장, 지방자치단체의 장 또는 「공공기관의 운영에 관한 법률」에 따른 공공기관의 장 등(소속·관할기관의 장을 포함한다)은 「전자정부법」 제36조 제1항에 따른 <u>행정정보의 공동이용방식 또는 다음 각 호의 공적 확인방법으로 농업인 기준의 충족에 대한 확인이 가능한 경우</u>에

는 해당 민원인에게 이 고시에 따른 농업인 확인서 및 관련 증빙자료의 제출을 요구하여서는 아니 된다.
   1. 농지원부
   2. 토지이용계획확인서
   3. 토지등기부
   4. 토지대장
   5. 임야대장
   6. 건물등기부
   7. 건축물대장

제11조(농업인 확인 신청서의 첨부서류 등) 제3조 및 제4조에 따라 농업인 확인서를 발급받으려면 다음 각 호의 서류를 첨부하거나 기타 요건도 충족하여야 한다.
   1. 제4조 제1호 다목 : 해당 농지의 농지원부등본·토지등기부등본·토지대장등본 중 어느 하나를 첨부
   2. 제4조 제1호 라목 : 각 목의 농지 관련 증빙자료를 첨부
   3. 제4조 제2호 가목 : 해당 토지의 농지원부등본·토지등기부등본·토지대장등본·임야대장등본 중 어느 하나를 첨부
   4. 제4조 제2호 가목(3) : 가축시장의 개설·관리자인 축산업협동조합장의 확인서를 첨부(다만, 가축시장을 관할하는 축산업협동조합장이 직인으로 매매사실을 확인한 매매계약서를 첨부할 수 있다)
   5. 제4조 제2호 나목 : 해당 산지의 임야대장등본과「토지이용규제기본법」제10조 제1항의 토지이용계획확인서를 첨부(다만, 임차의 경우에는 서면계약서를 첨부한다)
   6. 제4조 제2호 나목 : 이 목의 각 보전산지기준의 충족여부는 기준 미만의 각 보전산지를 합산하여 계산한다.
   7. 제4조 제2호 나목(4) : 주민등록표상 주소지를 관할하는 산림조합장의 확인서를 첨부
   8. 제4조 제2호 나목(7) :「임업 및 산촌 진흥촉진에 관한 법

률」 제17조에 따라 임업후계자 또는 독림가로 선발되거나 선정된 사람은 「산지관리법」 제4조 제1항 제2호의 준보전산지 15,000제곱미터까지 합산하여 계산한다(15,000제곱미터 미만의 준보전산지는 각각의 준보전산지를 합산하여 계산한다)
9. 제4조 제2호 다목 : 해당 토지의 농지원부등본·토지등기부등본· 토지대장등본·임야대장등본 중 어느 하나 및 해당 건축물의 건물등기부등본·건축물대장등본중 어느 하나를 첨부
10. 제4조 제3호 가목(2) : 「토지이용규제기본법」 제10조 제1항에 따라 해당지역의 토지이용계획확인서를 첨부
11. 제4조 제3호 가목(3) : 「국민연금법」 제8조의 사업장가입자 또는 「국민건강보험법」 제6조 제2항의 직장가입자가 아니라는 확인서를 첨부(다만, 신청자가 국민연금공단·국민건강보험공단이 발행한 연금보험료·건강보험료의 가장 최근 납입고지서 또는 납입영수증·납입사실통보서 등을 제출하고 이를 통해 해당기관에서 국민연금의 지역가입자·임의가입자 또는 국민건강보험의 지역가입자 여부를 확인할 수 있으면 국민연금의 사업장가입자 또는 국민건강보험의 직장가입자에 대한 확인서의 첨부를 생략할 수 있다)

부칙 <제2015-173호, 2015.12.23.>
제1조(시행일) 이 고시는 2015년 12월 23일부터 시행한다.
제2조(재검토 기한) 농림축산식품부장관은 이 고시에 대하여 2016년 1월 1일을 기준으로 매 3년이 되는 시점(매 3년째의 12월 31일까지를 말한다)마다 그 타당성을 검토하여 개선 등의 조치를 하여야 한다.

≪인터넷에서 수집한 글≫

농지 원부의 이해

1. 작성목적 및 의의

농지원부는 행정관서에서 농지의 소유 및 이용실태를 파악하여 이를 효율적으로 이용, 관리하기 위하여 작성 비치하는 것으로 주로 농지의 소유 및 임대차 현황 파악 등으로 농지관리업무의 기초자료로 활용하거나, 농업관련 정책자금 지원의 대상농가 선정 등 농지행정 및 농정시책의 효율적인 추진을 위한 기초자료로 활용하거나, 기타농업인 여부와 자경 여부 등의 확인 자료 등으로도 사용되기도 한다.

농지를 소유하고는 있으나 농지원부가 없거나 농지원부에 등재되지 않으면 농업인으로서 인정을 받지 못하게 된다.

(한덕렬 변호사 주: 이 부분은 원저작자가 오해를 한 것 같습니다. 농지원부에 등재되지 않았다고 해서 '농업인'으로 인정받지 못하는 것은 아닙니다. '농업인'의 인정 여부는 '농업인'이라는 것이 문제가 되는 개개의 사건(주로 조세사건)에서 궁극적으로는 판사에 의하여 인정되는 것인데, 그 입증은 농지원부에의 등재 여부로만 가능한 것은 아니고 다른 방법으로도 그 사건에 적용될 법령상의 '농업인'에 해당함을 입증하면 되는 것입니다. 그리고, 모든 농지에 대하여 다 농지원부가 작성되어 있는 것도 아니고, 현실적으로 '농업인'의 신청이 없으면 농지원부가 작성되지 않습니다. 또 농지를 소유하지 않은 '농업인'도 얼마든지 있을 수 있습니다.)

이러한 농지원부는 농지의 소유권확인, 세금감면증명, 농협대출 등을 위해 직접적으로 필요로 하여 작성하는 것은 아님에 유의해야 한다.

2. 작성대상

○ 농지원부는 농업인(1세대에 2인 이상의 농업인이 있는 경우에는 그 세대를 말함), 농업법인(영농조합법인 및 농업회사법인), 준농업법인 별로 작성

<농업인>
- 1,000㎡ 이상의 농지에서 농작물을 경작하거나 다년생 식물을 재배하는 자
- 농지에 330㎡ 이상의 고정식온실·비닐하우스·버섯재배사 등 농업용시설을 설치하여 농작물을 경작하거나 다년생식물을 재배하는 자

※ 유의사항 1
- 1,000㎡(비닐하우스 등 330㎡) 이상의 농지를 소유하고 있더라도 본인이 직접 경작 또는 재배하지 않는 자는 농지원부 작성 대상에서 제외
- 소유농지 없이 상기 면적 이상 임차하여 농작물을 경작하는 경우에는 작성 대상임

※ 유의사항 2
- 주민번호 없는 농업인(재외거소신고자 등)의 농지원부 작성: 농업경영을 하고 있는 사실이 확인되는 시점에 작성 가능하며, 주민등록번호가 없어 전산처리가 곤란하므로 별도로 수기(手記)로 작성 관리

<농업법인>→ (주: 개정되었음)
- 농업·농촌기본법 제15조 규정에 의하여 설립된 **영농조합법인**
- 다음의 요건에 모두 적합한 **농업회사법인**
  ■ 농업회사법인을 대표하는 사원이 농업인일 것

- 농업회사법인의 업무집행권을 갖는 사원의 2분의 1 이상이 농업인일 것

④ **농업법인**"이란 「농어업경영체 육성 및 지원에 관한 법률」 제16조에 따라 설립된 영농조합법인과 다음 각 호의 요건에 모두 적합한 같은 법 제19조의 규정에 의하여 설립된 농업회사법인을 말한다.
1. <삭 제>
2. <삭 제>
3. 농업회사법인의 업무집행권을 가진 자 중 3분의 1 이상이 농업인일 것

<준농업법인>
- 직접 농지에 농작물을 경작하거나 다년성 식물을 재배하는 국가기관·지방자치단체·학교·공공단체·농업생산자단체·농업연구기관 또는 농업기자재를 생산하는 자 등
① 농업인: 1000㎡(300평 이상)의 농지 또는 비닐하우스 등 시설인 경우는 330㎡(약99.8평) 이상의 농지에서 농작물을 경작하거나 다년생 식물을 재배하는 경우
② 농업법인 또는 준농업법인
③ 1세대에 2인 이상의 농업인이 있을 경우 농업경영을 주로 하는 자를 대상으로 농가주로 등재하며 농가주 이외의 다른 세대원들은 세대원으로 기재된다.
④ 농지를 1000㎡ 이상 소유한다 하더라도 자경을 하지 않으면 농지소유주는 작성할 수 없고, 임차인이 작성할 수 있으며, 직접 농사를 짓지 않는 경우는 농지원부는 작성되지 않는다.
농지의 임대차 계약서를 작성하는 경우에는 반드시 인감증명을 첨부할 필요는 없다.
⑤ 경작하는 농지가 여러 시. 구. 읍. 면에 소재하는 경우에도 그 면적이 1000㎡ 이상이면 농지원부의 작성이 가능하다.
⑥ 신규로 농지를 취득한 후 영농의사는 있으나 아직 영농시기가 도래하지 않아 영농에 착수하지 않았다면 농업인으로 볼 수

없으므로 농지원부를 작성할 수 없다. 즉, 농지취득자격증명을 발급받고, 영농계획서를 제출하여 농지의 소유권이전등기를 마쳤다 하더라도 아직은 농업경영을 하고 있지 않으므로 농지원부의 발급이 되지 않는다는 것이다
⑦ 1000㎡ 이상의 농지에서 조경수 판매를 목적으로 조경수를 재배하는 것이 확인되면 농지원부의 작성이 가능하며, 이 경우 조경수나 관상수의 판매목적의 경우 사업자등록을 하지 않더라도 영수증 등으로 판매실적을 증명하면 작성 가능하다.
⑧ 지목이 임야인 토지를 형질변경하지 않고 수종갱신만 한 경우는 농지법상의 농지가 아니므로 농지원부에 등재할 수 없다.
⑨ 공부상 지목이 대지이나 실제로 농작물의 경작 재배지로 3년 이상 이용될 경우 농지법상 사실상의 농지로 인정되어 농지원부에 등재가 가능하다.
⑩ 공부상(법적) 지목이 하천이라 하더라도 3년 이상 경작사실이 확인되는 사실상의 농지인 경우에는 농지원부의 등재가 가능하다.
⑪ 종중 소유의 농지를 임차한 경우에는 종중의 대표나 총무와 임대차계약을 체결한 다음 임차농지로 농지원부에 등재하면 된다. 그리고 종중 소유의 농지를 임대차계약서를 작성할 수 없는 경우에는 이장 등의 사실 확인서를 받아 등재할 수 있다.
⑫ 주말체험영농의 경우에 해당하는 1000㎡ 이하의 농지소유자는 직접경작을 한다 해도 농지원부 발급대상에 해당되지 않는다.

※자주하는 질문
1) 농지원부는 농지의 소유여부가 아닌 경작사실을 기준으로 작성하고 있으므로 세대(주소지)가 다른 경우 각각 1000제곱미터(시설 330제곱미터) 이상씩의 농지에서 농작물을 경작하고 있다면 경작자 모두가 농업인이 되므로 각각의 농지원부 작성이 가능하나, 동일 세대에서 가족이 농업경영에 종사할 경우 그 세대를 기준으로 작성
5) 형질변경허가를 거치지 않고 토지의 형질을 변경하여 3년 이상 과수 등을 재배한 경우에도 농지원부 등재 가능

6) 산지관리법에 의한 형질변경절차를 거치지 않고 토지의 형질을 변경하여 3년 이상 과수등을 재배한 경우에도 농지원부에 등재할 수 있음
11) 콩나물 재배사 부지는 농지가 아니므로 농지원부 작성 대상이 아니나 콩나물도 농산물이므로 이를 생산하여 연간 판매액이 100만원 이상이면 농업인에 해당함
12) 공무원도 1000제곱미터 이상에서 영농을 할 경우 농지원부 작성 가능

3. 농지원부 작성 관리 기관 : 농지 소재지가 아닌 주소지

① 작성대상 농업인이 농지원부를 작성하고자 하는 경우 농지소재지가 아닌 <u>본인의 주소지 읍. 면. 동사무소에서 신청한다.</u>
② 농지의 소재지가 신청인의 주소지와 동일한 경우에는 관할관청에서 담당공무원이 <u>누가 농사를 짓고 있는지 등의 실태조사를 거쳐</u> 농지의 소유 및 이용 상황을 파악하여 작성하고, 농지의 소재지가 신청인의 주소지와 다른 경우에는 <u>경작현황을 농지 소재지 관할관청에 조회한 다음</u> 그 결과에 따라 농지원부를 작성하게 된다.
다만, <u>토지소재지에서 발급하는 자경증명서를 제출하면 조회 없이 바로 작성 가능</u>하다.
③ 신규영농자가 아닌 <u>기존의 농지원부가 있는 농업인의 경우에는 그 변동사항, 정리 또는 누락된 경우 농업인의 신청에 의하여 작성하거나 변동사항을 정리할 수 있으며</u> 이 경우의 신청시에는 특별한 절차나 서식이 없이 방문하거나 전화를 이용하여 구두로 할 수 있으며 서신으로도 가능.
 ○ <u>농업법인 또는 준농업법인의 경우에는 주사무소의 소재지</u>

4. 작성시점 : <u>농지를 취득 또는 임차한 후 농업경영을 하고 있는 것이 확인되는 시점</u>

① 임대차기간 연장신고를 했다 하더라도 시기상 <u>영농 철이 아닌 경우 경작 현황을 확인할 수 없으므로 지금까지의 영농사실이 입증되지 않으면 영농에 착수하여야만 농지원부를 작성할 수 있다.</u>

② 신규로 농지를 취득한 후 영농의사는 있으나 아직 영농시기가 도래하지 않아 영농에 착수하지 않았다면 농업인으로 볼 수 없으므로 농지원부를 작성할 수 없다.
③ 농지소재지에 경작현황 파악이 곤란하다는 취지로 회신이 온 경우에는 당해 농지에 대한 경작현황은 농지원부에 등재할 수 없게 된다.
④ 겨울철 등 농한기에 일시 휴경하는 경우에는 농업경영관행상 경작하는 것으로 볼 수 있으므로 쌀소득등 보전직접직불금 관련자료, 농협에서 발행하는 객관적인 증빙서류 등 영농사실을 확인할 수 있는 자료나 농지소재지 농지관리위원, 이장에 의하여 경작사실을 확인 받아 농지원부를 등재할 수 있다.
⑤ 수리조합비 등 과거의 증빙자료를 제출하는 등 본인이 기존에 농업경영을 직접 한 사실이 있다하더라도 농지원부를 작성하지 않은 상태라고 한다면 과거의 경작사실을 확인하는 것은 현실적으로 확인이 곤란하므로 <u>농지원부를 소급하여 작성할 수 없다.</u>

5. **신청서류** : 소유권을 증명할 수 있는 등기부등본, 토지대장, 주민등록등본, 지번이나 임대차를 확인할 수 있는 서류 등(필수 구비서류는 아님)

   ※작성방법
   1) 농지원부의 신규작성은 시, 구, 읍, 면의 공무원이 농지의 소유 및 이용상황을 파악하며 작성하는 것이 원칙이나 그 작성 및 변동사항의 정리가 누락된 경우에는 대상 농업인 등의 신청에 의하여 작성하거나 변동사항을 정리한다.
   2) 대상 농업인 등의 농지원부의 작성이나 변경사항의 정리를 신청할 때에는 특별한 절차나 서식이 없이 방문하거나 전화를 이용하여 구두로 할 수 있으며 서신으로도 가능하다.
   3) 이 경우 특별한 서류가 필요하지는 않지만 임대차계약에 의하여 농지를 경작하는 경우에는 임차권이 있음을 증명하는 서류(임대차계약서 사본 등)등 권리관계를 입증하는 서류를 제출한다.

4) 토지 소재지가 관내일 경우에는 직접 확인 후 작성하나 토지 소재지가 타 시, 군, 구일경우 경작현황을 토지 소재지 시, 구, 읍, 면, 동사무소 조회 후 세대별로 작성한다

6. 등재사항

① 농업인 인적사항. 가족사항. 소유농지현황. 임차농지현황. 경작현황 등을 확인할 수 있는 서류를 주소지 시. 구. 읍. 면. 동사무소에 제출

② 농지원부는 농지의 소유여부가 관건이 아닌 경작사실을 기준으로 하여 작성하므로 세대(주소지)가 다른 경우 각각의 1000㎡(시설330㎡) 이상씩의 농지에 농작물을 경작하고 있다면 경작자 모두가 농업인이 되므로 각각의 농지원부 작성이 가능하다.

- 농가일반현황: 농가주 성명, 주민등록번호, 주소, 세대원사항 등
- 소유농지현황: 주민번호, 소유면적(지분율계산), 경작구분(자경/임대) 등
- 임차농지현황: 농지소유자, 임차인 주민번호, 임차기간 등
- 농지일반현황: 지번, 농지구분, 주재배작물, 경지정리여부, 면적 등

마. 세부항목 작성
- 농가주
  - 겸업: 농지원부 작성 신청시 전업농일 경우 공란, 다른 직업을 가지고 있을 경우 해당 사항을 기입
  - 최초작성일: 해당 농가가 농업경영을 시작한 일자가 아닌 농지원부의 최초작성일
- 농가구성원
  - 주민등록상 동일 세대에서 농지를 소유한 가족 등을

등재
(부부나 부자의 경우 주민등록상 세대를 달리 하여도 비동거 가족으로 등재 가능)
- ○ 소유농지
  - 소유면적: 소유농지의 면적은 경작면적을 기준으로 등록
  - 최종확인일: 농지담당자가 해당 자료를 최종 확인한 날짜
- ○ 임차농지
  - 임차인정보, 소유인정보, 임차계약(완료)일 등
  - 최종확인일: 농지담당자가 해당 자료를 최종 확인한 날짜
- ○ 농지조서(농지소재지 시·구·읍·면·동에서 관리)
  - 행정구분: 법정지역코드외 자체 관리하는 행정구분 코드를 정확히 반영
  - 최종확인일: 농지담당자가 해당 자료를 최종 확인한 날짜

바. 농가주 승계작성
- ○ 한 세대에서 농가주와 함께 농업경영을 영위하던 중 농가주의 사망·이농·탈농 등의 이유로 더 이상 농업경영을 영위하지 않게 된 경우에 한함
  - 가족(세대원에 등록된 자)중 1인이 승계하여 농업경영을 계속하고 본인이 희망할 경우 농가주만 변경하여 승계처리(최초작성일자는 그대로 적용)

※ 유의사항
- 농가주와 함께 농업경영을 하지 아니한 비동거가족은 농지원부를 승계할 수 없음

사. 작성중단 및 사본편철
- 농지원부에 작성된 농가주가 더 이상 농작물 또는 다년 생식물을 경작 또는 재배하지 아니하게 된 경우(사망·이농·탈농 등)와, 농지원부를 신거주지로 이송한 경우 등은 농지원부를 사본 편철하여 10년간 보존(농지법시행규칙 제56조5항)
- 폐쇄된 농지원부 사본을 본인이나 정당한 이해관계인이 사본 열람이나 복사를 요구할 경우 **공공기관의 정보공개에 관한 법률에 의한 행정정보공개 청구**절차에 따라 폐쇄된 농지원부 사본은 열람 및 복사가 가능함.

※ 유의사항
- 폐쇄된 농지원부는 등본 발급이 불가하며 원본대조 확인(필)에 의한 사본 발급만 가능
- 자격미달 등으로 농지원부 작성을 중단할 경우 사전에 농가주의 확인(구두·서면)을 거쳐 민원발생의 소지 차단

7. **발급기간** : 관내는 즉시, 관외는 : 15일 이내이나 통상 10일정도 소요 됨.

8. **농지원부 등본발급**
① 주소지 시.구.읍 면 동의 농지관리부서에 신청하여 발급하면 된다. 다만 농지의 소재지가 주소지 이외의 지역에 있는 경우 농지소재지에 경작사실 확인 후 발급하므로 농지원부에 등재 후 필요에 의하여 농지원부등본을 발급 신청하는 시점에도 농업경영을 하고 있어야만 농지원부등본이 발급된다.
② 그러나 단기간 내에 여러 번 농지원부등본 발급신청을 한 경우 담당자가 경작사실 확인이 필요 없다고 판단되면 경작사실 조회를 생략할 수 있다.

예) 농지원부 등본 발급시 그 경작 사실을 확인하여 발급하도록 하고 있으므로 또다시 농지원부 등본을 발급 신청하는 경우에도 경작사실을 확인하여야 함

예) 농번기나 동일 건으로 단기간 내에 여러번 발급신청시 담당자가 경작사실 확인이 필요 없다고 판단할 경우에는 경작사실조회를 생략할 수 있음

③ 대한민국 전자정부에서 인터넷으로도 발급가능

가. 열람 등의 신청

○ 농지원부를 열람하거나 등본을 교부 받고자 하는 자는 구두 또는 서면(FAX) 으로 신청
- FAX 신청은 전자민원G4C 민원처리운영창구(my.g4c.go.kr) 이용

○ 무인민원 및 G4C를 통한 온라인 발급
- 무인민원 시스템, 대한민국전자정부(www.egov.go.kr) 사이트 이용
- **농지가 관내에 소재한 경우만 발급**이 가능

나. 열람 또는 등본교부

○ 「관리기관장」은 농지원부 열람 또는 등본교부 신청시 <u>신청자의 신원 및 경작상황 등 농지원부 기재내용을 확인한 후 열람·교부하고 농지원부 발급대장에 기록·관리</u>하여야 함

※ **농지원부발급대장**은 농촌행정시스템에서 자동등록 및 출력되도록 전산시스템이 개발·보급되었으므로 수기(手記)로 작성·관리하지 말 것

○ 등본교부기간 (민원사무처리기준표 참조)
- 농지소재지가 관할구역(시·구·읍·면)안인 경우 : 즉시
- 농지소재지가 관할구역(시·구·읍·면)밖인 경우 : 10일 이내(다만, 농번기나 단기간 내에 동일 건을 계속 발급하는 등 경작사실 확인이 불필요한 경우에는 경작

사실 확인을 생략할 수 있음)
- 농지원부에는 개인정보 및 재산관련 내용이 포함되어 있어 정당한 이해관계자에 한하여 농지원부(사본)의 열람 또는 등본 교부 허용

※ 유의사항
- 농지원부의 열람·등본교부의 제한
  - 「공공기관의 개인정보 보호에 관한 법률 제10조 제1항 및 제2항의 규정에 의거 정보보유 기관은 정보주체의 이익에 반하는 경우 개인정보의 제공을 하지 못하도록 하고 있음
  - 농지의 효율적인 관리목적으로 행정기관 내부에서 사용하는 경우, 법원에서 재판을 수행하기 위하여 담당 판사가 요구할 경우 및 「공공기관의 개인정보 보호에 관한 법률(제10조 제2항)」에서 허용하고 있는 경우 등은 농지원부 열람(등본교부)이 가능함

9. **농지원부 발급 신청**(수수료 : 1부당 1,000원): 본인 또는 가족이나 위임된 자

10. **관련법령** : 농지법 제49조. 동법시행령 제70조

<농지법>
[시행 2016.1.21.] [법률 제13405호, 2015.7.20., 일부개정]
제49조(농지원부의작성과 비치)
① 시·구·읍·면의 장은 농지 소유 실태와 농지 이용 실태를 파악하여 이를 효율적으로 이용하고 관리하기 위하여 대통령령으로 정하는 바에 따라 농지원부(農地原簿)를 작성하여 갖추어 두어야 한다.
② 시·구·읍·면의 장은 제1항에 따른 농지원부를 작성·정리하거나 농지 이용 실태를 파악하기 위하여 필요하면 해당 농지 소유자에게 필요한 사항을 보고하게 하거나 관계 공무원에게 그 상황을 조사하게 할 수 있다.
③ 시·구·읍·면의 장은 농지원부의 내용에 변동사항이 생기면 그 변

동사항을 지체 없이 정리하여야 한다.
④ 제1항의 농지원부에 적을 사항을 전산정보처리조직으로 처리하는 경우 그 농지원부 파일(자기디스크나 자기테이프, 그밖에 이와 비슷한 방법으로 기록하여 보관하는 농지원부를 말한다)은 제1항에 따른 농지원부로 본다.
⑤ 농지원부의 서식·작성·관리와 전산정보처리조직 등에 필요한 사항은 농림축산식품부령으로 정한다. <개정 2008.2.29.,2013.3.23.>

제50조(농지원부의열람 또는 등본 등의 교부)
① 시·구·읍·면의 장은 농지원부의 열람신청 또는 등본 교부신청을 받으면 농림축산식품부령으로 정하는 바에 따라 농지원부를 열람하게 하거나 그 등본을 내주어야 한다. <개정2008.2.29., 2013.3.23.>
② 시·구·읍·면의 장은 자경(自耕)하고 있는 농업인 또는 농업법인이 신청하면 농림축산식품부령으로 정하는 바에 따라 자경증명을 발급하여야 한다. <개정2008.2.29., 2013.3.23.>

<농지법 시행령>
[시행2016.1.25.] [대통령령 제26922호, 2016.1.22., 타법개정]

제70조(농지원부의 작성)
① 법 제49조제1항에 따른 농지원부(農地原簿)는 다음 각 호의 어느 하나에 해당하는 농업인(1세대에 2인 이상의 농업인이 있는 경우에는 그 세대를 말한다)·농업법인 또는 제2항에 따른 준농업법인 별로 작성한다.
  1. 1천제곱미터 이상의 농지에서 농작물을 경작하거나 다년생식물을 재배하는 자
  2. 농지에 330제곱미터 이상의 고정식온실 등 농업용 시설을 설치하여 농작물을 경작하거나 다년생식물을 재배하는 자
② 준농업법인은 직접 농지에 농작물을 경작하거나 다년생식물을 재배하는 국가기관·지방자치단체·학교·공공단체·농업생산자단체·농업연구기관 또는 농업기자재를 생산하는 자 등으로 한다.

<농지법 시행규칙>
[시행2016.1.21.] [농림축산식품부령 제195호, 2016.1.21., 일부개정]

제55조(농지원부의 작성·비치)
영 제70조 제1항에 따른 농업인·농업법인 또는 준농업법인에 대한 별지 제58호 서식의 농지원부는 농업인의 주소지(법인의 경우에는 주사무소의 소재지를 말한다)를 기준으로 하여 작성하되, 해당 시(구를 두지 아니한 시를 말하며 도농복합형태의 시에 있어서는 동지역에 한정한다)·구(도농복합형태의 시의 구에 있어서는 동지역에 한정한다)·읍 또는 면(이하 "시·구·읍·면"이라 한다)의 관할구역 밖에 있는 농지

를 포함하여 작성·비치하여야 한다.
제56조(농지원부등의 관리)
① 시·구·읍·면장은 농지원부에 기재할 사항을 전산정보처리조직에 따라 처리할 수 있다.
② 농지원부(법 제49조제4항에 따른 농지원부 파일을 포함한다. 이하 같다)의 관리자는 법에 따른 비치 또는 이용 외의 목적으로 농지원부를 사용하거나 이를 이용한 전산처리를 하여서는 아니 된다.
③ 농지원부의 작성·관리에 종사하거나 종사하였던 자 또는 그 밖의 자로서 직무상 농지원부기재사항을 알게 된 자는 다른 사람에게 이를 누설하여서는 아니 된다.
④ 시·구·읍·면장은 관할구역 안에 거주하던 농업인의 거주지 이동으로「주민등록법」제16조 제3항에 따라 신거주지의 시·구·읍·면장에게 주민등록표를 이송하는 경우에는 농지원부를 첨부하여 이송하여야 한다. <개정 2009.11.27.>
⑤ 시·구·읍·면장은 농지원부가 작성된 농업인·농업법인 또는 준농업법인이 다음 각 호의 어느 하나에 해당하지 아니하는 자로 된 경우에는 그 농지원부를, 제4항에 따라 농지원부를 이송한 경우에는 그 농지원부의 사본을 각각 따로 편철하여 10년간 보존하여야 한다. 이 경우 전산정보처리조직에 따라 관리하는 농지원부 파일은 이를 농지원부 또는 농지원부의 사본으로 본다.
  1. 1천제곱미터 이상의 농지에서 농작물을 경작하거나 다년생식물을 재배하는 자
  2. 농지에 330제곱미터 이상의 고정식온실 등 농업용 시설을 설치하여 농작물을 경작하거나 다년생식물을 재배하는 자

제57조(농지원부파일의 정리·보관 등)
① 농지원부 파일은 멸실 또는 손상에 대비하여 그 입력된 자료와 프로그램을 다른 기억매체에 따로 입력시켜 격리된 장소에 안전하게 보관하여야 한다.
② 농지원부 파일을 관리하는 기관의 장은 전산정보처리조직의 이상이 발견된 때에는 즉시 농지원부 파일의 관리 상태를 점검하고 멸실되거나 손상된 농지원부 파일은 멸실·손상전의 상태로 복구하여야 한다.
③ 농지원부 파일의 입력·출력·편집·검색 그 밖에 전산정보처리조직에 따른 농지원부 파일의 처리와 운영에 관하여 필요한 사항은 농림축산식품부장관이 정한다. <개정 2008.3.3.,2013.3.23.>

제58조(농지원부의열람 또는 등본교부신청)
① 법 제50조 제1항에 따라 농지원부를 열람하거나 그 등본을 교부받으려는 자는 구술 또는 문서(전자문서를 포함한다)로 시·구·읍·면장에게 이를 신청하여야 한다. <개정2008.11.18.>

② 농지원부의 열람은 해당 시·구·읍·면의 사무소 안에서 관계공무원의 참여 하에 하여야 한다.
③ 시·구·읍·면장은 제1항에 따라 농지원부등본을 교부하는 경우에는 이를 별지 제59호 서식의 농지원부등본발급대장에 기재하여야 한다.

제59조(자경증명의 발급)
① 법 제50조제2항에 따라 자경증명을 발급받으려는 자는 별지 제60호 서식의 자경증명발급신청서를 해당 농지의 소재지를 관할하는 시·구·읍·면장에게 제출하여야 한다.
② 시·구·읍·면장은 제1항에 따른 신청이 있는 때에는 신청인의 농업경영상황을 조사한 후 자경하는 사실이 명백한 경우에는 신청일부터 4일 이내에 자경증명을 발급하고 이를 별지 제61호 서식의 자경증명발급대장에 기재하여야 한다.

11. 농지원부의 실질적 활용용도
① 농업인으로 추정되고 법상 농업인 자격요구 시 그 원부 사본 제출.
② 토지거래허가구역에서의 추가 농지 구입요건 시 유리
③ 개발제한구역에서 농업인의 혜택 부여시 확인 서류
④ 농촌의 일부 세금 및 공과금 보험료 준조세 등 감면 혜택
⑤ 농업인 대상 자금 및 대부 지원 시 확인서류
⑥ 농지전용 시 농지부담금 면제
⑦ 농어촌 출신 대학생 장학금 신청 서류
⑧ 농업용 유류 구입 시 일정량 면세
⑨ 기타 농업인, 자경 여부 등 확인
⑩ 취·등록세, 양도세 감면 등의 신청시(추가 농지 취득시 국민주택채권 매입 면제)
⑪ 농가주택, 농업용 창고, 축사 등의 건립 신청시
⑫ 농지전용신고 및 형질변경 신청시
⑬ 각종 농업정책보조금, 융자금, 학자금 등의 신청시

☞ 농지원부와 관련 상담이 가장 많은 내용은 농지원부를 작성하지 않고 매매나 수용후 세무서나 보상기관에서 세금감면 사항이나 경작보상 관계로 영농사실확인서(농지원부)를

제출하라고 하는데, 이 경우 기존에 농지원부가 작성되어 있지 않았다면 소급하여 농지원부를 작성할 수 없음을 유의하여야 함.

☞ 세금감면이나 보상관련 사항은 세무서나 보상관련 담당기관(부서)에서 판단할 사항이며, 본인이 기존에 농사를 직접 하였다 하더라도 농지원부를 작성하지 않았다면 조사시점에서 작성하고 소급하여 작성할 수 없음에 유의하여야 함.

1. 정부 지원혜택.
   고등학생의 경우 학자금이 면제되고 대학생은 등록금이 무이자로 융자된다. 또한 만5세 이하의 영.유아를 보육시설(유치원)에 보낼 경우 보조금 지원, 면세유 혜택 등 각종 보조금을 지원해주고 있다.

2. 각종 세제 혜택.
   <u>농지원부 작성후 2년이 경과해 농지를 취득시 취득 및 등록세의 50%를 경감받을 수 있으며, 국민주택채권 매입시 세금이 면제된다. 또한, 대출할 때 근저당 설정하면 등록세 및 채권 전부를 면제받</u>을 수 있다.

3. 농지전용부담금 면제.
   농지를 전용할 경우에는 농지전용부담금을 ㎡당 개별공시지가의 30%(최대 5만원)를 부담해야 하지만, <u>농업인의 지위를 인정받으면 농지전용부담금이 면제</u>된다.
   <u>농가주택이나 농업용 축사등을 보다 저렴하게 전용할 수 있</u>다는 점에서 매력이 있다.

4. 농지.임야 구입 혜택
   추가적으로 농지를 구입시 구입이 용이하고, 허가구역의 인근 시.군.구 농지도 구입할 수 있다.

※ 세법상의 여러 혜택에 관하여는, 세법이 수시로 개정되므로 **행위 당시의 세법**을 검토할 필요가 있음에 유의
  (1) 주소지가 토지 소재지 및 연접지역에 2년간 거주시 이전 등기할 때 등록, 취득세 50%감면, 채권 면제를 해 주고 있다.
  (2) 보유농지 양도시 부재지주에 대한 양도세 중과 배제한다. 단, 부재지주 판정기준에 의한 거주(재촌)요건을 충족해야 한다.
  (3) 농지원부를 보유하고 8년 이상 재촌,자경이 입증되면 당해 농지 양도시 1억까지 양도소득세가 면제 되고 1억 이상의 금액에 대해서는 9~36%의 일반세율이 적용된다.(단, 1억원 어치를 팔고 5년 후 다른 농지를 매도시 1억원을 추가로 면제 받을 수 있음.)
  (4) 농지원부를 보유하고 3년 이상 재촌, 자경 후 양도하고 1년 이내에 대체 농지(단, 면적의 1/2 또는 가액의 1/3 이상일 것)를 구입할 경우, 당해 농지에 대한 양도세 100% 감면된다(단, 대체 농지도 3년 이상 자경해야 하고 먼저 취득후 매도 또는 먼저 매도하고 후취득해도 됨)

4.4. 농업법인, 넌 또 뭐냐?

오늘은 조금은 낯선 말인 '농업법인'에 대해서 알아보겠습니다.

한변의 친절한(?) 설명으로 '농지', '농업인'은 알겠는데, '농업법인'은 또 뭐야? 이런 걸 꼭 알아야 되나?

알아야 됩니다. 한변은 몰라도 되는 얘기는 안 합니다. 적어도 전문가가 아닌 초보자에게는… 안그래도 골치 아플텐데 몰라도 되는 얘기를 제가 뭐하러 하겠습니까? 입 아프게…

우선 '농업법인'이 무엇이냐를 말씀드리기 전에 '사람(人)'이란 무엇인가부터 논의를 시작하겠습니다. 에고, 투덜이는 왜 또 가방을 싸는 것이냐? 기둘려~~

사람! 사람이란 어떠한 존재인가? **사람**을 바라보는 시각에는 여러 가지가 있겠습니다만, 법에서는 사람을 권리의무의 주체로 바라봅니다. 권리의무의 주체가 될 수 있는 자격을 '권리능력'이라고 하는데, 권리능력을 지닌 人에는 **자연인**과 **법인**이 있습니다. 법인은 법률에 의하여 권리능력이 인정된 단체(**사단법인**) 또는 재산(**재단법인**)을 말합니다.

이것을 농업에 관련하여 살펴보면 '**농업경영체**'라는 것이 있는데, 이에는 '**농업인**'과 '**농업법인**'이 있고, '**농업법인**'에는 다시 '**영농조합법인**'과 '**농업회사법인**'이 있습니다.(「농어업경영체 육성 및 지원에 관한 법률」 제2조.)

'농업인'은 우리가 이미 살펴본 「농업·농촌 및 식품산업 기본법」 제3조 제2호에 따른 농업인을 말합니다.(기억을 되살리는 의미에서 적어봅니다. 1천제곱미터 이상의 농지를 경영하거나 경작하는 사람, 농업경영을 통한 농산물의 연간 판매액이 120만원 이상인 사람, 1년 중 90일 이상 농업에 종사하는 사람, 영농조합법인의 농산물 출하·유통·가공·수출활동에 1년 이상 계속하여 고용된 사람, 농업회사법인의 농산물 유통·가공·판매활동에 1년 이상 계속하여 고용된 사람 등이 있지요?)

난 위의 여러 가지 요건 중 어느 것도 갖출 수가 없어서 '농업인'이 될 수 없다. 난 농지 투자를 포기하여야 하는가?

뜻이 있는 곳에 길이 있습니다. 토지에 투자하려는 사람 중에 '농업인'의 자격을 제대로 갖출 수 있는 사람은 사실 별로 많지 않습니다. 농지에 투자하는 많은 사람들이 편법으로 '농지원부'를 만들고, 이를 바탕으로 '농업인 확인서'를 발급받거나 또는 개개의 사건에서 '농업인'으로 인정받기 위하여 필요한 여러 가지 증빙서류를 갖추는 등의 노력을 기울입니다. 그러나 도시의 직장인이 이러한 서류를 합법적으로 갖춘다는 것은 사실 쉽지 않은 일이지요.

도시민이 '재촌·자경'의 요건을 갖추기 위하여 고민할 필요 없이 합법적으로 농지에 투자하는 길은 <u>주말·체험영농의 목적으로 1천제곱미터 미만의 농지를 취득하는 방법</u>과 <u>농업법인에 출자를 하여 간접적으로 투자하는 방법</u>이 있습니다.

그런데, 주말·체험영농 목적의 농지 취득은 면적의 제한이 있어 본격적으로 농지에 투자하여 돈을 벌려는 사람들에게는 '언 발에 오줌누기'이지요.

그러니 본격적으로 농지에 투자하면서 골치 안 썩이고 합법적으로 투자를 하려면 농업법인을 활용하는 것이 현재로선 최상의 방법이라고 생각합니다.

농업법인은 크게 '영농조합법인'과 '농업회사법인'으로 나뉘는데, 어떠한 형식을 취하느냐에 따라 설립 주체와 출자 한도, 의결권의 행사 등이 다르게 됩니다.

영농조합법인은 농업인 5인 이상을 조합원으로 하여 설립할 수 있는데, 농업인이 아닌 자로서 영농조합법인의 사업에 참여하려는 자는 정관으로 정하는 바에 따라 영농조합법인에 출자하고 준조합원으로 가입할 수 있습니다. 이 경우 준조합원의 출자 한도는 제한이 없습니다.

그런데, 영농조합법인은 기본 성격이 민법상의 조합이기 때문에 조합원은 출자액에 따라 의결권의 수에 차이가 있는 것이 아니라 모두 1인 1표로 동일하고, 한편 준조합원은 의결권을 행사하지 못합니다.

따라서, 농업인이 아닌 출자자로서는 영농조합법인의 의사결정에 관여할 권한이 없기 때문에 좀 불안하지요.

만일 영농조합법인에 농지를 현물출자하거나 내가 출자한 자금으로 영농조합법인 명의로 농지를 취득하는 경우에는 출자자로서는 상당한 담보책을 강구하여야 할 것입니다.

농업회사법인은 상법 규정에 따라 주식회사로 설립하는 경우에는 1인 이상이면 설립이 가능하지만, 농업인 아닌 자가 농업회사법인에 출자할 수 있는 한도는 농업회사법인의 총출자액의 100분의 90을 초과할 수 없게 되어 있습니다. 따라서 농업인 아닌 자가 농업회사법인을 설립하려면 적어도 총출자액의 100분의 10 이상을 출자하는 1인 이상의 농업인과 함께 하여야 합니다.

농업회사법인은 그 성격이 상법상의 회사이기 때문에 출자 지분에 따라 의결권을 행사할 수 있고, 비농업인에게도 출자 지분에 따른 의결권이 인정됩니다.

한편, 농업회사법인이 농지를 소유하려면 과거에는 농업회사법인을 대표하는 자가 농업인이고, 농업회사법인의 업무집행권을 가진 자 중 2분의 1 이상이 농업인이어야 하였지만, 2009. 11. 28.부터는 그러한 제한이 완화되어 농업회사법인을 대표하는 자가 농업인이어야 할 필요는 없고, 농업회사법인의 업무집행권을 가진 자 중 3분의 1 이상이 농업인이기만 하면 됩니다(「농지법」 제2조 제3호).

따라서, 농업인이 아닌 A는 설립하려는 농업회사법인의 총출자액의 100분의 90을 출자하고, 농업인인 B에게 총출자액의 100분의 10을 출자하게 하여 ○○농업회사법인을 설립하고, 자기는 대표이사로, B는 이사로 선임하면, A로서는 큰 위험부담 없이 ○○농업회사법인의 명의로 농지를 취득할 수 있을 것입니다.

그리고, 만일 B가 재촌·자경하는 농지(과거에는 재촌·자경의 기간에 관한 제한이 없었으나 2014. 2. 21.부터는 다른 양도세 감면 규정과의 균형을 맞추어 4년 이상 재촌·자경하는 농지만 해당이 됩니다)를 ○○농업회사법인에 **현물출자**하는 경우에는 그로써 발생하는 소득에 대하여 양도소득세가 면제됩니다.[1]

(휘유~너무 큰 노하우를 공개해 버렸네요. 이러다가 나 밥줄 끊어지는거 아닌가 몰라 ㅋㅋ)

머리에 번쩍 떠오르는게 있습니까? 예, 잘 응용해 보십시오. 더 이상은 지면상으로 공개하기는 곤란하네요.

농지, 농업인, 농업경영체에 관하여 세법 등 각종 법령을 파고들면 무궁무진한 비밀이 담겨 있습니다. 사실은 비밀이 아니지요. 대한민국의 법은 다 공표되어 있으니까요. 그런데, 그걸 모르는 사람들에게는 비밀과 같은 것이지요.

열심히 공부하면~~~ 그것이 돈입니다. 부동산은 과학이고, 부동산 투자로 인하여 얻은 소득은 '불로'소득이 아니라는 제 말, 아직도 딴지 거시는 분 계십니까?

---

[1] 2015. 7. 1.부터는 양도소득세 100% 감면으로 바뀌었군요. 쩝~
그게 그거 아니냐구요? 면제의 경우에는 한도액이 없으나 감면의 경우에는 한도액이 있어서 엄청난 차이가 있습니다.

≪자료정리 6≫

≪농업법인에 관한 근거 법률≫
작성일 2014.6.25. 수정일 2016.3.25.

※ 농업·농촌 및 식품산업 기본법 (약칭: 농업식품기본법)
[시행 2015.12.23.] [법률 제13383호, 2015.6.22., 타법개정]

제28조(농업 관련 조합법인 및 회사법인의 육성) 국가와 지방자치단체는 농업의 생산성 향상과 농산물의 출하·유통·가공·판매·수출 등의 효율화를 위하여 협업적 또는 기업적 농업경영을 수행하는 영농조합법인(營農組合法人) 및 농업회사법인(農業會社法人)의 육성에 필요한 정책을 수립·시행하여야 한다. <개정 2015.6.22.>

※ 농어업경영체 육성 및 지원에 관한 법률 (약칭: 농어업경영체법)
[시행 2015.12.23.] [법률 제13383호, 2015.6.22., 타법개정]

제1장 총 칙

제1조(목적) 이 법은 경쟁력 있는 농어업경영체를 육성하고 농어업경영체의 소득을 안정시키기 위한 직접지불제를 시행하여 국민에게 안전한 농수산물과 식품을 안정적으로 공급하고, 나아가 농어촌사회의 안정과 국가 발전에 이바지함을 목적으로 한다. <개정 2011.3.9.>

제2조(정의) 이 법에서 사용하는 용어의 뜻은 다음과 같다. <개정 2009.5.27., 2015.1.6., 2015.6.22.>
1. "**농업인**"이란 「농업·농촌 및 식품산업 기본법」 제3조제2호에 따른 농업인을 말한다.
2. "**농업법인**"이란 제16조에 따른 영농조합법인과 제19조에 따른 농업회사법인을 말한다.
3. "농업경영체"란 농업인과 농업법인을 말한다.
4. "어업인"이란 「수산업·어촌 발전 기본법」 제3조제3호에 따른 어업인을 말한다.
5. "어업법인"이란 제16조에 따른 영어조합법인과 제19조에 따른 어업회사법인을 말한다.
6. "어업경영체"란 어업인과 어업법인을 말한다.
7. "농어업경영체"란 농업경영체와 어업경영체를 말한다.
8. "농어촌 관광휴양사업"이란 「농어촌정비법」 제2조 제16호 가목부터 다목까지의 사업을 말한다.

<농업·농촌 및 식품산업 기본법>
[시행 2015.12.23.] [법률제13383호, 2015.6.22., 타법개정]

제3조(정의) 이 법에서 사용하는 용어의 뜻은 다음과 같다. <개정 2013.3.23, 2015.1.20, 2015.6.22>
1. "**농업**"이란 농작물재배업, 축산업, 임업 및 이들과 관련된 산업으로서 대통령령으로 정하는 것을 말한다.
2. "**농업인**"이란 농업을 경영하거나 이에 종사하는 자로서 대통령령으로 정하는 기준에 해당하는 자를 말한다.
3. "농업경영체"란 「농어업경영체 육성 및 지원에 관한 법률」 제2조제3호에 따른 농업경영체를 말한다.

<농업·농촌 및 식품산업 기본법 시행령> (약칭: 농업식품기본법 시행령)
[시행2015.12.31.] [대통령령 제26844호, 2015.12.31., 타법개정]

제2조(농업의 범위) 「농업·농촌 및 식품산업 기본법」(이하 "법"이라 한다) 제3조 제1호에 따른 농업은 다음 각 호와 같다. <개정 2015.12.22.>
1. **농작물재배업**: 식량작물 재배업, 채소작물 재배업, 과실작물 재배업, 화훼작물 재배업, 특용작물 재배업, 약용작물 재배업, 버섯 재배업, 양잠업 및 종자·묘목 재배업(임업용 종자·묘목 재배업은

제외한다)
2. **축산업**: 동물(수생동물은 제외한다)의 사육업·증식업·부화업 및 종축업(種畜業)
3. **임업**: 육림업(자연휴양림·자연수목원의 조성·관리·운영업을 포함한다), 임산물 생산·채취업 및 임업용 종자·묘목 재배업

제3조(농업인의 기준) ① 법 제3조제2호에서"대통령령으로 정하는 기준에 해당하는 자"란 다음 각 호의 어느 하나에 해당하는 사람을 말한다. <개정 2009.12.15., 2015.12.22.>
1. <u>1천제곱미터 이상의 농지</u>(「농어촌정비법」제98조에 따라 비농업인이 분양받거나 임대받은 농어촌 주택 등에 부속된 농지는 제외한다)를 경영하거나 경작하는 사람
2. <u>농업경영을 통한 농산물의 연간 판매액이 120만원 이상인 사람</u>
3. <u>1년 중 90일 이상 농업에 종사하는 사람</u>
4. 「농어업경영체 육성 및 지원에 관한 법률」제16조 제1항에 따라 설립된 <u>영농조합법인의 농산물출하·유통·가공·수출활동에 1년 이상 계속하여 고용된 사람</u>
5. 「농어업경영체 육성 및 지원에 관한 법률」제19조 제1항에 따라 설립된 <u>농업회사법인의 농산물 유통·가공·판매활동에 1년 이상 계속하여 고용된 사람</u>

② 삭제 <2015.12.22.>
③ 제1항에 따른 농업인의 확인 방법 등에 관하여 필요한 사항은 농림축산식품부장관이 정하여 고시한다. <개정2013.3.23., 2015.12.22.>[제목개정2015.12.22.]

제5장 농어업법인의 설립 및 지원 등

제16조(영농조합법인 및 영어조합법인의 설립)
① 협업적 농업경영을 통하여 생산성을 높이고 농산물의 출하·유통·가공·수출 및 <u>농어촌 관광휴양사업</u> 등을 공동으로 하려는 농업인 또는 「농업·농촌 및 식품산업 기본법」 제3조제4호에 따른 농업 관련 생산자단체(이하 "농업생산자단체"라 한다)는 **5인 이상을 조합원으로 하여 영농조합법인(營農組合法人)을 설립**할 수 있다. <개정 2009.5.27., 2015.1.6., 2015.6.22.>
② 협업적 수산업경영을 통하여 생산성을 높이고 수산물의 출

하·유통·가공·수출 및 농어촌 관광휴양사업 등을 공동으로 하려는 어업인 또는 「수산업·어촌 발전 기본법」 제3조제5호에 따른 어업 관련 생산자단체(이하 "어업생산자단체"라 한다)는 5인 이상을 조합원으로 하여 영어조합법인(營漁組合法人)을 설립할 수 있다. <개정 2009.5.27., 2015.1.6., 2015.6.22.>
③ 영농조합법인 및 영어조합법인은 법인으로 하며, 그 주된 사무소의 소재지에서 설립등기를 함으로써 성립한다.

<농어업경영체 육성 및 지원에 관한 법률 시행령> (약칭: 농어업경영체법 시행령)
[시행2016.3.22.] [대통령령 제27045호, 2016.3.22., 일부개정]
제9조(조합법인의설립등기)
① 법 제16조 제3항에 따른 영농조합법인 및 영어조합법인(이하 "조합법인"이라 한다)의 설립등기는 조합법인을 대표할 조합원이 신청한다.
② 제1항에 따른 **조합법인의 설립등기 사항**은 다음 각 호와 같다. <개정 2014.8.6.>
   1. 제12조 제1항 제1호부터 제4호까지, 제8호 및 제13호의 사항
   2. 조합법인을 대표할 조합원 및 임원(이사와 감사를 두는 조합법인만 해당한다)의 주소와 성명
   3. 2명이상의 조합원이 공동으로 조합법인을 대표할 것을 정한 경우에는 그 규정
   4. 출자총좌수와 납입한 총출자액
③ 제1항에 따른 등기신청서에는 다음 각 호의 서류를 첨부하여야 한다. <개정 2014.8.6., 2015.12.22.>
   1. 창립총회 의사록
   2. 정관
   3. 출자자산의 명세를 적은 서류
   4. 조합법인을 대표할 조합원임을 증명하는 서류
   5. 영농조합법인의 경우에는 5인 이상의 조합원이 농업인 또는 「농업·농촌 및 식품산업 기본법」 제3조제4호에 따른 생산자단체(이하 "농업생산자단체"라 한다)임을 확인할 수 있는 서류
   6. 영어조합법인의 경우에는 5인 이상의 조합원이 어업인 또는 「수산업·어촌 발전 기본법」 제3조제5호에 따른 생산자단체(이하 "어업생산자단체"라 한다)임을 확인할 수 있는 서류
④ 영농조합법인 및 영어조합법인은 제3항에 따른 설립등기의 사항이 변경되면 주된 사무소 소재지에서 21일 이내에 변경등기

를 하여야 한다. <개정 2015.1.6.>

> 제9조의2(조합법인의변경등기) ① 법 제16조 제4항에 따라 변경등기를 할 때에는 조합법인을 대표하는 조합원이 신청인이 된다.
> ② 법 제16조 제4항에 따라 변경등기를 하려는 경우에는 변경등기신청서에 다음 각 호의 서류를 첨부하여 제출하여야 한다. 다만, 제2호 및 제3호의 서류는 합병 또는 분할로 인한 변경등기를 하는 경우에만 첨부한다.
>   1. 등기사항의 변경을 증명하는 서류
>   2. 법 제18조의2제5항에 따라 공고한 사실을 증명하는 서류
>   3. 법 제18조의2제6항에 따라 이의를 신청한 채권자에게 채무를 변제하거나 담보를 제공한 사실을 증명하는 서류
> [본조신설2015.7.6.]

⑤ 영농조합법인 및 영어조합법인은 제3항에 따라 설립등기를 하거나 제4항에 따라 변경등기를 한 경우에는 30일 이내에 주된 사무소 소재지를 관할하는 시장(특별자치도의 경우에는 특별자치도지사를, 특별자치시의 경우 특별자치시장을 말한다. 이하 같다)·군수·구청장(자치구의 구청장을 말한다. 이하 같다)에게 농림축산식품부령 또는 해양수산부령으로 정하는 바에 따라 <u>설립등기 또는 변경등기 사실을 통지</u>하여야 한다. 이 경우 시장·군수·구청장은 영농조합법인 및 영어조합법인의 명부를 농림축산식품부령 또는 해양수산부령으로 정하는 바에 따라 관리하여야 한다. <신설 2015.1.6.>

⑥ 영농조합법인 및 영어조합법인의 <u>설립등기, 변경등기, 출자, **사업범위**</u>, 정관 기재사항 및 해산 등에 필요한 사항은 대통령령으로 정한다. <개정 2015.1.6.>

> 제10조(조합법인에 대한 출자) ① 영농조합법인의 조합원은 정관에서 정하는 바에 따라 **농지, 현금 및 그 밖의 현물로 출자**할 수 있다.
> ②영어조합법인의 조합원은 정관에서 정하는 바에 따라 어장, 현금 및 그 밖의 현물로 출자할 수 있다.
>
> 제11조(조합법인의 사업범위) ① **영농조합법인의 사업범위**는 다음 각 호와 같다. <개정2015.7.6.>

1. 농업의 경영 및 그 부대사업
   2. 농업과 관련된 공동이용시설의 설치·운영
   3. 농산물의 공동출하·유통·가공 및 수출
   4. 농작업의 대행
   5. 농어촌 관광휴양사업
   6. 그 밖에 영농조합법인의 목적을 달성하기 위하여 정관에서 정하는 사업
② 영어조합법인의 사업범위는 다음 각 호와 같다. <개정 2015.7.6.>
   1. 어업의경영 및 그 부대사업
   2. 어업과관련된 공동시설의 설치·운영
   3. 수산물의 공동 출하·유통·가공 및 수출
   4. 농어촌관광휴양사업
   5. 그밖에 영어조합법인의 목적을 달성하기 위하여 정관으로 정하는 사업
[제목개정2015.7.6.]

제12조(정관의 기재사항) ① 조합법인의 정관에는 다음 각 호의 사항이 포함되어야 한다.
   1. 명칭
   2. 목적
   3. 사업
   4. 사무소의 소재지
   5. <u>조합원(준조합원을 포함한다. 이하 이 항에서 같다)의 자격에 관한사항</u>
   6. <u>조합원의 가입, 탈퇴 및 제명(除名)에 관한 사항</u>
   7. <u>조합원의 탈퇴 및 제명의 경우 지분의 계산에 관한 사항</u>
   8. <u>출자액의 납입방법·산정방법과 조합원 1명이 출자할 수 있는 출자액의 최고한도에 관한 사항</u>
   9. 이익금과 손실금의 처리에 관한 사항
   10. 적립금의 비율과 그 적립방법에 관한 사항
   11. 회계연도와 회계에 관한 사항
   12. 총회나 그 밖의 의결기관과 임원의 정수, 선출 및 해임에 관한 사항
   13. 해산 사유를 정한 경우 그 사유에 관한 사항
② 농림축산식품부장관 또는 해양수산부장관은 조합법인의 효율적 설립을 위하여 **조합법인의 정관례**를 정하고 이를 정관 작성의 기준으로 이용할 것을 권장할 수 있다. <개정 2013.3.23.>

제13조(조합법인의 해산) 조합법인은 다음 각 호의 어느 하나에 해당하는 경우에 해산한다. <개정 2015.7.6.>

1. 총회에서 의결한 경우
2. 조합법인이 합병된 경우
3. 조합법인이 파산한 경우
4. 법 제20조의3 제1항에 따라 준용되는 「상법」 제176조에 따른 법원의 해산명령을 받은 경우
5. 조합원이 5명 미만이 된 후 1년 이내에 5명 이상이 되지 아니한 경우(협동양식어업면허를 취득한 영어조합법인은 제외한다)
6. 그밖에 정관에서 정한 해산 사유가 발생한 경우

⑦ 영농조합법인 및 영어조합법인의 등기에 관하여 이 법에서 규정한 사항 외에는 「상업등기법」 제65조부터 제67조까지의 규정을 준용한다. <개정 2014.5.20., 2015.1.6.>
⑧ 영농조합법인 및 영어조합법인에 관하여 이 법에서 규정한 사항 외에는 「민법」 중 조합에 관한 규정을 준용한다. <개정 2015.1.6.>

제17조(영농조합법인 및 영어조합법인의 조합원 등)
① 영농조합법인은 농업인과 농업생산자단체 중 정관으로 정하는 자를 조합원으로 한다.
② 농업인이 아닌 자로서 대통령령으로 정하는 자는 정관으로 정하는 바에 따라 영농조합법인에 출자하고 **준조합원**으로 가입할 수 있다. 이 경우 의결권은 행사하지 못한다.

> **제14조(준조합원의 자격)**
> ① 법 제17조제2항에 따라 영농조합법인에 준조합원으로 가입할 수 있는 자는 다음 각 호와 같다. <개정2014.12.9.>
> 1. 영농조합법인에 생산자재를 공급하거나 생산기술을 제공하는 자
> 2. 영농조합법인에 농지를 임대하거나 농지의 경영을 위탁하는 자
> 3. 영농조합법인이 생산한 농산물을 구입·유통·가공 또는 수출하는 자
> 4. 그밖에 농업인이 아닌 자로서 영농조합법인의 사업에 참여하기 위하여 영농조합법인에 출자를 하는 자

③ 영농조합법인의 조합원 및 준조합원의 책임은 납입한 출자액

을 한도로 한다. <신설 2015.1.6.>
④ 영농조합법인은 대통령령으로 정하는 농업생산자단체의 조합원 또는 준조합원으로 가입할 수 있다. <개정 2015.1.6.>

> 제15조(영농조합법인의 생산자단체 가입) 법 제17조제4항에 따라 영농조합법인이 조합원 또는 준조합원으로 가입할 수 있는 농업생산자단체는 농업협동조합·산림조합 및 엽연초생산협동조합으로 한다. <개정 2015.7.6.>

⑤ 영어조합법인은 어업인과 어업생산자단체 중 정관으로 정하는 자를 조합원으로 한다. 다만, 「수산업법」 제9조 제2항에 따라 협동양식면허를 취득할 수 있는 영어조합법인의 조합원의 자격과 그 밖에 필요한 사항은 대통령령으로 정한다. <개정 2015.1.6.>
⑥ 어업인이 아닌 자로서 대통령령으로 정하는 자는 영어조합법인의 정관으로 정하는 바에 따라 영어조합법인에 출자하고 준조합원으로 가입할 수 있다. 이 경우 의결권은 행사하지 못한다. <개정 2015.1.6.>

> 제14조(준조합원의 자격)
> ② 법 제17조제6항에 따라 영어조합법인에 준조합원으로 가입할 수 있는 자는 다음 각 호와 같다. <개정2015.7.6.>
>   1. 영어조합법인에 생산자재를 공급하거나 생산기술 및 자본을 제공하는 자
>   2. 영어조합법인이 생산한 수산물의 대량 실수요자·유통업자 및 가공업자

⑦ 영어조합법인의 조합원 및 준조합원의 책임은 납입한 출자액을 한도로 한다. <신설 2015.1.6.>

제18조(영농조합법인 및 영어조합법인의 조직변경)
① 영농조합법인 또는 영어조합법인은 총조합원의 일치로 총회의 결의를 거쳐 다음 각 호의 어느 하나의 형태인 <u>농업회사법인 또는 어업회사법인</u>으로 조직을 변경할 수 있다. <개정 2015.1.6.>

1. 합명회사
2. 합자회사
3. 유한회사
4. 주식회사

② 제1항 제2호에 따라 조직을 변경하는 경우에는 <u>조합원의 일부를 유한책임사원으로 하거나 유한책임사원을 새로 가입</u>시켜야 한다. <개정 2015.1.6.>

③ 제1항 제3호에 따라 조직을 변경하는 경우에는 <u>조합원 전원을 유한책임사원으로</u> 하여야 한다. <신설 2015.1.6.>

④ 제1항 제4호에 따라 조직을 변경할 때 발행하는 <u>주식의 발행가액의 총액은 조합법인에 현존하는 순재산액을 초과할 수 없으</u>며, 순재산액이 자본총액에 미달하는 경우에는 제1항에 따른 결의 당시의 조합원이 연대하여 그 부족액을 지급하여야 한다. <신설 2015.1.6.>

⑤ 영농조합법인 또는 영어조합법인이 제1항에 따라 조직변경의 결의를 한 경우에는 그 결의가 있는 날부터 2주 내에, 조합 채권자에 대하여 조직변경에 이의가 있으면 일정한 기간 내에 이를 제출할 것을 정관으로 정하는 바에 따라 1개월 이상 공고하고 이미 알고 있는 채권자에 대하여는 따로따로 공고 내용을 알려야 한다. <개정 2015.1.6.>

⑥ 채권자가 제5항에 따른 일정 기간 내에 이의를 제기한 경우에는 영농조합법인 또는 영어조합법인이 채무를 변제하거나 상당한 담보를 제공하지 아니하면 조직변경의 결의는 효력을 발생하지 아니한다. <개정 2015.1.6.>

⑦ 채권자가 제5항의 기간 내에 조직변경의 결의에 대하여 이의를 제기하지 아니한 경우에는 조직변경을 승인한 것으로 본다. <개정 2015.1.6.>

⑧ 영농조합법인 또는 영어조합법인이 제1항의 조직변경을 한 때에는 본점소재지에서는 2주 내에, 지점소재지에서는 3주 내에

영농조합법인 또는 영어조합법인은 해산등기를, 농업회사법인 또는 어업회사법인은 설립등기를 하여야 한다. <개정 2015.1.6.>
⑨ 영농조합법인 또는 영어조합법인의 조합원으로서 제2항부터 제4항까지의 규정에 따라 유한책임사원 또는 주주가 된 자는 제8항에 따른 본점 등기를 하기 전에 생긴 영농조합법인 또는 영어조합법인의 채무에 대하여 등기 후 2년이 될 때까지 영농조합법인 또는 영어조합법인의 조합원으로서 책임을 진다. <개정 2015.1.6.>

제18조의2(영농조합법인 및 영어조합법인의 합병·분할)
① 영농조합법인 또는 영어조합법인은 합병계약서 또는 분할계획서를 작성한 후 총조합원의 일치로 총회의 결의를 거쳐 합병 또는 분할할 수 있다.
② 영농조합법인 또는 영어조합법인은 합병 또는 분할할 경우 그에 따른 합병신고, 설립신고 또는 해산신고를 각 사무소의 소재지에서 하여야 한다.
③ 합병 또는 분할로 인하여 존속하거나 설립되는 영농조합법인 또는 영어조합법인은 합병 또는 분할로 소멸되는 영농조합법인 또는 영어조합법인의 권리·의무를 승계한다.
④ 제1항에 따라 설립되는 영농조합법인 또는 영어조합법인의 조합원에 대하여는 제17조를, 조직변경에 대하여는 제18조를 준용한다.
⑤ 영농조합법인 또는 영어조합법인이 제1항에 따라 합병·분할의 결의를 한 경우에는 그 결의가 있는 날부터 2주 내에, 조합 채권자에 대하여 조직변경에 이의가 있으면 일정한 기간 내에 이를 제출할 것을 정관으로 정하는 바에 따라 1개월 이상 공고하고 이미 알고 있는 채권자에 대하여는 따로따로 공고 내용을 알려야 한다.
⑥ 채권자가 제5항에 따른 일정 기간 내에 이의를 제기한 경우에는 영농조합법인 또는 영어조합법인이 채무를 변제하거나 상당

한 담보를 제공하지 아니하면 합병·분할의 결의는 효력을 발생하지 아니한다.
⑦ 채권자가 제5항의 기간 내에 합병·분할의 결의에 대하여 이의를 제기하지 아니한 경우에는 합병·분할을 승인한 것으로 본다.
⑧ 영농조합법인 또는 영어조합법인이 합병을 한 때에는 본점 소재지에서는 2주 내에, 지점 소재지에서는 3주 내에 그에 따른 변경등기, 해산등기 또는 설립등기를 하여야 한다.
[본조신설 2015.1.6.]

제19조(농업회사법인 및 어업회사법인의 설립 등)
① 농업의 경영이나 농산물의 유통·가공·판매를 기업적으로 하려는 자나 농업인의 농작업을 대행하거나 농어촌 관광휴양사업을 하려는 자는 대통령령으로 정하는 바에 따라 **농업회사법인(農業會社法人)을 설립**할 수 있다. <개정 2015.1.6.>

> **제17조(농업회사법인및 어업회사법인의 설립)**
> ① 농업인 및 농업생산자단체는 법 제19조 제1항에 따라 다음 각 호의 어느 하나에 해당하는 농업회사법인을 설립할 수 있다.
>   1. 합명회사
>   2. 합자회사
>   3. 주식회사
>   4. 유한회사

② **농업회사법인을 설립할 수 있는 자는 농업인과 농업생산자단체**로 하되, 농업인이나 농업생산자단체가 아닌 자도 대통령령으로 정하는 비율 또는 금액의 범위에서 **농업회사법인에 출자**할 수 있다. <개정 2011.11.22.>

> **제18조(농어업인등이 아닌 자의 출자한도)**
> ① 법 제19조제2항에 따라 농업인 또는 농업생산자단체가 아닌 자가 농업회사법인에 출자할 수 있는 한도는 다음 각 호와 같다.
>   1. 농업회사법인의 총출자액이 80억원 이하인 경우: **총출자액의 100분의 90**
>   2. 농업회사법인의 총출자액이 80억원을 초과하는 경우: 총출자액

에서 8억원을 제외한 금액
　　<구 규정>
　　제18조(농어업인 등이 아닌 자의 출자한도) ① 법 제19조 제2항에 따라 농업인 또는 농업생산자단체가 아닌 자가 농업회사법인에 출자할 수 있는 한도는 농업회사법인의 총출자액의 100분의 90을 초과할 수 없다.

③ 수산업의 경영이나 수산물의 유통·가공·판매를 기업적으로 하려는 자나 농어촌 관광휴양사업을 하려는 자는 대통령령으로 정하는 바에 따라 어업회사법인(漁業會社法人)을 설립할 수 있다. <개정 2015.1.6.>

　　제17조(농업회사법인및 어업회사법인의 설립)
　　② 어업인 및 어업생산자단체는 법 제19조제3항에 따라 다음 각 호의 어느 하나에 해당하는 어업회사법인을 설립할 수 있다.
　　　　1.합명회사
　　　　2.합자회사
　　　　3.주식회사
　　　　4.유한회사

④ 어업회사법인을 설립할 수 있는 자는 어업인과 어업생산자단체로 하되, 어업인이나 어업생산자단체가 아닌 자도 대통령령으로 정하는 비율 또는 금액의 범위에서 어업회사법인에 출자할 수 있다. <개정 2011.11.22.>

　　제18조(농어업인등이 아닌 자의 출자한도)
　　② 법 제19조제4항에 따라 어업인 또는 어업생산자단체가 아닌 자가 어업회사법인에 출자할 수 있는 한도는 다음 각 호와 같다.
　　　　1. 어업회사법인의 총출자액이 80억원 이하인 경우: 총출자액의 100분의 90
　　　　2. 어업회사법인의 총출자액이 80억원을 초과하는 경우: 총출자액에서 8억원을 제외한 금액
　　[전문개정2012.5.22.]

⑤ 농업회사법인 및 어업회사법인은 설립등기 또는 변경등기를 한 경우에는 30일 이내에 <u>주된 사무소 소재지를 관할하는 시장·군수·구청장</u>에게 농림축산식품부령 또는 해양수산부령으로 정

하는 바에 따라 설립등기 또는 변경등기 사실을 통지하여야 한다. 이 경우 시장·군수·구청장은 농업회사법인 및 어업회사법인의 명부를 농림축산식품부령 또는 해양수산부령으로 정하는 바에 따라 관리하여야 한다. <개정 2015.1.6.>
⑥ 농업회사법인 및 어업회사법인의 설립·출자, **부대사업의 범위** 등에 필요한 사항은 대통령령으로 정한다. <개정 2015.1.6.>

> 제19조(부대사업의 범위) ① 농업회사법인의 부대사업의 범위는 다음 각 호와 같다. <개정 2015.7.6.>
> 　1. 영농에 필요한 자재의 생산 및 공급사업
> 　2. 영농에 필요한 종자생산 및 종균배양사업
> 　3. 농산물의 구매 및 비축사업
> 　4. 농업기계나 그 밖의 장비의 임대·수리 및 보관사업
> 　5. 소규모 관개시설(灌漑施設)의 수탁 및 관리사업
> ② 어업회사법인의 부대사업의 범위는 다음 각 호와 같다. <개정 2015.7.6.>
> 　1. 영어에 필요한 자재의 생산 및 공급사업
> 　2. 영어에 필요한 종묘생산사업
> 　3. 수산물의 구매 및 비축사업
> 　4. 수산장비 등의 임대·수리 및 보관사업
> [제목개정2015.7.6.]

⑦ 농업회사법인의 농업생산자단체 조합원이나 준조합원 가입에 관하여는 제17조 제4항을 준용하고 어업회사법인의 어업생산자단체 조합원이나 준조합원 가입에 관하여는 제17조 제5항과 제6항을 준용한다. <개정 2015.1.6.>
⑧ 농업회사법인 및 어업회사법인에 관하여 이 법에서 규정한 사항 외에는 「상법」 중 회사에 관한 규정을 준용한다.

> 제17조(농업회사법인및 어업회사법인의 설립)
> ③ 법 제19조제8항에서 준용하는 「상법」 중 회사에 관한 규정에 따라 농업회사법인의 설립등기를 신청할 때에는 다음 각 호의 서류를 모두 제출하여야 한다. <신설 2014.8.6.>
> 　1. 제1항에 따라 농업회사법인을 설립하려는 **자가 농업인 또는 농업생산자단체임을 확인할 수 있는 서류**
> 　2. 제18조제1항에 따른 **출자한도 준수 여부를 확인할 수 있는** 다음 각

　　　　목의 구분에 따른 서류
　　　가. 주식회사의 형태로 설립하는 경우: 각 주식인수인의 성명, 주소, 인수한 주식의 수 및 농업인 또는 농업생산자단체 해당 여부를 표시한 서류와 해당 주식인수인이 농업인 또는 농업생산자단체임을 확인할 수 있는 서류
　　　나. 주식회사 외의 형태로 설립하는 경우: 농업인 또는 농업생산자단체인 사원의 명단 및 해당 사원이 농업인 또는 농업생산자단체임을 확인할 수 있는 서류
　④ 법 제19조제8항에서 준용하는 「상법」 중 회사에 관한 규정에 따라 어업회사법인의 설립등기를 신청할 때에는 다음 각 호의 서류를 모두 제출하여야 한다. <신설 2014.8.6.>
　　1. 제2항에 따라 어업회사법인을 설립하려는 자가 어업인 또는 어업생산자단체임을 확인할 수 있는 서류
　　2. 제18조 제2항에 따른 출자한도 준수여부를 확인할 수 있는 다음 각 목의 구분에 따른 서류
　　　가. 주식회사의 형태로 설립하는 경우: 각 주식인수인의 성명, 주소, 인수한 주식의 수 및 어업인 또는 어업생산자단체 해당 여부를 표시한 서류와 해당 주식인수인이 어업인 또는 어업생산자단체임을 확인할 수 있는 서류
　　　나. 주식회사 외의 형태로 설립하는 경우: 어업인 또는 어업생산자단체인 사원의 명단 및 해당 사원이 어업인 또는 어업생산자단체임을 확인할 수 있는 서류

제20조(농업법인 및 어업법인의 지원) 국가와 지방자치단체는 농업법인 또는 어업법인의 기술개발, 경영규모의 확대 또는 농어업기계화 및 시설장비 현대화, 경영정보화, 전문인력의 확보 및 인수합병 등을 위하여 자금 및 컨설팅 등 필요한 지원을 할 수 있다. [전문개정 2015.1.6.]

제20조의2(실태조사) ① 주된 사무소 관할 시장·군수·구청장은 농업법인 또는 어업법인의 적법한 운영과 효율적 관리를 위하여 3년마다 농림축산식품부장관 또는 해양수산부장관이 정하는 바에 따라 다음 각 호의 사항에 대하여 농업법인 또는 어업법인의 운영실태 등에 대한 조사를 실시하여야 한다.
　1. 조합원(준조합원을 포함한다)의 인적 사항, 주소 및 출자

현황
2. 사업범위와 관련된 사항
3. 소유한 농지의 규모 및 경작유무 등 현황

② 시장·군수·구청장은 제1항에 따른 농업법인 또는 어업법인의 운영실태 등에 대한 조사를 위하여 필요한 경우 경영상의 자유를 침해하지 아니하는 범위에서 다음 각 호의 행위를 할 수 있다.

1. 농업법인 또는 어업법인에게 필요한 서류 등의 제출을 요구하는 행위
2. 등기소와 그 밖의 관계 행정기관에 필요한 서류의 열람·복사 또는 그 등본·초본의 발급을 요청하는 행위. 이 경우 열람·복사 또는 그 등본·초본의 발급은 무료로 한다.
3. 소속 공무원으로 하여금 그 사무소에 출입하여 조사하게 하거나 관계인에게 필요한 질문을 하게 하는 행위

③ 제2항에 따라 출입·조사를 하는 자는 그 권한을 표시하는 증표를 지니고 이를 관계인에게 내보여야 한다.

④ 농업법인 또는 어업법인은 제1항에 따른 실태조사에 협조하여야 한다.

⑤ 시장·군수·구청장은 제1항에 따른 실태조사를 실시한 후 다음 각 호의 사항에 대하여 대통령령으로 정하는 기간 내에 시정하도록 명할 수 있다.

1. 조합원 5명 미만인 영농조합법인 또는 영어조합법인
2. 비농업인 또는 비어업인이 보유한 출자지분이 제19조 제2항 또는 제4항에서 정한 출자한도를 초과한 농업회사법인 또는 어업회사법인

제20조의2(시정기간) 시장·군수·구청장은 법제20조의2제5항 각 호에 대하여 6개월 이내에 시정하도록 명할 수 있다. 다만, 부득이한 사유가 있는 경우에는 한 차례만 3개월의 범위에서 그 기간을 연장할 수 있다. [본조신설2015.7.6.]

⑥ 농림축산식품부장관 또는 해양수산부장관은 시장·군수·구

청장에게 제1항에 따른 농업법인 또는 어업법인의 실태조사 결과의 제출을 요청할 수 있다. **[본조신설 2015.1.6.]**

제20조의3(해산명령) ① 농업법인 또는 어업법인의 해산명령에 관하여는 「상법」 제176조에 따른 회사의 해산명령에 관한 규정을 준용한다. 이 경우 "회사"는 "농업법인 또는 어업법인"으로 본다.
② 시장·군수·구청장은 다음 각 호에 해당하는 농업법인 및 어업법인에 대하여 <u>법원에 해산을 청구</u>할 수 있다.
  1. 조합원이 5명 미만이 된 후 1년 이내에 5명 이상이 되지 아니한 영농조합법인 또는 영어조합법인
  2. 총 출자액 중 비농업인 또는 비어업인이 보유한 출자지분이 제19조 제2항 또는 제4항에서 정한 출자한도를 초과한 후 1년 이상 경과한 농업회사법인 또는 어업회사법인
  3. 제16조 제6항에 따른 <u>사업범위에서 벗어난 사업을 하는 영농조합법인</u> 또는 영어조합법인
  4. 제19조 제6항에 따른 <u>부대사업의 범위에서 벗어난 사업을 하는 농업회사법인</u> 또는 어업회사법인
  5. 제1항에 따라 준용되는 「상법」 제176조제1항 각 호에 해당하는 농업법인 또는 어업법인

<상법>
[시행 2016.3.2.] [법률 제13523호,2015.12.1., 일부개정]
제176조(회사의 해산명령) ①법원은 다음의 사유가 있는 경우에는 이해관계인이나 검사의 청구에 의하여 또는 직권으로 회사의 해산을 명할 수 있다.
  1. 회사의 설립목적이 불법한 것인 때
  2. 회사가 정당한 사유없이 설립후 1년내에 영업을 개시하지 아니하거나 1년 이상 영업을 휴지하는 때
  3. 이사 또는 회사의 업무를 집행하는 사원이 법령 또는 정관에 위반하여 회사의 존속을 허용할 수 없는 행위를 한 때
② 전항의 청구가 있는 때에는 법원은 해산을 명하기 전일지라도 이해관계인이나 검사의 청구에 의하여 또는 직권으로 관리인의 선임 기

타 회사재산의 보전에 필요한 처분을 할 수 있다.
③이해관계인이 제1항의 청구를 한 때에는 법원은 회사의 청구에 의하여 상당한 담보를 제공할 것을 명할 수 있다.
④ 회사가 전항의 청구를 함에는 이해관계인의 청구가 악의임을 소명하여야 한다.

6. 제20조의2 제5항에 따른 시장·군수·구청장의 시정명령에 3회 이상 불응한 농업법인 또는 어업법인
[본조신설 2015.1.6.]

※ 농어업경영체 육성 및 지원에 관한 법률 시행령 (약칭: 농어업경영체법 시행령)
[시행 2016.3.22.] [대통령령 제27045호, 2016.3.223., 일부개정]

제20조(정관례의 작성) 농림축산식품부장관 또는 해양수산부장관은 농업회사법인 또는 어업회사법인의 효율적 설립을 위하여 농업회사법인 또는 어업회사법인의 정관례를 정하고 이를 정관 작성의 기준으로 이용할 것을 권장할 수 있다. <개정 2013.3.23.>

※ 농어업경영체 육성 및 지원에 관한 법률 시행규칙 (약칭: 농어업경영체법 시행규칙)
[시행 2015.7.7.] [농림축산식품부령 제149호, 2015.7.7., 일부개정]
[시행 2015.7.7.] [해양수산부령 제146호, 2015.7.7., 일부개정]

제11조(영농조합법인의 설립통지 등) ① 법 제16조 제5항에 따라 영농조합법인이 설립등기 사실을 통지하려는 경우에는 별지 제11호 서식에 따른 영농조합법인 설립등기통지서에 다음 각 호의 서류를 첨부하여 시장·군수·구청장에게 제출하여야 한다.
 1. 정관

  2. 조합원(준조합원을 포함한다) 명부
  3. 창립총회의사록
  4. 합병 또는 분할을 의결한 총회의사록(법 제18조의2에 따라 합병 또는 분할로 인하여 설립되는 경우만 해당하며, 합병 또는 분할로 인하여 존속하거나 설립되는 영농조합법인이 승계하여야 할 권리·의무의 범위가 의결사항으로 적혀 있어야 한다)
② 제1항에 따른 통지를 받은 시장·군수·구청장은 「전자정부법」 제36조제1항에 따른 행정정보의 공동이용을 통하여 법인 등기사항증명서를 확인하여야 한다.
③ 법 제16조 제5항에 따라 영농조합법인이 변경등기 사실을 통지하려는 경우에는 별지 제12호 서식의 영농조합법인 변경등기 통지서에 다음 각 호의 서류를 첨부하여 시장·군수·구청장에게 제출하여야 한다.
  1. 등기 사항의 변경을 의결한 총회의사록
  2. 등기 사항의 변경을 증명하는 서류
④ 제3항에 따른 통지를 받은 시장·군수·구청장은 「전자정부법」 제36조 제1항에 따른 행정정보의 공동이용을 통하여 법인 등기사항증명서를 확인하여야 한다.
⑤ 시장·군수·구청장은 제1항 또는 제3항에 따라 영농조합법인의 설립등기 또는 변경등기 사실을 통지받은 경우에는 별지 제13호 서식의 영농조합법인 명부에 이를 기재하고 영농조합법인의 육성·관리에 활용하여야 한다.
[본조신설 2015.7.7.]
[종전 제11조는 제15조로 이동 <2015.7.7.>]

제12조(영어조합법인의 설립통지 등) ① 법 제16조 제5항에 따라 영어조합법인이 설립등기 사실을 통지하려는 경우에는 별지 제14호 서식에 따른 영어조합법인 설립등기통지서에 다음 각 호의

서류를 첨부하여 시장·군수·구청장에게 제출하여야 한다.
 1. 정관
 2. 조합원(준조합원을 포함한다) 명부
 3. 창립총회의사록
 4. 합병 또는 분할을 의결한 총회의사록(법 제18조의2에 따라 합병 또는 분할로 인하여 설립되는 경우만 해당하며, 합병 또는 분할로 인하여 존속하거나 설립되는 영어조합법인이 승계하여야 할 권리·의무의 범위가 의결사항으로 적혀 있어야 한다)

② 제1항에 따른 통지를 받은 시장·군수·구청장은 「전자정부법」 제36조제1항에 따른 행정정보의 공동이용을 통하여 법인 등기사항증명서를 확인하여야 한다.

③ 법 제16조 제5항에 따라 영어조합법인이 변경등기 사실을 통지하려는 경우에는 별지 제15호 서식의 영어조합법인 변경등기 통지서에 다음 각 호의 서류를 첨부하여 시장·군수·구청장에게 제출하여야 한다.
 1. 등기 사항의 변경을 의결한 총회의사록
 2. 등기 사항의 변경을 증명하는 서류

④ 제3항에 따른 통지를 받은 시장·군수·구청장은 「전자정부법」 제36조제1항에 따른 행정정보의 공동이용을 통하여 법인 등기사항증명서를 확인하여야 한다.

⑤ 시장·군수·구청장은 제1항 또는 제3항에 따라 영어조합법인의 설립등기 또는 변경등기 사실을 통지받은 경우에는 별지 제16호 서식의 영어조합법인 명부에 이를 기재하고 영어조합법인의 육성·관리에 활용하여야 한다.

[본조신설 2015.7.7.]
[종전 제12조는 제16조로 이동 <2015.7.7.>]

제13조(농업회사법인의 설립통지 등) ① 법 제19조 제5항에 따라

농업회사법인이 설립등기 사실을 통지하려는 경우에는 별지 제17호 서식의 농업회사법인 설립등기통지서에 다음 각 호의 서류를 첨부하여 시장·군수·구청장에게 제출하여야 한다.
　　1. 정관
　　2. 임원 명부
　　3. 창립총회의사록
　　4. 합병 또는 분할을 의결한 총회의사록(합병 또는 분할로 인하여 설립되는 경우만 해당하며, 합병 또는 분할로 인하여 존속하거나 설립되는 농업회사법인이 승계하여야 할 권리·의무의 범위가 의결사항으로 적혀 있어야 한다)
　　5. 조직변경을 의결한 총회의사록(법 제18조제1항에 따라 영농조합법인이 농업회사법인으로 조직을 변경하여 설립되는 경우만 해당하며, 조직변경으로 인하여 설립되는 농업회사법인이 승계하여야 할 권리·의무의 범위가 의결사항으로 적혀 있어야 한다)
② 제1항에 따른 통지를 받은 시장·군수·구청장은 「전자정부법」 제36조제1항에 따른 행정정보의 공동이용을 통하여 법인 등기사항증명서를 확인하여야 한다.
③ 법 제19조제5항에 따라 농업회사법인이 다음 각 호의 사항을 변경한 경우에는 시장·군수·구청장에게 변경등기 사실을 통지해야 한다.
　　1. 목적
　　2. 상호
　　3. 본점 소재지
　　4. 회사를 대표하는 사원(유한·주식회사의 경우에는 이사 또는 집행임원)의 성명, 주소 및 주민등록번호
　　5. 자본금의 총액
④ 법 제19조 제5항에 따라 농업회사법인이 변경등기 사실을 통지하려는 경우에는 별지 제18호 서식의 농업회사법인 변경등기통지서에 다음 각 호의 서류를 첨부하여 시장·군수·구청장에게

제출하여야 한다.
  1. 등기 사항의 변경을 의결한 총회의사록
  2. 등기 사항의 변경을 증명하는 서류
⑤ 제4항에 따른 통지를 받은 시장·군수·구청장은 「전자정부법」 제36조 제1항에 따른 행정정보의 공동이용을 통하여 법인등기사항증명서를 확인하여야 한다.
⑥ 시장·군수·구청장은 제1항 또는 제4항에 따라 농업회사법인의 설립등기 또는 변경등기 사실을 통지받은 경우에는 별지 제19호 서식에 의한 농업회사법인 명부에 이를 기재하고 농업회사법인의 육성·관리에 활용하여야 한다.
[본조신설 2015.7.7.]
[종전 제13조는 제17조로 이동 <2015.7.7.>]

제14조(어업회사법인의 설립통지 등) ① 법 제19조 제5항에 따라 어업회사법인이 설립등기 사실을 통지하려는 경우에는 별지 제20호 서식의 어업회사법인 설립등기통지서에 다음 각 호의 서류를 첨부하여 시장·군수·구청장에게 제출하여야 한다.
  1. 정관
  2. 임원 명부
  3. 창립총회의사록
  4. 합병 또는 분할을 의결한 총회의사록(합병 또는 분할로 인하여 설립되는 경우만 해당하며, 합병 또는 분할로 인하여 존속하거나 설립되는 어업회사법인이 승계하여야 할 권리·의무의 범위가 의결사항으로 적혀 있어야 한다)
  5. 조직변경을 의결한 총회의사록(법 제18조제1항에 따라 영어조합법인이 어업회사법인으로 조직을 변경하여 설립되는 경우만 해당하며, 조직변경으로 인하여 설립되는 어업회사법인이 승계하여야 할 권리·의무의 범위가 의결사항으로 적혀 있어야 한다)

② 제1항에 따른 통지를 받은 시장·군수·구청장은 「전자정부법」 제36조제1항에 따른 행정정보의 공동이용을 통하여 법인 등기사항증명서를 확인하여야 한다.
③ 법 제19조제5항에 따라 어업회사법인이 다음 각 호의 사항을 변경한 경우에는 시장·군수·구청장에게 변경등기 사실을 통지해야 한다.
  1. 목적
  2. 상호
  3. 본점 소재지
  4. 회사를 대표하는 사원(유한·주식회사의 경우에는 이사 또는 집행임원)의 성명, 주소 및 주민등록번호
  5. 자본금의 총액
④ 법 제19조 제5항에 따라 어업회사법인이 변경등기 사실을 통지하려는 경우에는 별지 제21호 서식의 어업회사법인 변경등기 통지서에 다음 각 호의 서류를 첨부하여 시장·군수·구청장에게 제출하여야 한다.
  1. 등기 사항의 변경을 의결한 총회의사록
  2. 등기 사항의 변경을 증명하는 서류
⑤ 제4항에 따른 통지를 받은 시장·군수·구청장은 「전자정부법」 제36조제1항에 따른 행정정보의 공동이용을 통하여 법인 등기사항증명서를 확인하여야 한다.
⑥ 시장·군수·구청장은 제1항 또는 제4항에 따라 어업회사법인의 설립등기 또는 변경등기 사실을 통지받은 경우에는 별지 제22호 서식에 의한 어업회사법인 명부에 이를 기재하고 어업회사법인의 육성·관리에 활용하여야 한다.
[본조신설 2015.7.7.]
[종전 제14조는 제18조로 이동 <2015.7.7.>]

《자료정리 7》

《농업회사법인 주식회사 정관(예)》
[시행 2015.10.1.] [농림축산식품부고시 제2015-139호, 2015.10.1., 일부개정]

제1장 총 칙

제1조(상호) 본 회사는 농어업경영체 육성 및 지원에 관한 법률 제19조에 의하여 설립된 회사로서 그 명칭은 농업회사법인○○ 주식회사라 칭한다.(註1)
> (비고) 상호는 반드시「농업회사법인」과「주식회사」라는 명칭을 사용하여야 한다.

제2조(목적) 본 회사는 기업적 농업경영을 통하여 생산성을 향상시키거나, 생산된 농산물의 유통·가공·판매와 농어촌 관광휴양 사업을 통해 농업의 부가가치를 높이고 노동력 부족 등으로 농업경영이 곤란한 농업인의 농작업의 전부 또는 일부를 대행하여 영농의 편의를 도모함을 목적으로 한다.

제3조(주주의 자격) 본 회사의 주주는 농업인, 농업관련 생산자단체로 하되 제10조에서 정한 출자한도 내에서 출자한 농업인이나 농업관련 생산자단체가 아닌자(이하 "비농업인"이라 한다)도 주주가 될 수 있다.(註2)

제4조(사업) ① 본 회사는 생산성 향상을 위한 기업적 농업경영과 ○○사업을 주 사업으로 한다.
② 본 회사는 다음 각 호의 사업을 부대사업으로 한다 (註3)
    1. 농산물의 유통·가공·판매
    2. 농작업의 전부 또는 일부 대행

   3. 영농에 필요한 자재의 생산·공급
   4. 영농에 필요한 종묘생산 및 종균배양사업
   5. 농산물의 매취·비축사업
   6. 농업기계 기타 장비의 임대·수리·보관사업
   7. 소규모 관개시설의 수탁·관리사업
   8. 농어촌 관광휴양사업

제5조(본점의 소재지 및 지점의 설치) ① 본 회사의 본점은 ○○(시·도) ○○(시·군·구) ○○(읍·면) ○○(도로명)에 둔다.**(註4)**
② 본 회사는 필요한 경우에 주주총회의 결의로 지점, 영업소, 출장소를 둘 수 있다.**(註5)**

제6조(공고방법) 본 회사의 공고사항은 ○○시도에서 발간되는 ○○신문에 게재한다.**(註6)**

제7조(존립기간) 본 회사의 존립기간은 회사성립일로부터 만 ○○년으로 한다.**(註7)**
   [유례]
   본회사는 ○○특허권의 기간이 만료할 때까지 존속한다.

제2장 주식과 주권

제8조(회사가 발행할 주식의 총수 및 각종주식의 내용과 수) 본 회사가 발행할 주식의 총수는 ○○만주로서 보통주식으로 한다.
   [유례]
   본 회사가 발행할 주식의 총수는 10만주로서 그중 보통주식은 6만주, 우선주식은 2만주, 후배주식은 2만주로 한다.
   제○조(우선주식의 내용) 우선주식의 이익배당률은 연 1할로서 당해
       결산기의 이익배당률이 그에 미달할 때에는 다음 결산기에 그
       를 우선하여 배당받는다.

제○조(후배주식의 내용) 후배주식은 보통주식에 대하여 연○푼의 이
 액배당을 하고 잉여가 있는 경우에 한하여 이익배당을 받을 수
 있다.
제○조(의결권 없는 주식) 우선주식의 주주는 의결권이 없는 것으로
 한다.
제○조(상환주식) 상환주식은 주식발행후 ○년 이내에 주주에게 배당
 할 이익으로서 상환할 수 있다. 이때 상환가액은 1주당 금○○
 원으로 한다.

제9조(1주의 금액) 본 회사가 발행하는 주식 1주의 금액은 금 ○○만원으로 한다.(註8)

제10조(비농업인의 출자한도) 비농업인이 출자하는 출자액의 합계는 본 회사의 총출자액의 100분의 90을 초과할 수 없다.(註9)

제11조(회사설립시 발행하는 주식의 총수) 본 회사가 회사설립시에 발행하는 주식의 총수는 ○만주로 한다.

제12조(주권) 본 회사의 주식은 기명주식으로서 주권은 1주권, 10주권, 100주권 3종으로 한다.

제13조(주권의 명의개서) 주식의 양도로 인하여 명의개서를 청구할 때에는 본 회사 소정의 청구서에 주권을 첨부하여 제출하여야 한다. 상속, 유증 기타 계약이외의 사유로 인하여 명의개서를 청구할 때에는 본 회사 소정의 청구서에 주권 및 취득원인을 증명하는 서류를 첨부하여 제출하여야 한다.

 [유례]
 명의개서 대리인을 두기로 한 때
 제○조 본 회사는 주주명부의 기재에 관한 사무를 처리하기 위하여 명
  의개서 대리인을 둔다. 명의개서 대리인은 이사회의 결의에 의
  하여 선정한다.

제14조(주식의 양도제한) ① 본 회사의 주식은 이사회의 승인이 없으면 양도할 수 없다.
② 전항과 관련 비농업인인 주주에게 양도하여 비농업인의 총출자액이 제10조에서 규정한 제한을 초과하는 경우에는 그 양도는 효력이 없다.
③ 상속 또는 유증에 의하여 비농업인의 총출자액이 제10조에서 규정한 한도를 초과하는 경우에는 그 초과지분을 지체없이 농업인에게 양도하여야 한다.

제15조(주권의 재발행) 주권의 재발행을 청구할 때에는 본 회사 소정의 청구서에 다음 서류를 첨부하여 제출해야 한다.
    1. 주권을 상실한 때에는 확정된 제권판결정본
    2. 주권을 훼손한 때에는 그 주권, 다만 훼손으로 인하여 그 진위를 판별할 수 없는 때에는 전호에 준한다.

제16조(주주의 주소신고 등) 주주나 등록질권자 및 그 법정대리인은 성명주소 및 인감을 신고해야 한다. 그 변경이 있는 때에도 역시 같다.

제17조(주주명부의 폐쇄) 본 회사는 매 결산기 종료일 익일부터 그 결산에 관한 정기 주주총회 종료일까지 주주명부 기재의 변경을 정지한다.

제3장 주주총회

제18조(정기총회와 임시총회) 정기주주총회는 매 결산기 종료후 1월내에 이를 소집하고 임시주주총회는 필요한 경우에 수시로 이를 소집할 수 있다.

제19조(의장) 주주총회의 의장은 대표이사가 된다. 대표이사가 유고인 때에는 이사회에서 정한 순서에 따라 다른 이사가, 다른 이사 전원이 유고인 때에는 출석한 주주중에서 선임된 자가 그 직무를 대행한다.

제20조(결의사항) 주주총회는 법령에서 정한 사항 이외에 다음 사항을 결의한다.
   1. 신주발행사항의 결정
   2. 주식의 분할
   3. 영업의 전부 또는 일부의 양도

제21조(결의) 주주총회의 결의는 법령에 별도의 규정이 있는 경우를 제외하고는 발행주식 총수의 과반수에 해당하는 주식을 가진 주주의 출석과 그 의결권을 과반수로 한다.

제22조(의결권의 대리행사) 주주는 본 회사의 주주 중에서 정한 대리인으로 하여금 대리행사하게 할 수 있다. 이 경우에는 총회 개회 전에 그 대리권을 증명하는 서면을 제출해야 한다.

제4장 이사와 감사

제23조(이사와 감사의 수) 본 회사의 이사는 3인 이상, 감사는 1인 이상으로 한다.(註10)

제24조(선임) 이사와 감사는 주주총회에서 선임하되 이사의 3분의 1이상은 농업인으로 한다.

제25조(업무집행과 회사대표) 본 회사의 업무집행과 회사대표는

이사회의 결의로 이사 중에서 선임한 대표이사가 행한다.(註11)

제26조(임기) 이사와 대표이사의 임기는 3년, 감사의 임기는 3년 내의 최종의 결산기에 관한 정기총회 결산시까지로 한다. 다만 재임중 최종결산기에 관한 정기주주총회 이전에 그 임기가 만료될 때에는 그 총회 종결시까지 그 임기를 연장할 수 있다.(註12)

제27조(보선) 이사와 감사에 결원이 생긴 경우에는 임시주주총회에서 그를 보선한다. 다만 그 법 정원수를 결하지 아니하는 때에는 그러하지 아니할 수 있다. 보선된 이사나 감사의 임기는 전임자의 잔여기간으로 한다.

제28조(보수) 이사와 감사의 보수는 주주총회에서 이를 정한다.

제5장 이 사 회

제29조(이사회) 본 회사의 이사회는 정기이사회와 임시이사회로 한다. 정기이사회는 매월 최초의 월요일에, 임시이사회는 필요에 따라 수시로 이를 소집한다.

제30조(지배인의 임면) 이사회의 결의로 회사의 영업전반에 걸쳐 포괄적인 대리권을 갖고 보조하기 위한 지배인(혹은 지점장, 영업부장)을 둘 수 있다.

제31조(소집권자와 의장) 이사회는 대표이사가 소집하고 그 의장이 된다. 다만 대표이사의 유고중에는 제19조의 순서에 따라 다른 이사가 의장의 직무를 대행한다.

제32조(결의) 이사회의 결의는 이사 전원의 과반수로 하고 가·부 동수인 때에는 의장이 결정한다.

제33조(고문) 본 회사는 이사회의 결의로 고문 약간명을 둘 수 있다.

제6장 계 산

제34조(영업년도) 본 회사의 영업년도는 매년 ○월○일부터 ○월○일까지로 하여 결산한다.

제35조(이익배당) 이익배당금은 매 결산기 말일 현재의 주주명부에 기재된 주주 또는 등록질권자에게 이를 지급한다. 위 배당금은 지급개시일로부터 3년 이내에 지급청구를 하지 아니한 때에는 그 청구권을 포기한 것으로 간주하고 이를 본 회사에 귀속시킨다.

제7장 해 산

제36조(해산사유) 본 회사는 다음 사유로 인하여 해산한다.
　1. 제7조에서 정한 존립기간의 만료
　2. 합병
　3. 파산
　4. 법원의 명령 또는 판결
　5. 주주총회의 결의

제37조(해산의 결의) 해산의 결의는 발행주식 총수의 과반수에 해당하는 주식을 가진 주주의 출석으로 그 의결권의 3분의 2이상의 다수로써 하여야 한다.

제38조(회사계속) 회사가 존립기간의 만료, 주주총회의 결의에 의하여 해산한 경우에는 제37조의 규정에 의한 결의로 회사를 계속할 수 있다.

제39조(해산의 통지) 회사가 해산한 때에는 파산의 경우 외에는 대표이사는 지체없이 주주에 대하여 그 통지를 한다.

제40조(합병계약서와 그 승인의결) 회사가 합병을 함에는 합병계약서를 작성하여 주주총회의 승인을 얻어야 한다.

제8장 청 산

제41조(청산방법) 본 회사가 해산한 경우, 회사재산의 처분은 주주총회의 동의로써 정한 방법에 의한다.

제42조(청산인의 임면) 청산인의 선임 및 해임은 주주총회의 결의에 의한다.

제43조(잔여재산의 분배) 잔여재산은 각 주주가 가진 주식의 수에 따라 주주에게 분배한다.

　[유례]
　현물출자가 있는 경우
　제○조(현물출자) 본 회사의 설립당시 현물출자를 하는 자의 성명, 출자목적인 재산, 그 가격과 이에 대하여 부여하는 주식의 종류와 수는 다음과 같다.
　　　1. 출자자 발기인 ○ ○ ○ ( ) 주민등록번호 : -
　　　2. 출자재산 ○○(시·도) ○○(시·군·구) ○○(읍·면) ○○(도로명) 대 ○○㎡ 위 지상 철근 콘크리트 3층 사무소 1층 ○○㎡ 2층 ○○㎡ 3층 ○○㎡
　　　3. 출자재산의 평가액 : 금○○○원

4. 이에 부여하는 주식의 종류와 수 : 보통주식 ○○주
※ 위 성명 다음의 ( ) 내는 농업인인 경우 '농업인', 생산자단체인 경우 생산자단체명, '비농업인'인 경우 '비농업인'을 기재하고, 주민등록번호란에는 사업자인 경우 사업자등록번호를 기재

제44조(적용범위) 본 정관에 규정되지 않은 사항은 농어업 경영체 육성 및 지원에 관한 법률과 상법 및 기타 법령에 정한 규정에 따른다.

제45조(세부내규) 본 회사는 필요에 따라 주주총회의 결의로써 업무추진 및 경영상 필요한 회사 세부내규를 정할 수 있다.

제46조(최초의 영업년도) 본 회사의 제1기 영업년도는 본 회사 설립일로부터 서기 년월일까지로 한다.

제47조(최초의 이사 및 감사의 임기) 본 회사의 최초의 이사와 감사의 임기는 그 취임후 최초의 정기주주총회의 종료일까지로 한다.

제48조(발기인의 성명과 주소) 본 회사 발기인의 성명과 주소는 이 정관 말미의 기재와 같다.

부칙 <제2015-139호, 2015.10.1.>
제1조(시행일) 이 고시는 2015년 10월 1일부터 시행한다.
제2조(재검토기한) 농림축산식품부장관은 「훈령·예규 등의 발령 및 관리에 관한 규정」에 따라 이 고시에 대하여 2016년 1월 1일 기준으로 매 3년이 되는 시점(매 3년째의 12월31일까지를 말한다)마다 그 타당성을 검토하여 개선 등의 조치를 하여야 한다.

* 註1-註12의 설명 부분 생략

第五講 / 제 5강

왜 경매인가?

5.1. 이~상한 곳, 경매시장

"제가 토지 경매 이야기를 시작하면서 맨 처음에 투자규칙 제1조를 말한 적이 있습니다. 뭐지요?"

"절대 돈을 잃지 마라."

"예, 맞습니다. 돈을 벌기 위해서 투자를 하는데, 돈을 잃는 일이 생겨서는 안 될 것입니다. 그러나, 그것이 마음 먹은 대로 되는 것은 아니지요. 아무리 재고 또 재고, 그리하여 거의 확신을 가지고 투자를 하였더라도, 뜻밖의 변수에 의하여 예상했던 대로 되지 않는 수도 있습니다.

더군다나 이제는 과거와 같이 대충 해도 사 두기만 하면 돈 버는 시대는 지나갔고, 땅값도 내릴 수도 있는 시대가 되었습니다.

이러한 때에 위험부담을 최소화하는 방법은 **싸게 사는 것**입니다. 싸게 사면 일단 손해 볼 가능성은 그만큼 줄어드니까요. 그렇다고 비지 떡을 싸게 사라는 것은 아닙니다. 제대로 된 떡인데, 또는 약간의 흠이 있을 뿐인데, 시장에서보다 싸게 살 수 있는 것, 그런 것을 사라는 것입니다."

"그런 것이 있다면 누구나 달려들어 사지요."

"그렇지요. 누구나 달려들어 사겠지요. 그러나, 현실을 보면 그런 것이 있음에도 불구하고, 누구나 달려들지는 않는 좀 이상한 곳이 있습니다. 바로 **경매시장**입니다."

참 이상하지요. 경매로 사면 시세보다 훨씬 싸게 살 수 있다는데 왜 돈을 벌려고 투자하는 사람들이 모두 경매시장에 달려들지는 않을까요?

그것은 아마도 경매시장에서 토지를 사려면 여러 가지 배워야 할 점이 많기 때문일 것입니다. 특히 법률적인 내용이 많은데 법률이란 게 전공하지 않은 사람이 접하기에는 참 어려운 것이지요. 그러나, 여러분은 이미 저와 함께 상당히 깊은 수준의 전문적인 법률들을 공부한 바 있습니다. '묻지마 투자'가 아닌 '과학적 투자'를 하기 위해서 배운 지목, 용도지역, 농업인, 농지원부, 농업법인 등등…

경매도 사실 알고 보면 그리 어려운 것은 아닙니다. 그리고, 정말 어려운 부분에 대해서는 저같은 **법률가들의 도움**을 받으면 되는 것입니다.

그러니, 경매는 어려운 것이다 하고 지레 겁먹지 마시고, 경쟁이 제한된 이 좋은 시장에서 좋은 물건을 싸게 사도록 노력하십시오. 그만큼 많은 수익을 얻을 수 있을 것입니다.

제가 처음에 '왜 토지인가?'에서 '거의 절대' 돈을 잃지 않는 안전한 투자 수단, 그러면서 수익률도 상당히 높은 투자 수단이 있는데, 그것은 바로 '토지'라고 말했던 적이 있지요?

그와 마찬가지로 '거의 절대' 돈을 잃지 않는 안전한 투자 방법, 그러면서 수익률도 상당히 높은 투자 방법이 있는데, 그것이 바로 '경매'입니다. 즉 경매는 우리들이 지향하는 'low risk, high return'을 달성할 수 있는 좋은 방법입니다.

그러니까 **'토지'를 '경매'로 취득**하면 더할 나위 없이 좋겠지요? 안 그렇습니까? ㅎㅎ 뭔가 말장난같다구요? 예, 장난 좀 쳐봤습니다. 하지만 '토지', '경매'의 중요성을 강조하고자 한 것이니 이해하시기 바랍니다. 못 하시겠다구요? 할 수 없죠 뭐, 평양감사도…

5.2. 경매시장의 매력

제가 또 토지에 투자해서 손해를 보는 일은 거의 없다고 말씀드리면서 여기에는 두 가지 전제조건이 있는데, 그것은 첫째 <u>사기당하지 않아야 한다</u>는 것과 둘째 <u>과학적으로 투자해야 한다</u>는 것이라고 말했었지요?

경매에서는 사기당하는 일이 없습니다. 일반매매에서는 어떤 때에는 소유자가 아닌 사람과 잘못 거래하여 소유권을 취득하지 못하고 돈만 날리는 수도 있고, 권유자의 감언이설에 속아서 미래가치를 잘못 판단하는 경우도 있고, 매매가격 산정의 기준이 되는 시세의 객관성 확보에 어려움이 있을 수도 있지만 경매에서는 그런 위험이 없습니다. 국가가 확실하게 소유권을 넘겨주고, 감언이설로 유혹하는 권유자도 없고, 감정평가액이라는 일응의 기준가액이 있어서 스스로 올바른 판단만 내리면 됩니다.

그리고 과학적으로 투자해야 한다는 것이 가장 잘 들어맞는 것이 바로 경매입니다.

지금까지 말씀드린 여러 가지 기초 지식을 바탕으로 토지에 대한 가치분석을 철저히 하여 가격 상승이 예상되는, 적어도 가격이 하락하지는 않을 토지에 대하여 권리분석을 보통으로(ㅎㅎ 실제로는 철저히 하여야 하겠지요. 하지만 토지 경매에 있어서는 권리분석이 크게 어렵지 않은 경우가 대부분이고, 제가 늘 하는 말씀이지만 권리분석보다는 가치분석이 더 중요한 것이라는 점을 강조하기 위해서 말장난을 좀~~~) 하여 risk를 제거한 다음 경쟁력 있는 싼 가격으로 토지를 매입하면 그야말로 '땅 짚고 헤엄치기' 아닙니까? ('땅 짚고 헤엄치기'가 사실은 '물에서 헤엄치는' 것보다 어려운 건데… ㅎㅎ)

그 밖에도 경매의 장점을 몇 가지 더 말씀드리면,

- 경매에서는 **싸움터를 골라서** 싸울 수 있습니다.
  패할 것 같은 느낌이 드는 싸움은 피해 가면 되고, 아니면 좀 더 준비를 갖춘 뒤에 응전하는 등 선택의 자유가 보장된 싸움입니다.

- 경매는 매수자가 주도권을 가지는 **매수자 우위의 시장**입니다.
  매도자는 아무 말도 못하고 그저 간택되기를 기다리는 수밖에 없습니다. 아무리 가격이 떨어져도 '내 물건이 그런 대접을 받을 물건이 아닌데…' 말 한 마디 못하고 그냥 지켜보고만 있습니다.

- 경매는 수요자가 많지 않은 **제한경쟁시장**입니다.
  소수의 경쟁자끼리 우아하고 여유 있는 경쟁을 즐길 수 있는 곳입니다.

그러나, 저에게는 무엇보다도 경매의 가장 큰 매력은 고수익의 창출이 제 자신이 통제할 수 없는 우연적인 요소에 의하여 좌우되는 것이 아니라 **저 자신의 노력 여하**에 달려 있다는 것입니다. 학문(발음 유의 ㅎㅎ)을 연마하듯이 열심히 자료를 수집하고, 분석하고, 판단하면서 투자를 하면 정직하게 그만큼의 대가를 얻을 수 있게 하여 주는 것이 경매입니다.

5.3. Risk를 없애라, No Risk 가능한가?

토지에 투자해서 어느 정도 돈을 번 사람들은 이제 어느 정도의 리스크는 감수할 수 있습니다. 그런 사람들에게는 열 번 정도 투자했다가 한 번 정도 손해를 보는 것은 그리 큰 타격이 아닙니다. 그리고 그 정도의 리스크는 감수할 수 있어야 투자도 제대로 할 수 있습니다.

그러나, 아직 그만큼 돈을 벌지 못한 사람들, 특히 생애 첫 투자를 하는 사람들은 워렌 버핏의 스승인 벤자민 그레이엄이라는 사람이 말한 투자규칙 제1조 **'절대 돈을 잃지 마라'**는 것을 **'절대로'** 지켜야 합니다.

첫 투자에서 삐끗해서 종자돈을 날리면 회복하기가 상당히 어렵습니다. 그리고 다시 돈을 모아도 이제는 투자를 하기가 어렵습니다. 이것저것 재고 또 재고 하다가 결국 아무것도 못하고 맙니다.

그래서 첫 투자의 성공은 정말 중요한 것입니다. 첫 투자에서 성공한 사람과 실패한 사람의 간격은 산술급수가 아니라 기하급수적으로 벌어집니다.

토지에 투자하는 것은 다른 어떤 투자수단보다 리스크가 적다고 합니다만 리스크가 전혀 없는 것은 아닙니다. 특히 일반 매물로 사는 경우에는 이제는 안심하고 투자할 수 있는 물건을 사기가 쉽지 않습니다.

제가 토지에 투자해서 거의 손해 보는 일은 없다고 말씀드리면서 그 전제로 이야기한 '사기당하지 않아야 한다'는 것과 '과학적으로 투자하여야 한다'는 것 두 가지를 다 지킨다고 하더라도 이제는 땅값 자체가 떨어질 수도 있는 시대가 된 것 같습니다.

저는 일찍이 **토지 투자의 패러다임**이 변하는 것을 읽고 2011년도부터 경매 시장에 뛰어들었습니다. 지금까지 수백 건의 물건을 분석해 보고, 수십 건의 물건에 응찰하여, 15건 가량 낙찰을 받았습니다.
수익률의 차이는 있지만 다행히 아직까지 한 건도 손해를 본 것은 없었습니다. 저의 응찰기를 여기저기 부동산카페에 올리면서 앞으로 저는 성공한 것뿐만 아니라 실패한 것도 있는 그대로 올리겠다고 공언을 했었는데, 여태까지 한 건도 실패한 것이 없었습니다. 약속을 지킨 것인지, 지키지 못한 것인지… ㅎㅎ
어떻게 그럴 수 있었을까요?

운이 좋아서? 분석을 잘 해서? 시대를 잘 만나서?

아무리 그래도 'No' Risk는 아니지요.

답은 바로 **'싸게' 사는 것**입니다. 대한민국 경제가 결단나지 않고서는 그 가격 이하로 떨어질 수가 없는 그런 가격으로 사면 손해 보는 일은 '절대로' 없습니다. '투자규칙 제1조'를 확실하게 지킬 수 있는 것이지요.

그런데 그렇게 싼 물건이 있으면 누구나 달려들어 사려고 하지 않겠냐구요? 그런 물건이 나한테까지 돌아오겠냐구요?

제가 여태까지 5,6년간 경매로 산 물건 십여 건이 다 그런 것입니다. 뻥치지 말라구요? 한번은 결코 뻥치지 않습니다.

에이, 아무리~~

'아무리~~'가 아니라 '아무렴~~'입니다. 보실까요…

다음은 제가 낙찰받은 물건들의 **감정가 대비 낙찰가율**입니다. 하나도 빠뜨리지 않은 것입니다.

2011년도: 56%(마평동), 43%(청덕동), 43%(중흥리)
2012년도: 42%(동백동), 37%(동백동), 34%(구암리), 27%(신봉동)
2013년도: 24%(홍원리), 28%(환성리), 33%(무촌리), 21%(주곡리), 33%(해정리)
2014년도: 놀았음
2015년도: 35%(금당리)
2016년도: 44%(외방리), 24%(상천리)

제가 산 이 가격보다 더 떨어진다? 대한민국 경제가 거덜나지 않고서는 그런 일이 가능하겠습니까?

이쯤 되면 가히 Low Risk가 아니라 No Risk라고 할 수 있지 않겠습니까?

5.4. 경매투자의 여러 방식

경매로 토지를 사는 데는 한 가지 방식만이 있는 것이 아닙니다.

어떤 분들은 한참 뜨는 지역(요즘 같으면 평택, 제주, 세종)에서 시세 대비 감정가가 낮게 평가되어 있는 물건들을 위주로 발빠르게 분석을 해 놓았다가 **첫 기일에 바로 낙찰**을 받아갑니다. 대체로 좋은 물건들이지요. 많이 큰 놈들입니다. 물론 앞으로도 더 크겠지요. 그러나 얼마나 더 클지는…

또 어떤 분들은 **도로, 자투리땅, 알박기용 땅**들 위주로, 싼값에 그러나 때로는 감정가 이상으로 비싸게, 여기저기 사 놓고, 그 중에 어느 한 놈이 대박을 쳐 주기를 기다립니다. 그러다가 제 꾀에 넘어가시는 분들도 물론 있지만요…

또 어떤 분들은 그저 싼 맛에 **앞으로도 전혀 클 수 없는 놈들**, 산꼭대기 급경사의 땅이나 공익용 산지, 이런 것들을 사 놓고 하염없이 기다립니다. 10년, 20년…

이런 분들은 땅에 투자해서 돈을 벌려는 것이 아니라 나도 대한민국 국민으로서 대한민국에 내 소유의 땅을 가지고 있다는 자부심을 가지려고 땅을 사시는 분들입니다. 조금 심하게 말하면 내가 이 땅에 왔다 간 흔적으로 그래도 국가의 공적 장부에 내 이름 석자 정도는 남겨놓고 가야지 하고 맘 먹으신 분들입니다. ㅎㅎ 너무 심했나요?

저는 주로 '아픈' 애들을 좋아합니다. **공유지분, 유치권, 법정지상권, 선순위 가등기, 선순위 가처분** 등으로 일반인들은 엄두를 내지 못하거나 또는 거들떠 보지도 않는 물건들, 그 중에서 제가 치료를 하여 정상으로 만들 수 있는 아이들을 좋아합니다. 그런 아이들은 대개 아주 '착한' 가격으로 나옵니다.

그런 아이들을 데려다가 정성을 다해서 치료하여 정상으로 만들어 놓으면 나중에 애들이 아주 효도를 하게 됩니다.

예를 들어, 공유지분 물건, 아직도 많은 고수분들이 공유지분 물건에는 손대지 말라고 충고를 합니다. 고마운 일이지요.
여러분, 그 분들의 말씀 잘 들으십시오. 그러나, 저와 함께 가시는 분들은 그 분들의 말씀, 결코 귀담아 듣지 마세요. 그렇다고 그 분들의 다른 말씀도 개무시하라는 말, 전혀 아닙니다. 오해하지 마세요. 저도 땅투자의 고수분들의 말씀을 들으면서 큰 사람입니다.

그러나 적어도 공유지분 물건에 관해서는 제가 전문가입니다. 법률가로서 해결 능력도 있고요…

앞으로 하루 날 잡아서 **'공유지분 물건'** 을 잡아서 해결해 가는 과정을 실제 제가 낙찰받은 사건들을 예로 설명드리겠습니다. 에고~

이러다가 내 밥줄 끊어지는 것 아닌지 몰라?

저는 공유지분 물건을 아주 사랑합니다. 이거야말로 저에게는 '누워서 떡 먹기'입니다.('땅 짚고 헤엄치기'라는 말도 있지요? 그런데, 사실은 '땅 짚고 헤엄치기'가 더 어려운 것 아닌가요?)

다른 것들도 마찬가지입니다. 법률적인 문제(**사실적인 문제**도 마찬가지입니다. 예를 들어, 잡초가 무성하거나 나무가 우거져 있어서 어느 땅인지 찾기 힘든 것, 입구에 견사-ㅎㅎ 개집입니다-가 있어서 들어가기 힘든 것)가 있어서 일반인들은 달려들기 힘들어 많이 유찰된 것, 이런 것들을 아주 싼 값에 잡아서 그런 하자들을 치유하면 정상적인 아이가 되는 것입니다. 물론 하자가 너무 커서 치유가 안 되는 아이를 잡으면 안 되겠지요? 그걸 어떻게 구별하냐구요? 공부하세요~~

5.5. 경매와 현장답사

토지뿐만 아니라 모든 부동산의 투자에 있어서 **현장답사의 중요성**은 아무리 강조해도 지나친 것이 아닙니다. 요즘은 세상이 좋아져서 책상머리에서 대충 다 알 수 있습니다만 그래도 사기 전에 최소한 한 번은 꼭 현장을 가 봐야 합니다.

그런데, 경매 물건에 대한 현장답사, 특히 **토지에 대한 현장답사**는 만만치 않지요. 일반 물건은 중개인 또는 매도인이 현장을 보여주면서 설명을 해 주니 물건을 못 찾는다거나 엉뚱한 물건을 보고 오해하는 일이 있을 수 없지만 경매 물건은 누가 찾아주고 설명해 주고 하지 않습니다. 건물은 그래도 쉽게 찾을 수 있지만 토지의 경우에는 경계가 뚜렷한 것도 아니고 가는 길도 찾기 쉽지 않습니다. 요즘은 내비게이션이 있고 GPS가 있어서 옛날보다 훨씬 쉽게 목적물을 찾을 수 있고 잘못 찾는 일도 드물지만 그래도 가끔 그런 경우가 있습니다. 특히 토지가 분할되었다거나 토지의 형상이 변경된 경우에 더욱 그러하지요.

지금부터 토지에 대한 현장답사의 요령을 제가 실제로 하는 방식대로 설명해 드리려 합니다. 재미 있겠죠? ㅎㅎ
이거 사실 엄청난 노하우입니다.~~^^

저는 소시적부터 지도 보는 것을 좋아했습니다. 지도만 있으면 저는 어디든지 다 찾아갑니다.

1993년도 제가 법원 판사로 있을 때 나라에서 보내주어 미국 남부의 명문 듀크대학('남부의 하버드'라고 하는 대학으로 미국 내 10대 대학에 들어갑니다)에 6개월간 비지팅 스칼러로 있었던 적이 있습니다.

그 당시 저는 주말마다 온 가족을 데리고(그 때는 아이가 셋밖에 없을 때이었습니다 ㅎㅎ) 미주대륙 동부지역의 유명한 도시는 다 돌아다녔습니다. 북쪽으로는 캐나다의 토론토부터 남쪽으로는 플로리다의 마이애미까지, 금요일 오후만 되면 비행기를 타고 미지의 도시로 가서 탐험을 시작합니다. 공항에 내려서 자동차를 렌트하여 토요일, 일요일 동안에 그 도시의 가 볼 만한 곳은 다 훑어보고, 월

요일 아침에 다시 비행기로 돌아옵니다. 그런 생활을 6개월 동안 하였습니다. 아마도 보통의 미국 사람들이 평생 여행하는 것보다 제가 더 많이 싸돌아 다녔을 것입니다.

그 때에도 저는 AAA(American Automobile Association)에서 나눠주는 지도 하나 들고 난생 처음 가 보는 길을 다 찾아다녔습니다. 그 당시는 네비게이션도 없던 때입니다.

귀국한 뒤에는 전국 도로교통 지도책 하나 가지고 역시 우리나라 여기저기를 돌아다녔습니다. 처음 가는 골프장도 지도만 있으면 OK~~ 지금은 사라졌지만 그 때엔 에이스골프에서 전국 골프장 지도책을 만들어 판촉물로 배포하였습니다. 약간 엉성하기는 하지만 그것 하나면 전국 어느 골프장이나 다 찾아갑니다.

요즘은 그 때에 비하면 어디를 찾아간다는 것이 너무 쉬운 일입니다. 티맵 하나 틀어놓고 티양이 알려주는 대로 따라가기만 하면 되니까요. 심지어 출발하기 전에 미리 책상에서 현장의 모습까지 다 파악하고 가지요. 로드뷰 등으로~~

무릇 땅을 사랑하는 사람들은 지도 보는 것을 취미로 삼아야 합니다. 항상 지도를 끼고 살아야 하고 틈만 나면 지도를 보아야 합니다. 요새는 두꺼운 지도책도 필요없고, 그저 손바닥만한 스마트폰 하나만 있으면 다 되니 참 좋은 세상입니다.

각설하고, 토지에 대한 현장답사를 잘 하기 위해서는 먼저 손품을 잘 팔아야 합니다. 요즘은 '발품보다 먼저 손품을 잘 팔아야' 하는 세상이 되었습니다.

우선 현장답사의 전 단계로, 실제로 **답사 갈 물건을 찾기까지의 과정**을 살펴봅니다.

1) 목적에 맞는 물건을 검색한다.
   스피드옥션, 지지옥션, 굿옥션 등을 사용하여 원하는 지역의, 원하는 조건의 물건을 검색한다.
   예를 들어, '수원지방법원, 토지, 3회 이상 유찰, 감정가 1억 이상'의 물건을 검색한다.
2) 각 물건들의 사진, 지적도 등을 보면서 영 아닌 것들은 걸러 내고, 일응 괜찮아 보이는 것을 골라낸다.
3) 일응 괜찮아 보이는 것들은 감정서를 들여다 본다. 여기서 또 아닌 것들은 걸러내고 괜찮은 것들을 추려낸다.
4) **네이버 지도의 지적 편집도**를 보면서 진입로의 상황을 살펴본다. 지적상 도로인지, 현황도로인지, 노폭은 얼마나 되는지… 진입로가 없는 맹지인 경우에는 어떻게 하면 진입로를 낼 수 있는지 등등.
5) **네이버지도의 거리뷰, 다음지도의 로드뷰** 등을 통하여 현장과 주변의 상황을 살펴본다. 필요한 경우 **구글어스**를 통해 입체적으로 살펴본다.

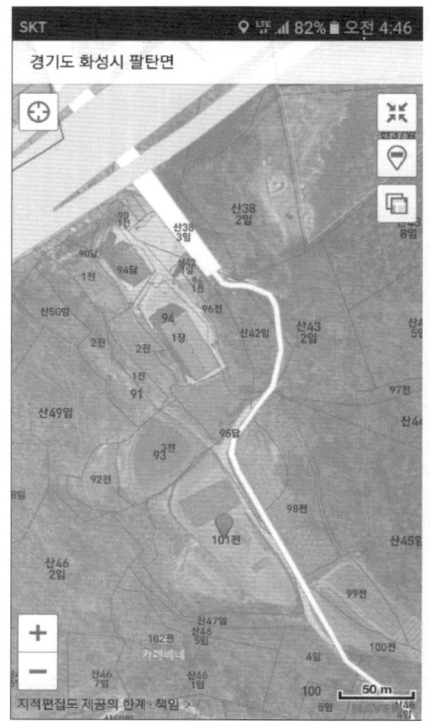 

여기까지가 실제로 현장답사를 가기 전에 답사할 물건을 찾고, 그 물건에 대한 정보를 수집하는 단계입니다.

이 밖에도 필요한 경우 **온나라 부동산정보, 토지이용규제정보, 산지정보조회, 경기도 부동산포털, 충남 3차원 생활공간정보** 등을 사용하여 더 많은 정보를 수집할 수 있습니다.

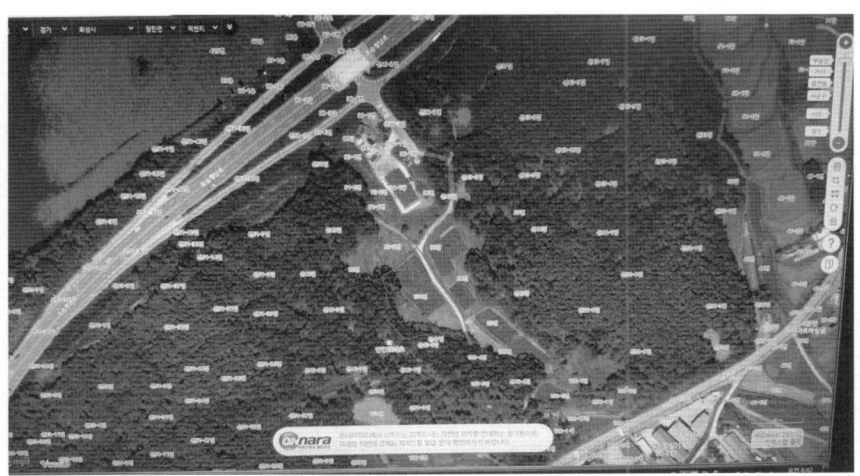

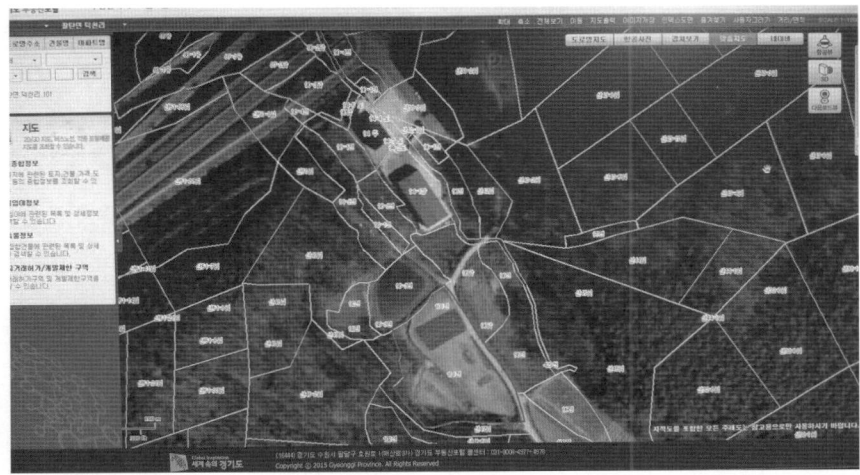

다음은 이제 실제로 답사를 가는 것입니다.

준비물은
* 네이버지도, 다음지도, 티맵 등의 앱이 설치되어 있는 스

마트폰,
* 쓰기 쉽고 휴대하기 편한 소형 디지털 카메라,
* (부쉬넬 등의 거리측정기-생략 가),
* 호기심으로 무장된 설레는 마음,
* 천하를 주유하며 맛있는 것도 먹고, 멋있는 것도 구경하고, 시간에 쫓기지 않으며 즐길 수 있는 마음의 여유…

6) 답사를 가 볼 만한 물건들을 선정하여 **답사경로**를 짠다. 네이버지도의 **길찾기와 경유지 추가**를 이용하면 최적의 경로, 소요시간 등을 예측하여 볼 수 있다.

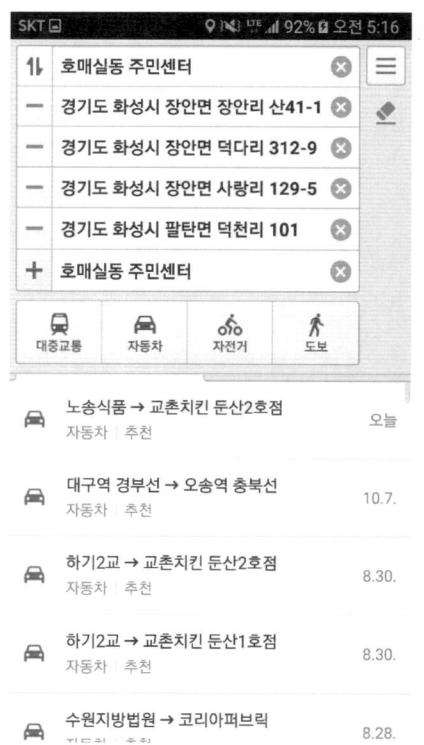

7) 길을 떠난다. **티맵**을 켜고 첫 번째 목적지를 향하여 go go~~

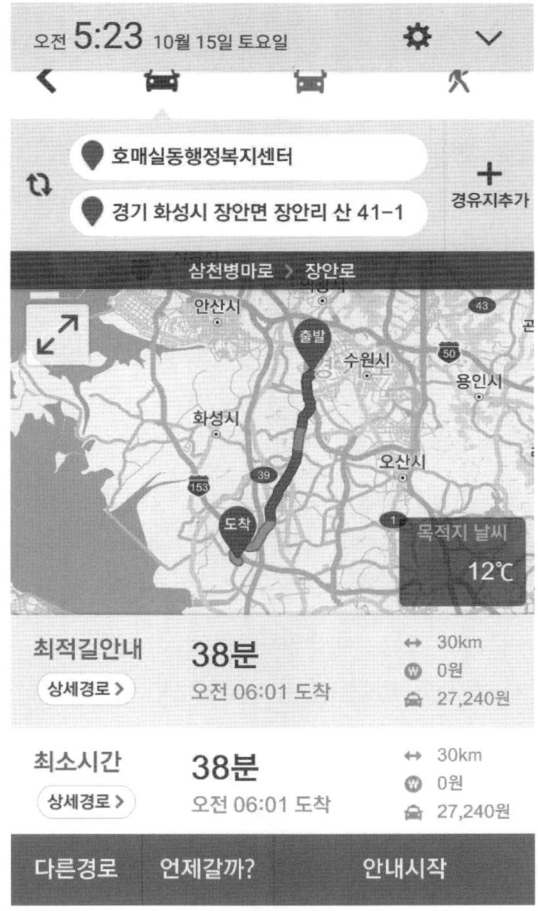

8) 목적지 부근에 이르면 주변상황을 잘 살펴보면서 천천히 목적지에 접근한다. 필요한 경우 멀리서부터 사진을 찍어가면서 접근한다.

9) 목적지에 이르면 과연 현장이 맞는지를 꼭 확인한다.
네이버지도의 지적편집도에서 목적지번의 지적 모양과 주변 상황이 일치하는지 살펴본다. 필요한 경우 GPS 기능을 이용하여 현 위치를 확인하고, 잘 가늠이 안 되는 경우에는 지적 경계를 따라 걸어보면서 GPS 상의 현위치의 움직임을 확인한다. **현장을 제대로 확인**하는 것은 현장답사에서 아무리 강조해도 지나치지 않는 제일 중요한 부분이다. 괜히 왼 발이 가려운데, 오른 발 긁지 말고~~

10) 현장 확인이 끝나면 이제 **땅을 감상**한다. 이리~♪ 보고, 저리~ ♪ 보고… 귀한 고명딸 내어 줄 사윗감 바라보듯이~~ ㅎㅎ 어떤 사람은 깔고 앉거나 드러누워 보기도 한다는데, 난 아직 그 정도는 아니다.
필요하면 거리측정기(내가 거금 50여 만원을 주고 부쉬넬을 산 것은 골프 칠 때 쓰려고 산 것 절대 아니다~~ 업무에 쓰기 위해서 산 것이다~~ㅎㅎ 그 말을 믿어?? 김제동이 그랬다든가… 웃자고 하는 얘기인데 죽자고 달려들면 참~~)로 거리도 재어 보고… 없을 때엔 걸어 보면 안다. 내 걸음으로 12걸음이 정확히 10미터이다.

11) 나중에 언제든지 참고해 볼 수 있도록 **사진**을 찍어 놓는다. 사진을 찍는 데도 요령이 있다. 일단 북쪽을 향하여 한 컷을 찍고 시계 방향으로 돌아가면서 전 컷에 이어서 한 컷씩 찍어 나간다. 6~8컷이면 한 곳의 파노라마가 완성된다. 그리고 나서 그 지점에서 집중적으로 보아야 할 장면을 줌을 사용하여 확대·축소하면서 사진을 찍는다.
나중에 사진을 정리할 때에는 **사진을 찍은 시간**을 보면 어디에서 어디까지의 사진이 어느 지점에서 찍은 것인지 헷갈리지 않고 파악할 수 있다.

12) 티맵 켜고 두 번째 목적지로 go~ 이하 반복…

중간에 맛있는 음식 섭취, 멋있는 경치 감상, 이런거 빠지면 이번 현장답사는 무효!!!

에고 참~ 실제로 해 보면 간단한 것을 말로 풀어 설명하려니 길어지기만 하고…

언제 한 번 신사유람단을 꾸려 현장답사 실습을 하러 가 볼까? 여기서 신청을 받는다고 하면 또 시끌벅적, 난리가 나겠지~~ ㅎㅎ

● ● 二部

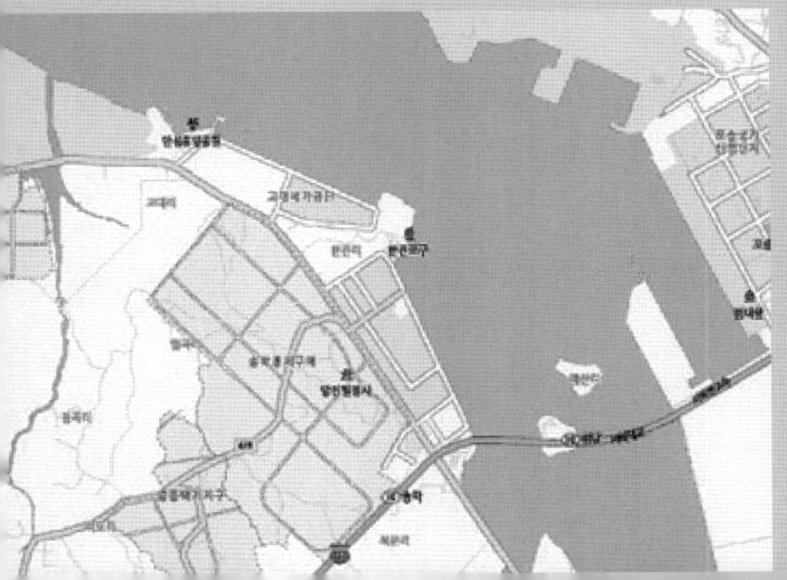

2부

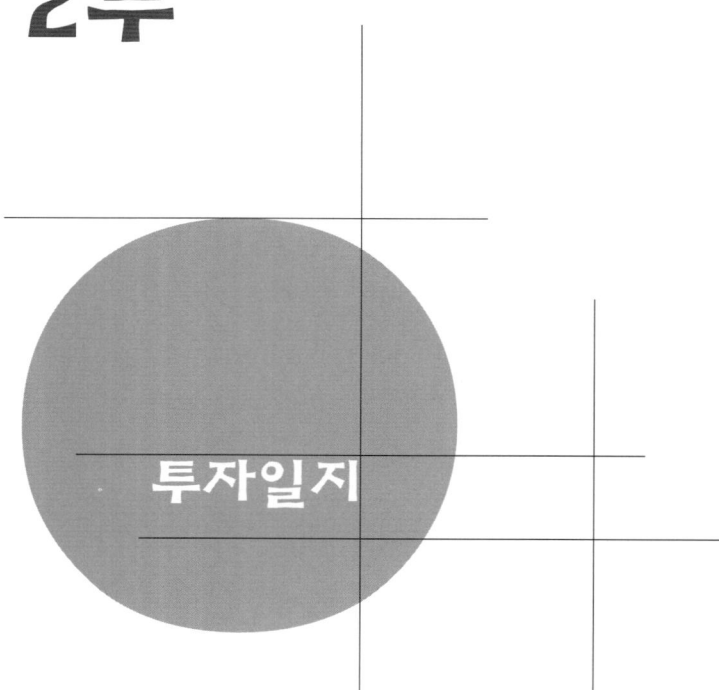

투자일지

1.
2011년도 투자일지
―투자 내역, 결과, 그리고 반성

1.1. 농업회사법인의 설립

　드디어 공동투자의 첫발을 내디뎠습니다. 그 동안 어떠한 형태로 공동투자의 모델을 만들어 볼까 고민을 많이 하였는데, 결국 최종 선택은 **농업회사법인**을 만드는 것이었습니다. 농지의 취득이 비교적 용이하고, 영농조합법인과 달리 설립, 운영에서도 장점이 많은 것으로 판단되었습니다. 그래서, 2010. 12. 31.자로 자본금 5억원, 법인형태는 주식회사, 이름은 '농업회사법인 ○○○주식회사'로 하여 농업회사법인을 설립하였습니다.

등기번호	020836
등록번호	

상 호	농업회사법인 ▬▬▬ 주식회사
본 점	경기도 화성시 ▬▬▬
공고방법	본 회사의 공고사항은 서울특별시내에서 발간되는 일간 한국경제신문에 게재한다.

1주의 금액　금 10,000 원

발행할 주식의 총수 200,000 주

발행주식의 총수와 그 종류 및 각각의 수		자본의 총액	변경연월일 등기연월일
발행주식의 총수	50,000 주		
보통주식	50,000 주	금 500,000,000 원	

목　적
1. 농산물의 유통,가공,판매
1. 농작업의 전부 또는 일부대행
1. 영농에 필요한 자재의 생산,공급
1. 영농에 필요한 종묘생산 및 종균배양사업
1. 농림수산물의 매취,비축사업
1. 농업기계 기타장비의 임대,수리,보관사업

1.2. 수원지방법원 관할 경매 물건의 검색

　　제가 토지 투자에 대한 강의에서 여러 번 강조하였습니다만 다시 한 번 정리해 보면, 토지의 가치 상승을 가져오는 세 가지 재료로 우리는 흔히
　　1) **도로의 신설·확장**
　　2) **개발계획**
　　3) **규제 완화**
등을 꼽는데, 이보다도 더 근본적인 것은 바로 '**인구 증가**'라고 하였지요?

　　전국의 경매 물건을 다 대상으로 한다는 것은 비효율적이고, 쓸데없이 노력과 비용만 허비할 가능성이 크므로 대상을 두세 곳으로 한정시키기로 하였습니다. 그래서 **인구 통계**와 국토해양부의 **인구배정계획** 및 각 지자체의 2020 **도시기본계획**을 분석하여 앞으로 5년 동안 인구 증가율이 높을 도시, 그러면서 각종 개발계획과 도로의 신설·확장 계획 등이 많이 잡혀 있는 **화성과 용인**을 선택하여 우선 그 두 곳만 집중적으로 공략하기로 하였습니다. 마침 둘 다 수원지방법원 관할로 검색하기도 편하네요. ㅎㅎ

　　그리하여 수원지방법원 관할 경매사건 중 '토지, 감정가 1억 이상, 3회 이상 유찰'된 것만 검색하여 리스트를 작성하였습니다. 휴~ 이것만 해도 한참 되네요.
　　이 사건들의 감정평가서를 검토하여 1차로 대상 물건을 추리고, 다시 제가 평소에 토지를 분석할 때 사용하는 방법대로 온나라, 토지이용규제시스템, 경기부동산, 네이버, 다음, 지오피스, 산지정보시스

템, 구글 등을 사용하여 탁상 분석을 하여 2차로 대상 물건을 추렸습니다. 그래도 몇십 건이나 되네요. 휴~~~

1.3. 화성 지역 현장답사

　연초의 한 보름 동안을 끙끙대어 현장을 답사할 물건을 추린 뒤 드디어 2011. 1. 15. 우선 화성지역으로 현장답사를 가게 되었습니다. 시간을 허비하지 않도록 답사 계획을 잘 짜고 다음 지도에 가는 길을 표시하여 아래와 같이 출력하였습니다. 이 물건들을 모두 다 잘 찾아내고 하루 동안에 답사를 다 마칠 수 있을지…

　아시다시피 **경매에서의 현장답사**는 아무도 도와주는 사람이 없이 스스로 그 물건을 찾아내야 합니다. 일반매매에서는 중개인이나 매도인의 도움을 받아 쉽게 물건을 찾아낼 수 있지만 경매에서는 그런 도움을 기대할 수가 없지요. 오로지 **지도**와 **토지에 대한 정보**만을 가지고 미지의 길을 찾아서 탐험을 떠나야 합니다. 참고로 제가 표시한 이 루트, 저는 난생 처음 가 보는 길입니다.

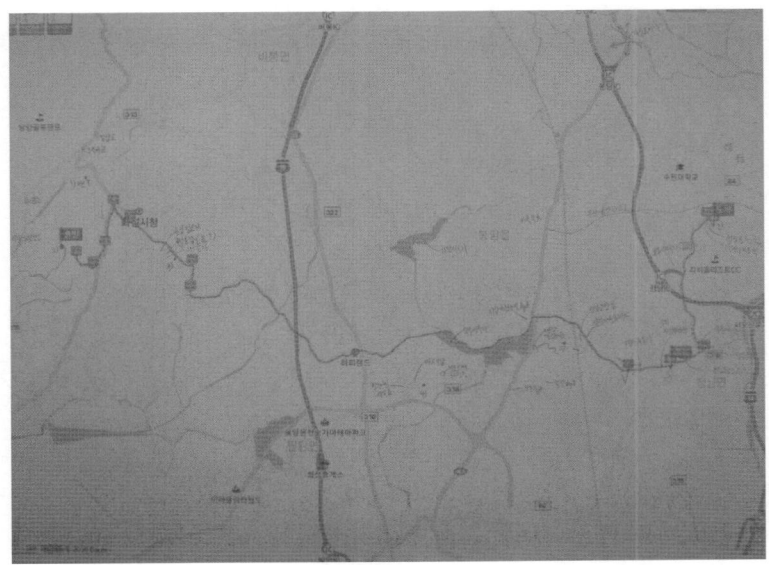

"손품을 많이 팔면 발품을 덜 팔 수 있다"

경매뿐만 아니라 일반적으로 토지를 매수할 때에는 **탁상 분석을 철저히** 하여야 합니다. 그래야 좋은 물건을 선별할 수 있고, 현장답사를 가서도 애먹지 않고 쉽게 물건을 찾을 수 있을 뿐만 아니라 현장답사시 무엇을 확인해야 할지도 미리 정해 놓고 갈 수 있습니다.

익숙해지면 위와 같이 준비하는 데 시간이 그리 많이 걸리는 것도 아닙니다. 요새는 인터넷상에서 거의 모든 정보를 다 확인할 수 있기 때문입니다. 또 날로 새로운 사이트가 개설되면서 정보를 수집하는 것이 더 쉽고 더 편리하게 되어 옛날 같으면 한 시간 걸릴 작업이 지금은 30분이면 될 정도입니다.

1.4. 용인 지역 현장답사

1월 21일부터 2월 16일까지 용인 지역의 물건에 대한 현장답사를 5회에 걸쳐서 실시하였습니다.

우선 1월 21일에는 처인구 원삼면 고당리, 호동, 마평동, 이동면 천리, 기흥구 동백동, 보라동 등의 물건들을 답사하였고, 2월 1일에는 기흥구 청덕동, 처인구 포곡읍 신원리, 포곡읍 금어리, 이동면 서리 등의 물건들을 답사하였습니다. 이번에는 지난번 경험도 있고 해서 훨씬 수월하게, 또 여유있게, 맛있는 것도 먹어가면서 유람(?)을 즐겼습니다. 이것도 답사의 재미 중의 하나죠. ㅎㅎ

그 중에서 **청덕동**과 **금어리**의 땅이 눈에 들어와서 각각 2월 7일과 2월 14일에 2차 답사를 갔습니다. 물론 그 때에는 <u>주변 일대를</u> 다 둘러보고, 사진과 동영상도 찍고, 부동산 사무실을 방문하여 <u>주변 시세와 거래 현황도 파악</u>하고, <u>구청이나 시청, 건축설계 사무소도 들려서</u> 확인할 것 확인하고, <u>수원지방법원에서 기록도 열람</u>하고 하였습니다. 이런 노력이 있어야 토지의 옥석을 가려낼 수 있는 것이지요.

마지막으로 다시 제 판단을 객관적으로 검증하기 위하여 디벨로퍼로서 모 부동산 카페의 매니저인 정○○과 함께 2월 16일 위 두 곳을 답사하고 의견을 교환하였습니다.

이제 다음부터는 각론으로 들어가서 각각의 토지에 대한 분석과 응찰 과정 및 그 결과에 대하여 말씀드리겠습니다.

1.5. 첫 번째 응찰기 —패찰

첫 번째 대상은 **용인시 기흥구 청덕동** 소재 토지입니다.(수원지방법원 2010타경3765 물건번호 2.)

이 토지에 대해서는 2월 1일 1차 답사를 간 뒤 8일 만인 2월 9일 응찰하게 되어 시간이 좀 촉박하였습니다. 어쨌든 2월 1일 1차 답사 후 2월 7일 수원지방법원에 가서 기록을 열람하고, 용인시 기흥구청과 구청 앞에 있는 건축설계 사무소를 방문하여 건축허가를 받는 데 하자가 없는지 등을 확인하고, 청덕동에 가서 당해 토지와 그 주변을 샅샅이 둘러보고, 1차 답사 때 잠깐 들렀던 부동산 사무실에 다시 들러서 많은 이야기를 나누고, 드디어 응찰을 결심하였습니다.

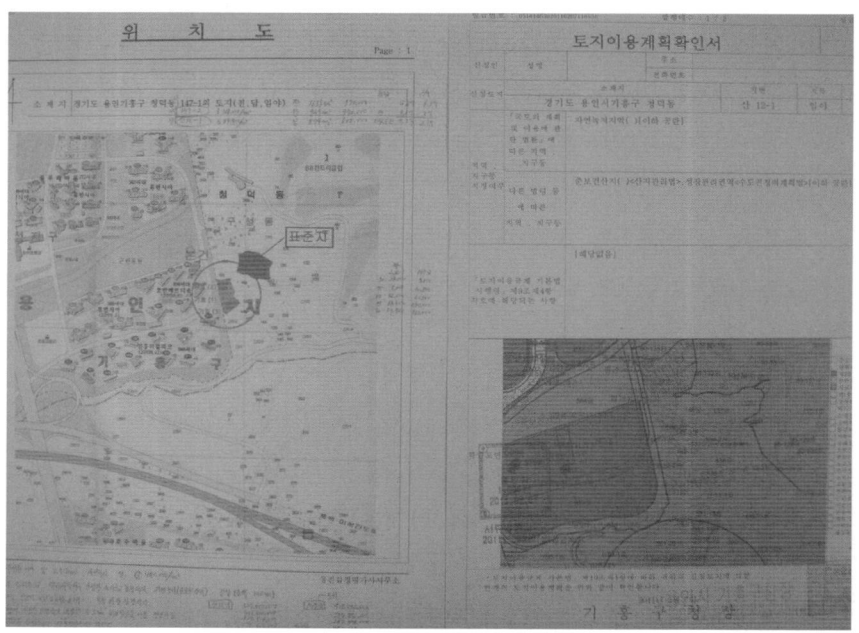

이 물건은 구성지구 물푸레 마을과 88cc 사이에 있는 **자연녹지 지역의 전**(지목은 각 전, 답, 임야)으로서 물건번호가 1, 2, 3으로 나누어져 있는 것인데, 물건번호 1, 3은 재매각으로 나온 것입니다.

	면적	감정단가	평가액	최저가액	지목
물건번호 2	286평	320만/평	9.2억	3억	답
물건번호 1	495평	320만/평	15.9억	6.5억	전
물건번호 3	266평	200만/평	5.3억	2.2억	임

위 위치도상 위에서 아래로(북쪽에서 남쪽으로) 순서대로 물건번호 2, 1, 3의 토지입니다.

보시는 바와 같이 왼쪽에는 폭 12m의 아스팔트 포장도로가 있고, 위 토지의 북서쪽 경계선에서 100m 지점에 버스 정류장이 있어 대중교통도 양호한 편입니다. 그러나 이 도로와 위 토지 사이에는 **경관녹지로 차단**되어 있어서 건축허가를 받기 위해서는 위 도로는 소용이 없고, 동쪽으로 지적도상 도로가 아닌 현황 도로를 활용해야 하는 난점이 있습니다. 북쪽에는 골프연습장, PAR3 골프장, 교회, 어린이집, 단독주택 등이 산재해 있고, 남쪽에는 야산이 있고 그 위에는 88cc 진입로가 나 있습니다.

경매기록을 보니, 지난 2010. 11. 3. 제5차 기일에 박○○의 대리인 임○○(본인과의 관계를 보니 친구 아들이랍니다??? 일단 주소와 전화번호를 적어놓고…)이 위 물건 3개에 모두 응찰하였는데, 물건번호 2는 입찰가격에 0을 하나 잘못 써서 무효 처리되고, 1은 6.6억에, 3은 2.3억에 낙찰받았다가 대금지급기한까지 매각대금을 지급하지 아니하여 재매각으로 나온 것이었습니다.

전 낙찰자가 감정가액의 반 이하의 금액으로 낙찰을 받고서도 왜 대금을 지급하지 않았을까? 무슨 하자가 있는 것일까? 생각 같아서는 위 임○○에게 전화하여 물어보고 싶었지만 그래선 안 되지 하는 묘한 감이… ㅎㅎ 아무튼 위 임○○은 물건번호 2의 입찰가격을 잘못 쓴 것을 보면 그다지 전문가는 아닌 것 같아 보입니다.

기흥구청에 가서 **토지이용계획확인서**를 발급받고(이미 토지이용규제시스템에서 도면을 캡쳐해 놓은 것이 있지만 그냥 한번 받아보고 싶었습니다 ㅎㅎ) 담당 부서를 찾아가서 건축허가를 받는 데 지장이 없을지 문의하였으나 구체적인 건축허가신청이 들어와야 검토를 할 수 있다며 잘 안 가르쳐줍니다. 그냥 자연녹지지역에서 할 수 있는 일반적인 행위들만 규정을 보면서 주~욱 읽어 주더군요. 그건 나도 읽을 수 있는데…

구청 앞에 있는 건축설계 사무소를 들러 상담을 해 보았는데, 현황 도로만으로 건축허가를 받기는 곤란하고 입구 쪽에 있는 152번지 소유자의 토지사용승낙을 받아서 그 토지 일부와 이 건 토지들 옆으로 나 있는 현황 도로를 지적상 도로로 만들면 건축허가를 받는 데 큰 지장은 없을 것이라고 하더군요.

일단 사전 조사는 이 정도로 하고, 청덕동 땅을 다시 보러 갔습니다. 이번에는 일부러 88cc 주변 도로를 돌아서 주위를 둘러보면서 현장을 찾아갔습니다. 멀리서 보이는 현장, 일단 입지가 괜찮아 보입니다. 도로에 차를 세워 놓고 현장을 바라보며 사진도 찍고, 쌍안경으로 들여다보고… 흠~ 볼수록 애정이 가네요.

　　지난 주에 왔을 때 소담스럽게 쌓여 있던 눈이 일부 녹기는 하였지만 아직도 현장에는 눈이 덮여 있네요. 작년에 이 밭에서 어떤 사람이 무엇을 키웠을까? 아가야, 조금만 기다려라. 나하고 새로운 인연을 맺어 보자꾸나. ㅎㅎ

　　현장 주변도 여기저기 둘러보고 1차 답사 때 잠깐 들렀던 부동산 사무실을 찾아갔습니다. 이번에는 제 신분을 밝히고 앞으로 업무 제휴를 했으면 좋겠다고 하고, 구체적으로 현장을 지목하며 시세가 어느 정도 갈지 물어보았습니다.

　　사장님 왈, 최근에 이 근처에서 토지가 거래된 바는 거의 없다고 하면서 검색을 해 보더니 현재 주변의 **자연녹지지역 전답이 평당 350에서 400 사이**에 나와 있다고 하더군요. 또 물푸레 마을 아파트는 거의 입주가 다 되었고 단독주택용지 일부만 남아 있으며, 단지 내에 초·중·고등학교가 있고, 단지 내 도시지원시설용지에 첨단기술산업 및 관련산업이 들어서면 그 산업 종사자들을 위한 원룸, 오피스텔 등의 수요가 있을 것이라고 합니다.

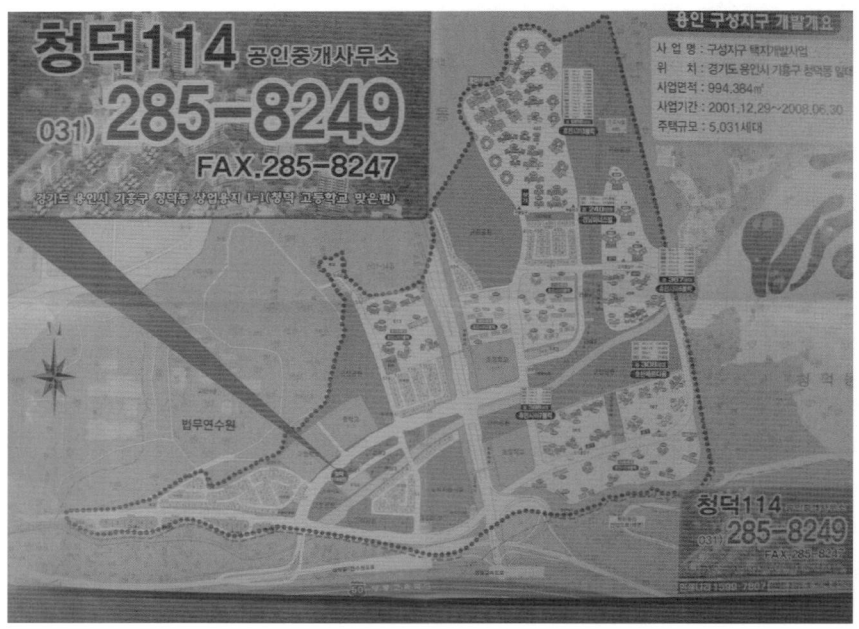

돌아오는 길에 시간을 재 보니 분당 오리역까지 차로 딱 10분이 걸리더군요.

2월 8일 하루, 고민을 많이 했습니다. 일단 응찰은 하기로 결심을 했는데, 물건번호 1, 2, 3 중에 어느 것에 응찰을 할지… 현황은 똑같이 전인데도 지목이 임야란 이유로 상대적으로 저평가된 물건번호 3에 응찰할 것인가, 아니면 도로쪽에 가까운 물건번호 2에 응찰할 것인가, 좋기는 물건번호 1과 2를 함께 낙찰받으면 추후 개발행위를 하기에도 좋을 것 같은데 현재 자금 상황으로는 불가하고, 그렇다고 새로운 투자자를 구하기에는 시간이 없고… 고민고민하다가 결국 도로에 가까운 물건번호 2에 응찰하기로 하였습니다.

다음은 응찰가액의 결정, 3억 1천, 3억 2천에서 고민하다가 엿값 좀 붙이자 생각하고 **3억 3천에 우수리**를 붙이기로 하였습니다. 입찰 당일 법정 분위기에 휩쓸려서 판단을 그르치지 않도록 미리 입찰표를 다 작성해 놓았습니다.

2월 9일, 입찰기일입니다. 여유 있게 도착한다고 했지만 수원지방법원의 열악한 주차 사정 때문에 헤매다가 겨우 임시 주차장에 주차를 해 놓고 경매법정에 가 보니 이미 집행관의 입찰에 대한 설명은 다 끝났고 사람들이 입찰표를 작성하고 있었습니다. 저는 <u>입찰표를 미리 작성</u>해 놓았던 터라 바로 입찰함에 입찰표를 넣고 11시 40분에 입찰을 마감한다고 하여 시간이 많이 남았기 때문에 변호사 공실에 가서 잡지를 좀 보다가 11시 35분에 경매법정으로 다시 갔습니다.

깜짝 놀랐습니다. 아까는 그렇지 않았는데 경매법정이 말 그대로 입추의 여지가 없을 정도로 사람들로 꽉 찼습니다. 웬 사람들이 이렇게 많은지… 경매의 열기가 느껴지고 부동산 시장이 살아나는 것 같은 분위기를 감지할 수 있었습니다.

만원버스를 헤집고 들어가는 것처럼 앞으로 가서 겨우 공간을 마련하여 서 있는데 주위 사람들의 체취와 긴장된 분위기에 머리가 띵할 정도입니다. 응찰자가 있는 사건의 사건번호를 부르는데 제 사건은 네번째였습니다. 음~ 조금만 참으면 되겠구나…

그런데, 집행관이 진행의 편의상 10인 이상의 응찰자가 있는 사건을 먼저 진행하겠다고 합니다. 유찰 횟수가 얼마 안 되서 사건번호가 늦은 사건들 중에 아파트, 근린시설에 응찰자가 16인, 13인, 35인… 하이고 날 샜습니다.

구경삼아 그냥 지켜보고 있었더니 35인이 응찰한 사건 하나 진행하는 데 몇십 분이 흘러가고, 다수 당사자 사건 몇 건 하다보니 한 시간이 후딱 갔습니다. 점심을 못 먹어서 배도 고프고, 이제는 오랫동안 서 있어서 다리도 아프고… 경락잔금 대출 알선하는 어떤 아줌마는 낚시의자 갖고 와서 돌아다니면서 앉아 있는데, 그렇게 부러울 수가…

드디어 제 사건이 되었습니다. 내심 단독응찰이 아닐까 기대해 봤지만 웬걸 **4명이나 응찰**을 했네요. 물건번호 1, 3은 이번에도 유찰되었는데… 아차, 물건번호 3에 응찰할 걸!?!?!?

집행관이 응찰자의 이름과 입찰가액을 불러줍니다. ○○○ 3억 2천 얼마, ○○○ 3억 1천 얼마, 앗싸 3억 3천 쓰기를 잘 했네, 흠흠… 하고 있는데, 농업회사법인 ○○○ 주식회사 대리인 한○○ 3억 3천 얼마 하더니~~~~ 이어서 우○○ **3억 7천 얼마** 하는 것입니다. 무어라, 3억 7천을 쓴 사람이 있어??? 누군가 하고 보니 어떤 아줌마입니다. 이 아줌마가 뭘 알고 쓴 것인가? 어쨌든…

허탈했습니다. 점심도 못 먹고 몇 시간을 고생한 것이 헛일이 되었다니… 아쉬움이 많이 남았습니다. 자금이 좀더 있었더라면 물건번호 1, 3에 응찰해서 깨끗하게 단독 낙찰을 받았을 것이고, 아니더라도 물건번호 3을 선택하였더라면 되었을 터인데~~~ 응찰가격

결정에는 별로 후회가 없었습니다. 종전 최저가액에 근접한 3억 7천까지 써 가면서 낙찰받을 생각은 없었으니까요.

어쨌든 아쉬움을 뒤로 하고 첫 경매의 패찰 경험을 맛보면서 이제는 사람들이 많이 줄어들어 빈 자리도 생긴 경매법정을 나왔습니다.

청덕동 토지에 대해서는 그 뒤 2월 16일 3차 답사를 갔습니다. 나중에 물건번호 3의 응찰에 대비하여, 디벨로퍼 정○○과 함께 아래 금어리 토지를 답사하고 돌아오는 길에 들러서 주위 상황을 살펴보고 개발 가능성에 대한 의견을 교환하였습니다.

1.6. 그렇게 열심히 분석을 했는데 —포기

두 번째 대상은 **용인시 처인구 포곡읍 금어리** 소재 토지입니다.(수원지방법원 2009타경45107 물건번호 4.)

이 토지는 2월 1일 1차 답사를 한 뒤, 2월 14일 수원지방법원에서 기록을 열람하고 용인시청을 방문하고 2차 답사를 하였으며, 2월 16일 3차 답사를 하기까지 상당히 많은 공을 들이고 시간과 노력도 많이 쏟은 것이었지만 결국 응찰하지 않기로 하였습니다. 왜냐구요? 예, 이제부터 말씀드리겠습니다.

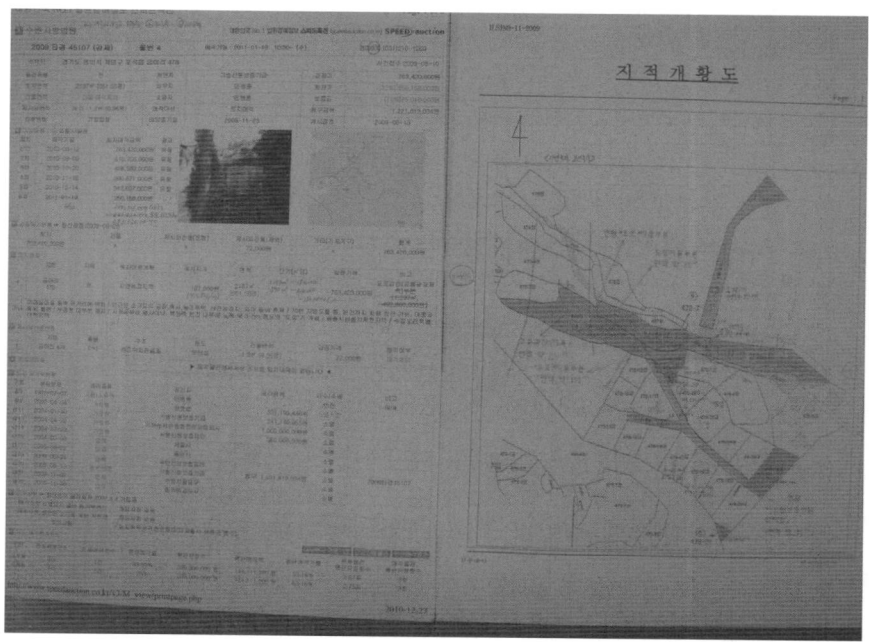

이 토지는 용인 IC에서 3km쯤 떨어진 지역에 있는 토지로서, 북서쪽으로 400m쯤 내려가면 70번 지방도로에 접하는, 1종 일반주거지역에 인접한 **자연녹지지역의 전**으로서, 이 토지의 북서쪽에는 인해선원이라는 조그마한 개인사찰이 있고, 남동쪽에는 전원주택들이 몇 채 있습니다.

　이 사건은 여러 개의 물건번호로 나뉘어져 있고 이미 대부분은 매각이 되어 몇 개만 남은 상태였습니다. 그 중에 제 관심을 끈 것은 물건번호 4로 이미 6회나 유찰이 되어 최저가액이 감정평가액의 26%로 공시지가 이하로까지 떨어진 것입니다.

면적	감정단가	평가액	최저가액	공시지가
661평	115만원/평	7.6억	2억	42만원/평

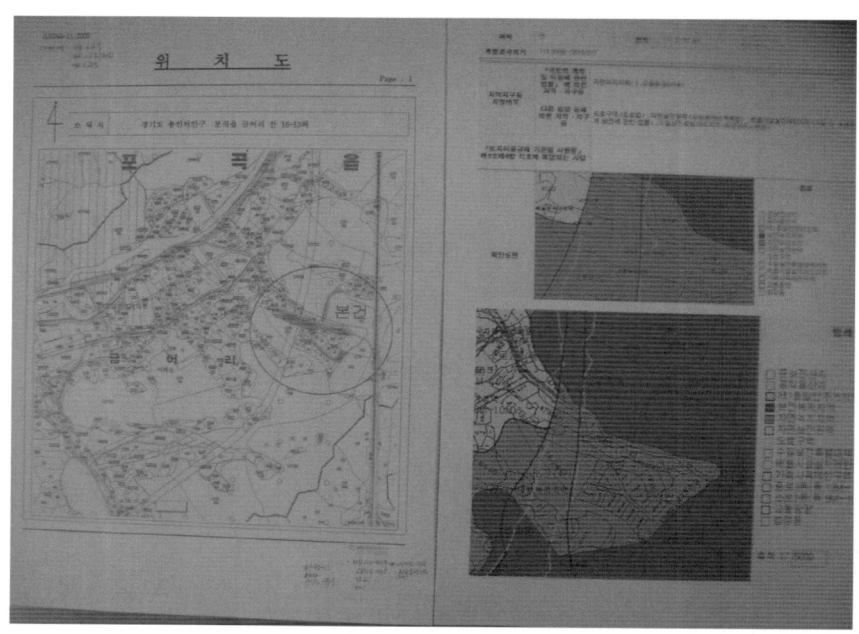

왜 이렇게까지 떨어졌을까? 그 이유는 토지의 상당 부분이 **교통광장에 저촉**되는 것으로 되어 있기 때문입니다. 감정평가서의 위치도를 보니 대상 토지의 한 가운데로 도로가 지나가는 것으로 되어 있었습니다. 그래서 이 도로가 무슨 도로이고, 어떤 형태의 도로(고가도로인지 평지를 지나는 도로인지)이며, 언제쯤 건설될 예정인지를 알아보기 위해 감정평가사에게 문의를 하였습니다. 감정평가사가 하는 말이 이 도로는 지도책을 보고 표시한 것으로 정확한 위치와 무슨 도로인지는 시청 도로과에 문의하여 보라는 것이었습니다.

그래서 서울·수도권 1/10,000 지도를 보았더니, 이 사건 토지의 동쪽으로 오포-포곡간(2010년 12월), 용인-포곡간(2011년 12월) 도로가 개설 예정으로 되어 있고, 그 도로와 평행하게 난 별도의 도로가 대상 토지를 지나는 것으로 되어 있었습니다.

2월 14일 2차 답사를 가기 전에 용인시청을 방문하여 건설과의 담당 직원에게 문의를 하였더니, 지도책에 표시된 것은 잘못된 것이고 대상 토지로 도로가 나는 것이 맞는데, 대상 토지는 남북으로 나는 **용인-포곡간 도로**와 동서로 나는 **양지-포곡간 도로**가 만나는 지점에 위치한 것 같다고 하면서, 용인-포곡간(국지도 57호) 도로건설사업은 경기도에서 시행하는 것이라 자기들은 잘 모르겠고, 양지-포곡간 도로는 도시고속화도로 민간투자사업으로 2008. 12. 15. 용인시 고시 2008-452호로 **실시계획 승인고시**가 난 것인데, 사업시행시기는 현재로서는 불분명하다고 하는 것이었습니다.

일단 거기까지 정보를 수집하고 점심 시간이 되어 용인시청 구

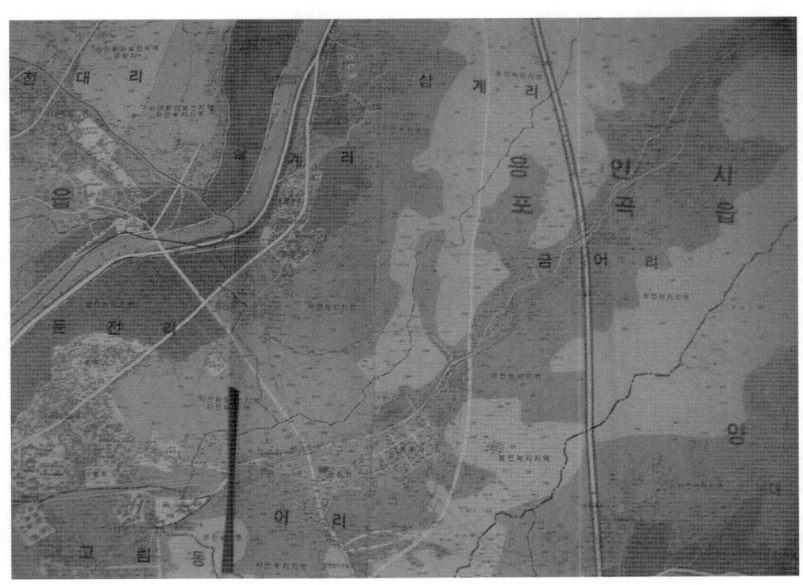

내식당에서 식사를 하였습니다. 웅장한 청사의 꼭대기에 있는 스카이라운지 같은 구내식당에서 아래를 내려다 보니 참 전망이 좋더군요. 점심 시간에 이 부근을 지날 때면 어설픈 식당에 가는 것보다 여기서 식사를 하는 것이 더 나을 것 같습니다.

맛있게 냠냠 하고 든든해진 배로 기분 좋은 상태에서 2차로 대상 토지를 보러 갔습니다. 이번에는 물건번호 4 외에 물건번호 1도 검토하여 보기로 하였습니다. 물건번호 1은 이미 지난 5차 기일에 매각이 되었던 것인데 대금지급기한까지 매각대금을 지급하지 아니하여 지난 1차 답사 이후에 다시 재매각으로 나왔습니다. 감정평가서의 지적개황도상으로 볼 때 땅 모양이 번듯하고 남쪽으로는 도로에 접해 있고 북쪽으로는 구거가 있어서 개발가치가 클 것으로 보였습니다. 그런데, 현황을 보니…

쩝, 이런 땅이었습니다. 왼쪽이 북쪽, 오른쪽이 남쪽으로, 사진의 오른쪽 바깥 부분에 도로가 나 있고, 지적개황도상 북쪽의 구거라는 것이 사실은 계곡이었던 것입니다. 오히려 오른쪽으로 난 도로를 따라 주~욱 올라갔더니 평탄한 곳이 나오면서 전원주택이나 연수원을 짓기에 좋은 터가 나오더군요. 하지만 일반 매매로 그런 땅을 살 것은 아니니 패쑤~~~

집에 돌아와서 2월 15일 하루 동안 끙끙거리며 엄청난 작업을 했습니다. 이 사건 토지를 지나는 도로의 정체를 밝히기 위해서…

우선 용인시청 홈페이지를 뒤져 위 고시문을 어렵게 찾았습니다.

위 사업의 편입 용지조서에 대상 토지가 들어 있더군요. 그리고 위 사업의 공사기간은 착공일로부터 36개월, 착공시기는 국지도 57호선 개설시기와 맞추어 착공하는 것으로 되어 있더군요. 한마디로 <u>실시계획 승인고시는 났지만 언제 실시할지는 모르는 상태</u>[1]이네요. 쩝~

그 다음부터 엄청 인내심을 요하는 작업을 단순무식하게 시작하였습니다. ㅎㅎ

뭐냐구요? 그것은 용인-포곡간 도로가 지나가는 정확한 위치를 파악하기 위하여, **토지이용규제시스템**에 들어가서 축척을 1/3,000로 한 도면을 캡쳐하여 도로로 표시된 부분을 따라서 지형에 맞추어 지번을 추적하여 이어 붙이는 방법으로 도로 지도를 만드는 것이었습니다. 참 무지막지하지요? 에구 허리야~~~

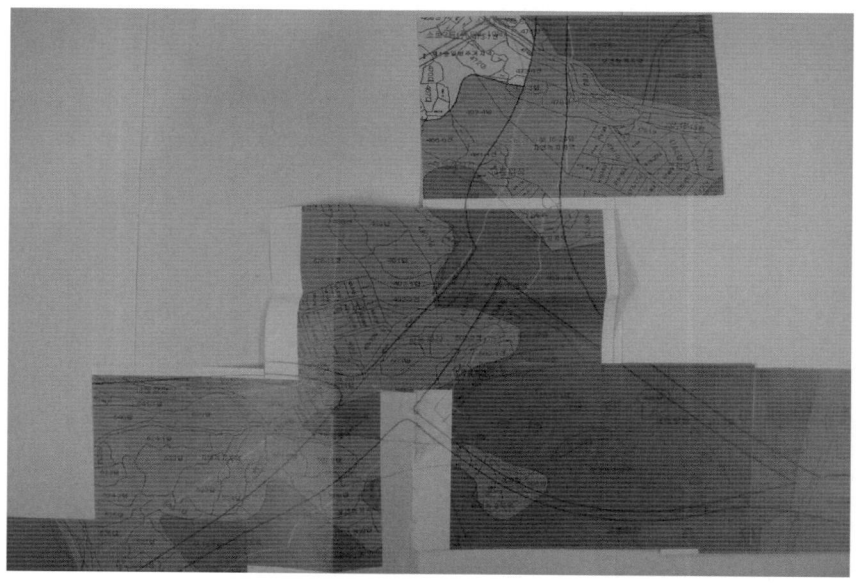

---

1) 이 도로는 5년이 지난 2016년 8월 현재까지 착공도 되지 않았습니다.

이렇게 어려운 작업을 하고 난 얼마 뒤에 **경기부동산 포털 사이트**가 개설되었는데, 앞으로는 거기에서 '**맞춤지도-토지이용계획**'을 활용하면 도로 예정지의 위치를 쉽게 확인할 수 있을 것 같더군요.[1] 땡큐땡큐~~

이 도로 지도를 보니까 대상 토지는 비록 양지-포곡간 도로 개설사업의 편입 용지에 들어 있지만 그 이전에 용인-포곡간 도로에도 포함되는 것으로 보여 일단 위 도로의 공사가 시작되면 보상을 받을 수 있을 것으로 보입니다. 그리고, 보상이 시작되면 도로에 편입되는 부분의 <u>보상금만으로도 투자 금액 이상을 회수할 수 있고</u>, 남는 부분의 토지만큼은 순이익이 될 수 있을 것으로 보였습니다. 그러나, 만약 <u>도로의 개설이 늦어지면 장기 보유로 가야</u> 되겠지요. 용인-포곡간 도로에 대하여 더 검토를 해 보아야 하겠다고 생각하고, 응찰 여부의 결정은 일단 내일 있을 정○○과의 3차 답사 이후로 미루기로 하였습니다.

---

1) 경기부동산 포털 사이트 : 맞춤지도-토지이용계획

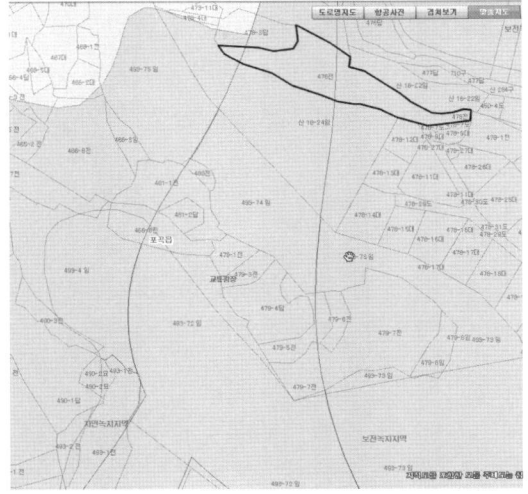

그러나, 2월 16일 정○○과의 3차 답사 이후 고민고민하다가 결국 응찰하지 않기로 하였습니다. 그 이유는

첫째, 개인이 투자하는 것이라면 보상금만으로도 원금 이상을 회수할 수 있어 확실한 수익을 낼 수 있는 안전한 투자처라고 할 것이나, 3년 후 청산 예정인 법인이 투자하기에는 경우에 따라서는 장기 보유로 가야 할지도 몰라서 부적절하다고 판단하였고,

둘째, 도로에 편입되고 남은 땅의 모양새가 그다지 좋지 않은데다가 개설되는 도로의 형태에 따라서는 전원주택을 짓기에 부적절해질 수도 있다는 것이었습니다.

그래서, 한정된 자금으로 투자하는 입장에서는 이 땅보다 단기회수도 가능한 청덕동 땅이 더 낫다고 판단하여, 청덕동 땅의 매각기일 이전인 2월 23일의 매각기일에는 응찰하지 않기로 하였습니다.

그런데, 이 땅은 2월 23일에 이번 최저매각가액인 2억원은 물론 종전 최저매각가액인 2억 5천보다도 훨씬 높은 **2억 8천 얼마에 매각**되었습니다. 이 땅의 분석에 공을 많이 들여 좀 섭섭하기는 하였지만 어차피 나는 그처럼 높은 가격에는 응찰할 생각이 없었으므로 응찰하였더라도 패찰하였을 것이라는 생각으로 위안을 가져 봅니다. 앞으로 이 땅이 어떻게 변모되는지는 계속 관심을 갖고 지켜볼 생각입니다.

1.7. 첫 낙찰 —마평동

세 번째 대상은 **용인시 처인구 마평동** 소재 토지입니다.(수원지방법원 2010타경28467.)

이 토지에 대해서는 1월 21일 용인지역 1차 답사 때 다른 토지들과 함께 둘러 보았는데, 1월 25일이 매각기일이라서 분석할 시간이 별로 없고 농업진흥구역이라는 점 때문에 일단 보류하기로 하였습니다. 그런데, 1월 25일 또 유찰이 되었길래 2월 9일 청덕동 땅에 응찰하였다가 패찰한 이후 본격적으로 분석하기 시작하였습니다.

이 땅은 42번 국도에서 북쪽으로 200m쯤 떨어져 있고, 마평교차로(42번 국도와 신설 예정인 오포~포곡~용인간 도로가 만나는 곳) 부근에 있는 **생산녹지지역의 답**으로서, **농업진흥구역 내의 맹지**입니다.

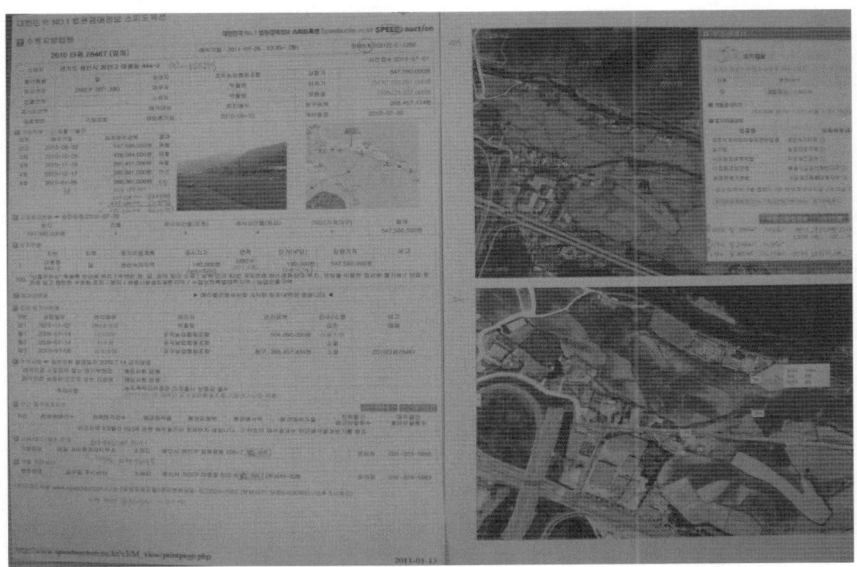

나중에 어떤 사람이 그러더군요. 토지 전문가가 왜 맹지를 낙찰받았느냐구요. 제가 그랬습니다. 이 사람아, 전문가니까 맹지를 받았지. 대한민국에 맹지 아닌 땅, 얼마 없습니다. 맹지를 기피해서는 땅 투자 못합니다. 물론 도로에 접해 있으면 좋지만 그런 땅은 비쌉니다. 투자가의 입장에서는 개발의 어려움보다는 얼마나 싸게 사서 비싸게 팔아 투자 수익률을 높일 수 있는가가 더 중요한 문제입니다. 이런 면에서 토지를 보는 관점이 디벨로퍼들과는 다른 것입니다. 디벨로퍼들은 일단 개발하기 어려운 땅은 관심 밖입니다. 디벨로퍼들에게 자문을 구할 때에는 이 점을 참고하여야 합니다.

그리고, 이 지역은 장기적으로 볼 때 농업진흥구역으로 묶어놓을 이유가 없는 것으로 보입니다. 왜냐하면, 용인 시가지 동쪽 끝에서 1km쯤 떨어져 있고 42번 국도변에 있어서 **도시화가 예상**되는 지역인데, **경지 정리도 안** 되어 있는 농지를 굳이 농사만 지으라고 할 필요는 없기 때문입니다. 특히 오포~포곡~용인간 도로가 개설되면 두 개의 중심 도로가 만나는 교차로 부근으로서 **개발 압력**이 커질 것입니다.

면적	감정단가	평가액	최저가액	공시지가
872평	63만원/평	5.5억	2.2억	48만원/평

　일단 현 상태에서 **저가 메리트**가 크고, 만일 **농업진흥구역에서 해제**될 경우 대박의 가능성이 있다는 점에서 응찰을 하기로 하였습니다. 응찰가액은 2억 5천 정도로 예정하였습니다. 평당 29만원 꼴이지요. 그랬다가 정○○에게 자문을 구하고 부동산 사무실에 전화를 하여본 뒤 응찰가를 높여야겠다고 생각을 했습니다.

　2월 24일 농지에 관한 전문가로서 모 부동산카페의 매니저이고 경매물건도 가끔 추천하는 윤○○에게 자문을 구하였습니다. 그 분도 이 땅은 농업진흥구역에서 해제될 가능성이 아주 크고, 안전하게 낙찰을 받으려면 종전 최저가(2억 8천) 이상으로 쓰는 게 좋을 것 같다는 조언을 해 주시더군요.

　다음날 현지 시세를 정확하게 파악하기 위하여 부동산 사무실 몇 군데를 들러 보았습니다. 주변에 평당 50만원 미만 짜리 땅은 아예 없고, 이 땅 근처에 있는 유사한 토지가 얼마 전에 평당 70만원에 나온 게 있다고 하더군요. 음~ 응찰 예정가가 점점 높아집니다. 좀 많이 쓰더라도 확실하게 낙찰을 받는 게 좋겠다는 생각이 듭니다. 평당 35만원에 사서 65만원 또는 60만원에 팔더라도 괜찮겠다, 또는 2,3년간 보유하면서 농업진흥구역의 해제를 기다리는 것도 괜찮겠다, 최저가액에 비해 좀 많이 쓰는 것 같지만 까짓거 채무자에게 격려금 준다고 생각하고 후하게 쓰자… 뭐 이런 생각을 하면서 돌아왔습니다.

　2월 28일 수원지방법원에 가서 기록을 열람하고, 농지취득자격증명 발급에 문제가 없을지 사전에 알아보기 위해서 용인시 처인구청을 방문하였는데 담당자가 없어서 허탕을 쳤습니다.

드디어 3월 8일, 두 번째 응찰하는 날입니다. 역시 미리 작성해 온 입찰표를 넣고 변호사 공실에 가 있다가 입찰 마감시간 임박하여 경매법정으로 갔더니, 우와~ 이번에는 지난번보다도 더 사람이 많아서 가운데 통로에까지 사람들이 서 있었습니다.

이제는 꾀가 나서 개찰 후 입찰자들이 있는 사건을 호명하는 것만 듣고, 응찰자가 많은 사건을 먼저 진행한다고 할 때 법정을 나와서 아예 법원 구내식당에 가서 점심을 먹었습니다. 저도 법원에서 17년간 근무하다가 부장판사로 퇴직한 사람이 이런 말 하기 참 뭣하지만 정말 법원 구내식당은 용인시청 구내식당에 비하면 하늘과 땅이었습니다. 위치가 하늘과 땅이라서 음식도 하늘과 땅인가. ㅎㅎ 대강 먹고 법정에 갔더니 아직도 단체사건 하고 있더군요.

몇십 명이 아파트에 달려들어 몇천 만원 남기자고 저 고생을 하는 것을 보면 좀 안쓰럽습니다. 권리분석한다고 골머리 썩이고, 현장답사한다고 애 먹이고, 저렇게 수십 명이 달려들어 과열된 분위기에 까딱하면 시세 이상으로 써서 별 재미를 못 보는 일까지 발생하고… 그에 비하면 토지 경매는 정말 블루 오션입니다. 아직까지는…

입찰가를 좀 높게 써서 단독응찰이면 어쩌나 했더니 웬걸 **7명이나 응찰**하였습니다. 토지 경매 치고는 꽤 많은 사람들이 응찰한 것이지요. 예상대로 다른 사람들은 전부 2억대로 놉니다. 저는 통크게 3억 5백여를 썼기 때문에 그다지 가슴을 졸이지 않고 여유있게 듣고 있습니다. ㅎㅎ

좀 많이 쓴 감이 있지만 그래봤자 평당 35만원입니다. 공시지가 평당 49만원, 감정단가 평당 63만원, 시세 평당 70만원짜리인데, 1,2천 더 쓴다고 이익에 큰 영향을 미치는 것 아닙니다. 꼭 잡아야겠다고 생각하는 물건은 확실하게 잡아야지요. 물론 여기에는 <u>시세에 대한 정확한 조사</u>를 바탕으로 처분에 자신이 섰다는 것을 전제로 하는 것입니다. 시세대로 평당 70만원에 처분하면 떠블, 급매로 평당 60~65만원에 내놔도 70% 이상의 양도차익이 발생하는데, 거기다가 만약 농업진흥구역에서 해제되면 몇 배의 수익을 올릴 수 있는 대박!!! 그래서 예정했던 금액보다 1,2천 더 썼고 결과는 확실하게 잡았습니다.

절차를 마치고 경매법정을 나서는데 경락잔금 대출을 알선하는 아줌마들이 우르르 몰려들어 명함을 줍니다. 저는 원래 대출을 받아 투자하는 사람은 전혀 아니지만 일단 명함은 받아 놓았습니다.

바로 용인시 처인구청으로 가서 **농지취득자격증명**을 신청하였습니다. 담당자가 농업법인의 신청을 처음 받아봤는지 약간 당황해하며 법인등기부등본을 요구합니다. 여유가 있었으면 군말 없이 주었겠지만 입찰할 때 쓰고 남은 것이 없었기 때문에 그것은 제출서류로 요구해서는 안 되고 담당 공무원이 확인해야 하는 것 아니냐고 했더니 담당자가 약간 짜증을 냅니다.

농지취득자격증명 발급심사요령을 찾아보고 상급기관에 전화를 걸어 물어보더니, 「전자정부법」에 따른 행정정보의 공동이용을 통하여 확인도 안 해보고 그냥 됐다고 가라고 합니다. 아가씨, 미안해, 그렇다고 뭐 짜증 낼거야… ㅎㅎ 말은 안 했습니다.

농지취득자격증명 발급심사요령이 2009. 8.에 개정되어 법인등기부등본은 담당 공무원 확인사항으로 바뀌었고, 농지취득자격증명 신청서 양식에도 그렇게 기재되어 있는데, 담당자가 거기까지는 몰랐던가 봅니다. 괜히 심통 부리지 않을까 걱정도 되었지만 설마 그러지는 않겠지…

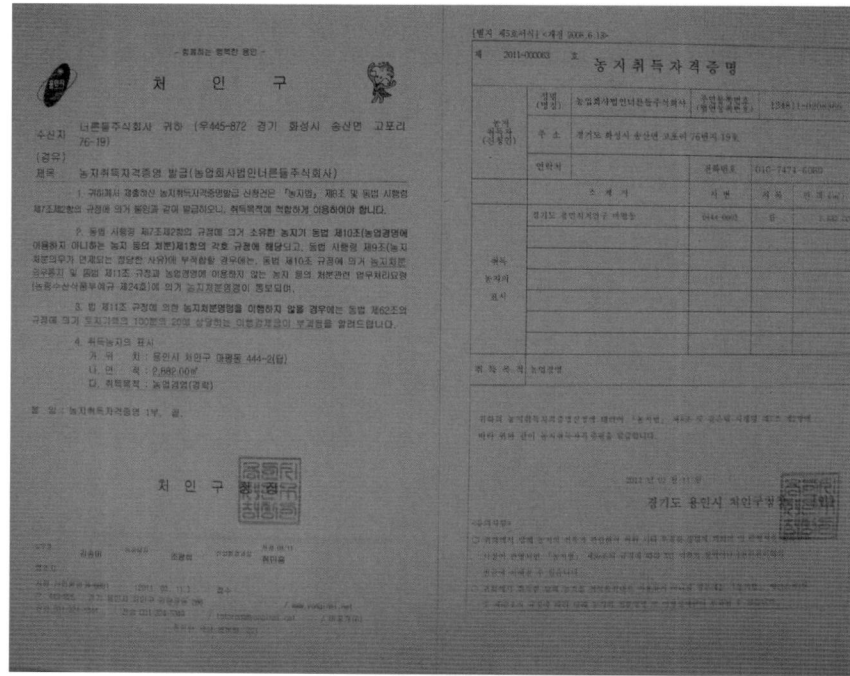

1.8. 첫 번째 패찰의 복수? —청덕동

네 번째 대상은 제가 처음으로 응찰했다가 패한 **용인시 기흥구 청덕동** 소재 토지의 다른 물건입니다.(수원지방법원 2010타경3765 물건번호 3.)

이 토지에 대한 물건 개요와 답사 과정, 물건번호 2 토지에 응찰하였다가 4천만원 차이로 패찰하였다는 것은 앞에서 말씀드린 바 있습니다.

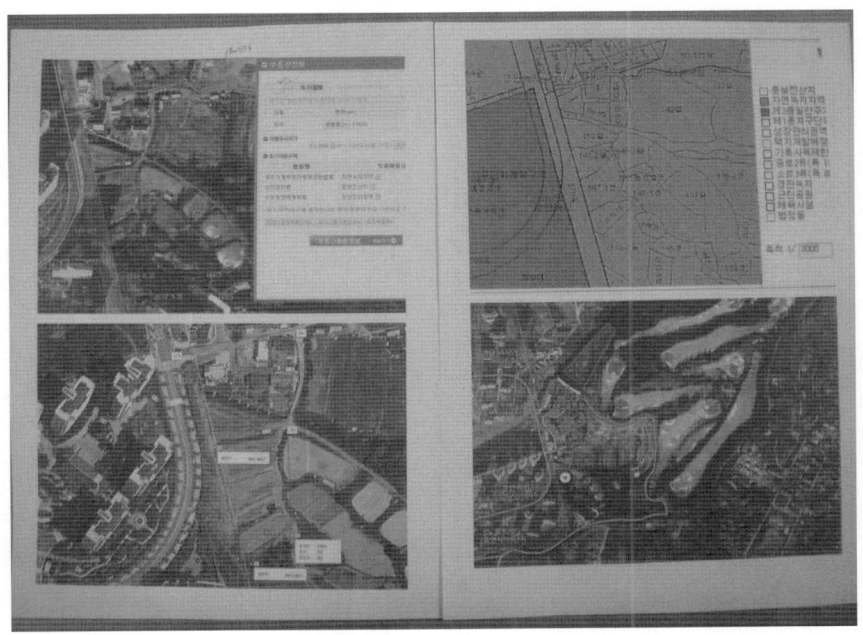

3월 8일 마평동 토지를 낙찰받고 1주일 뒤인 3월 15일 청덕동 토지의 입찰기일이 돌아왔습니다. 1주일 동안 고민이 많았습니다.

　　화성시 신남동 토지의 일부 지분을 매수하기로 약정하면서[1] 소유자의 은행 대출금을 대위변제하기로 한 금액을 고려하면 마평동 토지의 낙찰로 이미 농업회사법인의 자본금 5억원은 다 투자를 한 셈입니다.

　　그러나, 청덕동 토지는 제가 몇 달 동안 수원지방법원 관내 수십 개의 물건을 분석하여 엄선한 3개 중 하나이고, 물건번호 3 토지는 지난번 유찰로 최저가 1억 7천까지 떨어져 있는 상태입니다.

　　게다가 이 토지는 현황이 전인데 지목이 임야로 되어 있다는 이유로 물건번호 1, 2에 비해 훨씬 저평가되어 있었습니다. 즉 감정가는 평당 320만원 vs 200만원이고, 공시지가는 평당 120만원 vs 30만원으로서, 앞으로 **지목 변경**만 해도 1.5배(감정가 기준)~4배(공시지가 기준)의 가치 상승 가능성이 있고, 최저가액이 현 시세는 물론 감정평가액에 비해서도 1/3 정도로 떨어져 있는 상태입니다.

---

[1] 이 부분은 제가 소송 사건을 수임했던 의뢰인으로부터 투자 제안을 받고 약정을 한 것인데, 경매로 취득한 것이 아니므로 여기서는 그 내용은 생략합니다.

　마침 3월 중으로 결정이 날 것 같았던 화성시 신남동 토지에 대한 교환계약이 산림청 직원의 실수로 지난 번 국무회의에 올리지를 못하여 계약이 체결되려면 시간이 더 걸릴 것 같은데다가 투자자 중의 한 사람으로부터 투자금 증액에 대한 긍정적 답변도 받아놓은 상태라서 만일의 경우 추가 투자가 이루어지지 않을 때에는 화성시 신남동 토지에 대한 지분 매수를 유보하기로 하고 청덕동 토지에 응찰하기로 결심하였습니다.

　단독 응찰일지도 모른다는 생각에 최저매각가액에 약간의 금액만 붙여서 응찰할까도 생각했지만 토지의 가치나 처분 가능성을 생각해 볼 때 이 땅은 꼭 낙찰받는 것이 좋겠다는 생각이 들어 역시 이 땅도 지난 번 최저가액 이상으로 응찰하기로 하였습니다.**(2억 2천 5백만원.)**

　계산을 해 보니 평당 85만원에 사서 임야로서의 감정평가액인 평당 200만원 또는 그보다 더 낮은 평당 150만에만 팔아도 2배 이상 또는 75% 이상의 양도차익을 올릴 수 있을 것입니다. 결과적으로 필요 이상의 고가 응찰이 되더라도 그냥 지난 기일에 낙찰받았다고 생각하고 초과금은 채무자에 대한 격려금으로 생각하기로 하였습니다.

결과는?
물건번호 1은 이번에도 유찰되었습니다. 덩치가 크고 재매각이라 보증금이 30%라는 게 아무래도 부담이 되었나 봅니다. 물건번호 3도 단독 응찰인가 싶어서 괜히 고가로 응찰하였나 하는 후회가 들기도 하였지만 순서가 되어 사건번호가 불려지자 저 외에도 1명의 응찰자가 더 있었습니다. 이윽고 응찰가격을 발표하는데, 농업회사법인 ○○주식회사 대리인 한○○ 2억 2533만원, 우○○ 2억 1600 얼마… 900만원 차이로 이겼습니다. 순간, 엄습해오는 짜릿한 쾌감~~ ㅎㅎ

상대방은 웬 아줌마였는데, 못내 아쉬운 듯 **차순위 매수신고**까지 하는 것이었습니다. 아줌마, 괜히 헛일 하는건데… 쯧쯧

절차를 다 마치고 법정을 나와보니 그 아줌마와 일행 한 분이 기다리고 있었습니다. 그 분들이 저에게 어떻게 응찰할 생각이 들었냐고 하면서 묻는데 보니까 앗, 이 아줌마는 바로 지난 번에 물건번호 2에 응찰하여 4천만원 차이로 나에게 첫 낙찰에서 고배를 마시게 했던 바로 그 아줌마!!! ㅎㅎ 이번에는 900만원 차이로 제가 이겼으니 피장파장~~~

사실은 물건번호 1과 3도 지난 번에 자기가 아들 이름으로 낙찰받았던 것인데, 중간에 일을 보는 사람이 잔금용으로 준비한 돈을 일시 유용하여 결국 그 돈을 맞추지 못해서 재경매로 나온 것이고, 지

금 잔금을 준비중인데 물건번호 1은 덩치가 커서 이번에도 유찰되리라 생각하고 물건번호 3에 응찰한 것이라고 합니다. 자기는 재매각이라서 사람들이 쉽사리 응찰하지 않을 것으로 보았는데 어떻게 응찰할 생각을 다 하였느냐고 약간 질책하는 투로 묻더군요.

그러면서, 자기는 물건번호 2와 물건번호 1 토지를 합쳐서 개발할 계획이라고 하면서 물건번호 2 토지의 바로 앞에 있는 땅(개발에 필요한 도로를 내려면 위 땅을 통과하는 현황도로를 지적상 도로로 만들어야 합니다)의 지주와도 이미 협의가 되어 있다고 합니다.

옳거니, 물건번호 3 토지가 도로에서 너무 멀리 떨어져 있다는 난점이, 그래서 지난 번에 물건번호 2에 응찰할까 3에 응찰할까 고민하였던 문제가 쉽게 풀리는 순간이었습니다. 속으로 쾌재를 부르면서 겉으로는 뭐, 우리는 한 3년 정도 보유할 생각으로 산 것이라고 말했습니다~~

같이 개발하는 것이 어떻겠냐, 웃돈 얹어줄 테니 포기할 수 없겠느냐 하는데, 나중에 협의하기로 하고 일단 서로 연락처를 교환하고 헤어졌습니다.

1.9. 응찰 가격은 어떻게 결정할까? —중흥리

다섯 번째 대상은 **당진시 송악읍 중흥리** 소재 토지입니다.(대전지방법원서산지원 2010타경8087 물건번호 6, 7, 8, 9.)

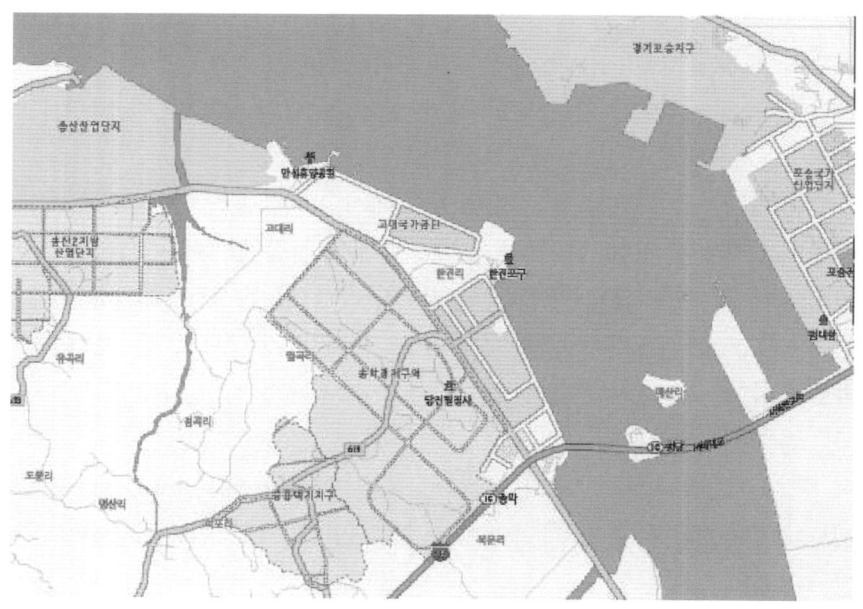

이 토지는 송악 IC에서 8km, 619번 도로에서 700m 떨어져 있는, 중흥택지지구 내의 **자연녹지지역의 답**으로서, 이 토지의 남쪽으로 300여m 지점에는 연립주택이 한 채 서 있습니다. 토지의 위치, 형상, 높이 등 모두 양호한데, **유치권 신고(2.78억)**가 있어서 3회 유찰되고 4차(최저가 34%) 기일까지 이르게 된 것입니다. 다만 6번 토지는 2차 기일에 매각(2.7억, 76%)되었다가 매각불허가 결정으로 현재 3차(최저가 49%) 기일입니다.

　조사 결과 유치권은 성립하지 않는 것 같았습니다.[1] 컨테이너 하나 덩그러니 갖다 놓고 점유를 주장하고 있는데, 그 컨테이너는 유리창도 깨져 있고 깨진 유리창 안을 들여다 보니 가구나 집기 하나 없이 완전히 텅 빈 것이었습니다. 사진을 찍어 놓고 돌아와서 다음지도에서 로드뷰로 보니까 2010년 6월 당시 사진에는 컨테이너가 있지도 않았습니다.

---

1) 이 토지를 낙찰받은 뒤 한참 있다가 유치권 신고인으로부터 연락이 왔습니다. 자기가 이 땅을 성토하여 도로와 같은 높이로 만들었는데, 공사비를 못 받았다고 하더군요. 제가 이러저러한 이유로 유치권은 성립하지 않는다, 중고 컨테이너도 몇백 만원은 받는 것 같은데 그거라도 가져가시는 게 어떠냐고 하였습니다. 한 달쯤 지난 뒤에 가보니 컨테이너가 없어졌더군요.

그래도 만일의 경우를 생각해서 유치권 신고가 있는 사건은 항상 **유치권이 성립한다는 전제하에서 가격 분석**을 해 봐야 합니다. 아래 지적개황도에서 보는 바와 같이 총 6필지의 토지에 대해서 2.78억원의 유치권 신고가 있는데, 개별 필지별로 보면 상당한 금액이라서 유치권이 성립되는 경우 부담이 클 것 같지만 전체로 보면 그리 큰 금액은 아닙니다.

물론 "유치권자는 채권 전부의 변제를 받을 때까지 유치물 전부에 대하여 그 권리를 행사할 수 있"으므로(민법 제321조) "유치물은 그 각 부분으로써 피담보채권의 전부를 담보하며, 이와 같은 **유치권의 불가분성**은 그 목적물이 분할 가능하거나 수 개의 물건인 경우에도 적용"(대법원 2007.9.7.선고 2005다16942 판결)되지만, 실제 유치권자와 협상을 할 때에는 통상 전체 금액이 아닌 <u>n분의 1 금액을 한도액으로 협상이 진행되는 것</u>이 상례이므로, 결국 낙찰자는 전체 면적에서 자기가 낙찰받은 면적 비율대로 유치권의 부담을 지게 될 것입니다. 그렇다면, 위 2.78억원의 피담보채권은 설사 그 유치권이 성립된다 하더라도 전체 6필지의 토지 면적에 대한 각 개별 필지의 토지 면적 비율로 나누어 볼 때 각 필지가 부담하는 부분은 그리 큰 금액이 아니게 됩니다.

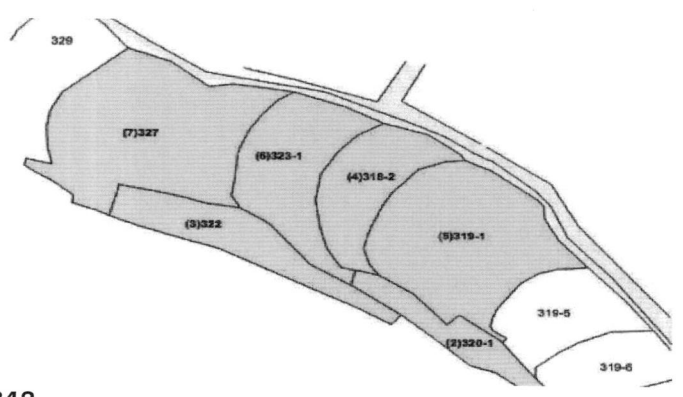

	면적 (평)	감정단가 (만원/평)	평가액 (억원)	최저가액 (억원)	공시지가 (만원/평)
물건번호 6	511	70	3.56	1.74	50
물건번호 7	1149	70	7.97	2.73	50
물건번호 8	697	70	4.83	1.65	50
물건번호 9	1315	70	9.12	3.13	50

위 지적개황도상 북서쪽에서 남동쪽으로 물건번호 9,8,6,7의 순서로 연접한 토지입니다. 즉 도면상 (7)327이 물건번호 9, (6)323-1이 물건번호 8, (4)318-2가 물건번호 6, (5)319-1이 물건번호 7입니다.

처음에는 **물건번호 7**번 토지에만 응찰하려고 했습니다. 응찰가액은 **3.81억**(평당 33만원) 정도로 생각하였습니다.

그러다가 물건번호 7, 6, 8로 확장하였습니다. 그 이유는 물건을 분석하는 중에 추가 투자를 받았는데 당분간 이만한 땅을 발견하기가 쉽지 않을 것 같아서 추가 투자금도 여기에 투입하기로 하였습니다. **물건번호 6**은 다른 물건과 달리 이번 기일이 3차 기일이라서 유찰이 예상되었지만 토지의 활용상 가운데에 끼인 이 토지가 꼭 필요한데, 어차피 다음 기일에 확실히 잡으려면 종전 최저매각금액 근처로 응찰해야 할 것 같아서 아예 이번 기일에 최저매각금액에 근접한 금액으로 응찰하여 단독 응찰을 기대하기로 하였습니다.

응찰가액을 결정하면서 고민고민 끝에 **물건번호 9**번 토지까지 포함시키는 대신 응찰가액을 조정하기로 하였습니다. 가운데에 있는 8번 토지는 6번 토지와 함께 꼭 낙찰받아야 할 것이라서 응찰가액을 높이고, 7번 토지는 응찰가액을 조금 낮추는 대신, 9번 토지를 추가하되 응찰가액은 낮게 잡기로 한 것입니다. 즉 <u>6번 토지와 8번 토지는 반드시 잡고, 7번 토지와 9번 토지는 다 잡거나 또는 어느 한 쪽만 잡게 된다면 7번 토지를 우선하여 잡자</u>는 계획이었습니다.(싸움터에서 전략을 짜는 것 같지 않습니까? ㅎㅎ)

결국 6번 토지와 8번 토지 1,208평은 평당 35만원 가량, 7번 토지 1,149평은 평당 30만원 가량, 9번 토지 1,315평은 평당 25만원 가량에 응찰하여 <u>평균 응찰가는 평당 30만원 정도를 유지</u>하기로 하였습니다.

결과는?
물건번호 6은 단독 응찰하여 이번 기일 최저매각금액인 1.74억에 근접한 **1,78억**에 낙찰받았고,(물건번호 6은 전에 어떤 사람이 2.7억에 낙찰받았다가 유치권 신고를 이유로 낙찰불허가결정을 받았던 것입니다.)
물건번호 8은 3인 응찰에 **2.43억**에 낙찰받았으며,
물건번호 9는 2인 응찰에 **328,750,000원**에 낙찰받아서 차순위자 328,500,000원과 불과 <u>25만원</u> 차이로 낙찰을 받았으며,
물건번호 7은 6인 응찰에 3위로 떨어졌습니다.(최초의 응찰 예정가 3.81억을 위와 같은 과정을 거치면서 3.44억으로 낮추었는데, **3.61억**에 낙찰되었습니다.)

결과를 놓고 보면 더 이상 좋을 수가 없을 정도로 운이 좋았습니다.
물건번호 6, 7, 8, 9가 전부 낙찰되었더라면 약 4억원 정도의 추가 투자를 받아야 하는데 물건번호 7이 떨어져서 추가 투자유치의

부담이 없게 되었고,

　가운데에 끼여 있어서 꼭 받아야 하는 물건번호 6과 8은 결국 낙찰받았으며,

　물건번호 9는 꼭 잡을 필요는 없다고 생각해서 응찰가액을 낮게 썼는데 불과 25만원 차이로 싸게 낙찰을 받아서,

　결국 평균 낙찰가 평당 30만원을 유지할 수 있게 된 것입니다.

　그러니까 물건번호 9, 8, 6의 연속된 토지 2,500여 평, 감정가 합계 17.5억 짜리를 절반 이하인 7.5억에 낙찰을 받은 것입니다. 앞으로 이 땅을 15억만 받고 팔아도 따블, 12억만 받고 팔아도 50% 이상의 차익이 생기는 것입니다. 더군다나 이 지역은 비록 현재는 부동산 경기가 침체되어 빛을 발하지 못하고 있지만 앞으로 경기가 회복되면 가장 먼저 가격이 오를 수 있는 곳입니다. 그리고, 아무리 부동산의 패러다임이 변한다 하더라도 대한민국이 망하지 않는 한 낙찰가 이하로 떨어질 수는 없는 땅입니다. 이만하면 low risk, high return이 아니라 no risk, high return이라고 할 수 있지 않나요? ㅎㅎ

　사족

　물건번호 4(위 지적개황도상의 (3)322 토지)는 맹지라서 이번 기일에는 응찰을 하지 않고 제가 앞의 토지를 낙찰받으면 다음 기일에 응찰하려고 했는데, 물건번호 9(위 지적개황도상의 (7)327 토지)에 응찰했다가 25만원 차이로 떨어진 분이 이번 기일 최저매각금액(86,899,000원)에 근접한 금액(87,100,000원)으로 낙찰받아 갔네요. 저 토지는 단독으로는 별로 쓸모가 없어서 결국 제가 인수해야 하겠지요? ㅎㅎ

1.10. 특수물건에 관심을 갖다

　　당진군 송악읍 중흥리의 땅을 잡고 나서 올해 농사는 다 지었다고 생각하고 희희낙락하고 있던 중에 우연히 평택 지역의 특수물건을 하나 보게 되었습니다. **선순위 가처분, 선순위 가등기**가 있어서 최저매각금액이 감정가액의 26%까지 떨어진 물건이었습니다.(수원지방법원 평택지원 2008타경13010.)

　　가처분은 1991. 11. 7.에, 가등기는 2001. 3. 24.에 마쳐진 것으로서 각각 20년, 10년이 지난 것이었습니다. 등기부등본을 보았더니 가처분은 이 토지의 전 소유자가 한 것이었고, 가등기는 매매예약을 원인으로 한 것이어서 10년의 제척기간에 걸리는 것이었습니다.

　　갑자기 촉수가 곤두서고 맹수가 먹이를 발견하였을 때와 같은 팽팽한 긴장감이 느껴졌습니다.
　　선순위 가처분, 가등기 때문에 일반인들이 달려들지 않아서 여러 번 유찰된 물건, 그러나 그 등기부상의 하자가 치유될 수 있고, 그 하자를 치유하고 나면 부동산의 원 가치를 회복할 수 있어서 많은 시세차익을 기대할 수 있는 물건, 바로 법률전문가가 자신의 전문지식을 활용하여 남들보다 우월한 지위에서 전투를 치를 수 있는 그런 물건이었습니다.

　　곧 평택 지역에 대한 분석에 들어갔습니다. **평택 2020 도시기본계획**을 보았더니, wow~! 그 동안 막연하게 평택이 미래가치가 있는 지역으로 보고만 있었는데, 얼핏 봐도 대단하더군요. 언제 한 번 분석해 봐야지 하고만 있었는데, 이번 기회에 본격적으로 분석해 보기로 하였습니다.

평택시 인구는 2003년까지 극심한 정체 현상을 보였는데, 그 이후 4,5년 사이에 인구가 급격하게 늘어났고, 2020년의 계획인구는 80만 명에 이르더군요. 생활권 계획을 보면 북부대생활권(송탄, 고덕)에 33만 명, 남부대생활권(남평택, 팽성)에 29만 명, 서부대생활권(안중, 청북)에 18만 명으로 배분이 되어 있습니다. 그리고, 주거단지 개발사업이 이곳저곳에서 수없이 많이 진행 또는 예정되어 있습니다.

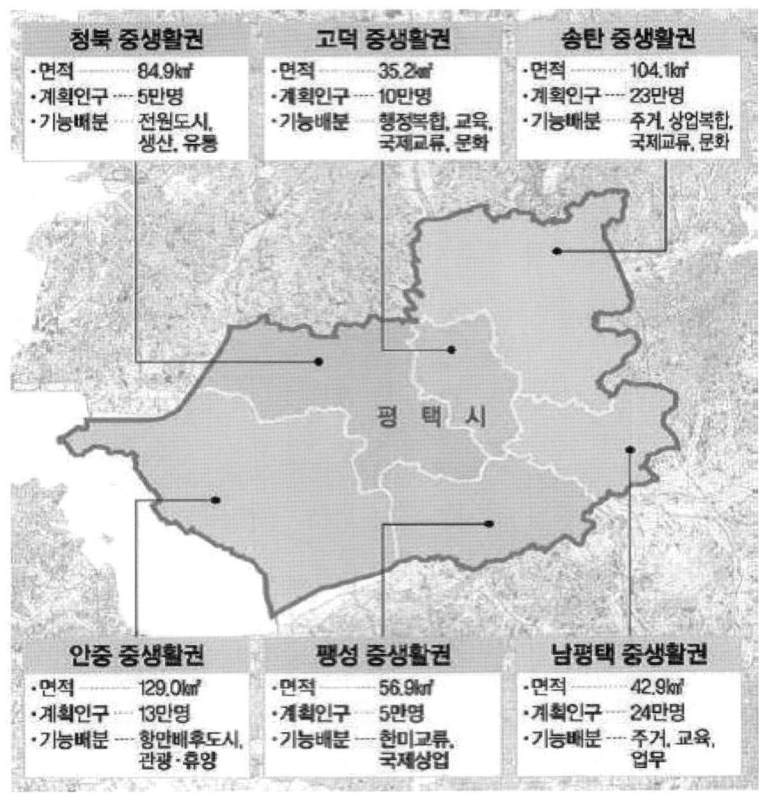

평택시 생활권역 계획도

이번에 찾은 **평택시 칠원동 381-1 토지**는 민간도시개발사업으로 진행하는 신촌지구에 속해 있는 땅이었습니다.

그러면 수용될 것인데, 괜찮냐구요? 경매로 땅을 사는 사람들에게는 택지개발, 도로 신설·확장 등으로 수용되는 것이 좋은 재료 중의 하나입니다. 왜냐하면 감정가의 50% 이하에 잡아서 감정가 정도로만 보상을 받아도 따블이니까요. 다만 <u>얼마나 빨리 보상을 받을 수 있느냐가 관건</u>이지요.

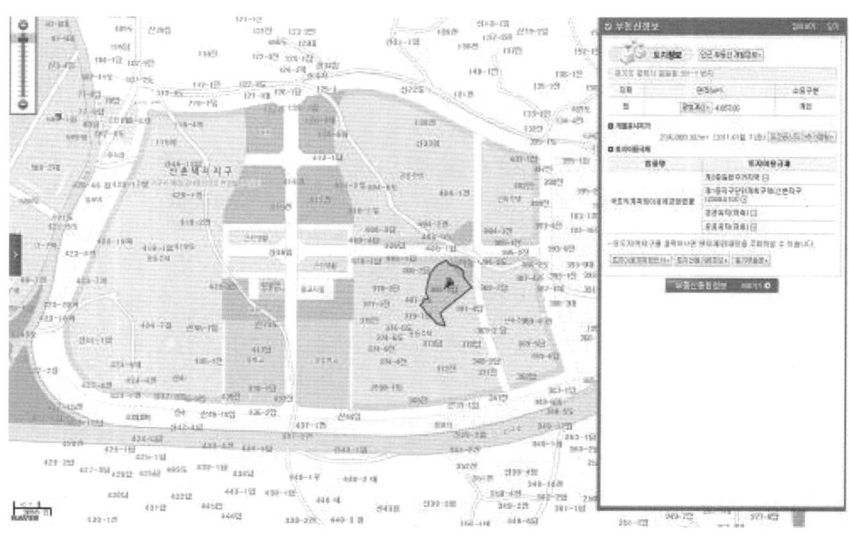

이 토지는 토지이용계획상 **제2종 일반주거지역**에 속하고, 2009. 3. 10. **제1종 지구단위계획구역**으로 지정된 곳입니다.

그런데 감정평가서를 보니 **가격시점이 2008. 12. 2**.이고, 그 시점에는 **자연녹지지역**으로서 2008년도의 공시지가는 134,000원/㎡에 불과하였는데, **제2종 일반주거지역**으로 바뀌면서 2010년도의 공시지가는 210,000원/㎡로 뛰었습니다. 감정평가서상의 감정단가는 375,000

원/㎡로 산정되어 있는데, 이는 2008년도 자연녹지지역으로 되어 있을 때의 공시지가 134,000원을 기준으로 산정한 것이었습니다. 공시지가만을 기준으로 보더라도 감정 당시보다 50% 이상 올랐는데 이것이 감정가액에는 반영되지 않은 것입니다. Wow, 대박~!

토지 면적은 1,408평이고, 감정가 17.4억인데 현재 최저매각금액이 4.5억까지 떨어져 있었습니다. 아무래도 선순위 가등기, 선순위 가처분의 부담이 만만치 않았던게죠…

인터넷을 뒤져 보다가 다음과 같은 기사를 발견하였습니다.

> **수촌, 신촌지구 건축위 심의 통과**
> 올해 분양 예정, 통복천 생태하천 주변 관심 집중
> 2010년 02월 25일 (목) 18:47:03
> 하정호 기자
>
> 평택시 칠원동 일원에 6천여 세대에 이르는 공동주택이 곧 분양될 전망이다.
> 평택시는 제1종 지구단위계획이 결정된 수촌과 신촌지구에 대해 25일 건축위원회를 열고 사업승인 신청이전에 필요한 건축심의를 벌인 결과, 2개 사업 모두 가결됐다고 밝혔다.
> 이로써 칠원동 250-7번지 일원 43만5천㎡ 규모의 수촌지구와 칠원동 113-1번지 일원 51만1천㎡규모의 신촌지구가 이르면 올해부터 분양에 들어갈 것으로 보인다.
> 수촌지구는 3개 블록 40개동(23층)에 2천736세대의 주택이 지어진다. 신촌지구는 4개 블록54개동에 20~22개 층으로 모두 3천116세대의 아파트가 건축된다. (이하 생략)

올 한 해 농사는 다 지었다고 생각하고 있다가 갑자기 정신이 번쩍 들어서 본격적인 투자 유치에 나섰습니다.

저는 원래 그다지 적극적으로 투자를 권유하지 않고, 투자자들에게 일반적인 설명만 한 뒤 할 테면 하고 말려면 말라는 식으로 하여 왔는데, 이번에는 적극적으로 물건에 대한 자세한 설명을 하면서 권유를 하였습니다. 그리고, 투자자와 운용자의 역할 및 의무, 이익 분배의 비율 등을 상세하게 정한 A4 용지 4쪽 분량의 제대로 된 투자계약서도 만들었습니다. 그 결과 2011. 10. 25. 박○○으로부터 3억원, 노○○으로부터 2억원의 투자를 유치할 수 있었습니다.

2011. 10. 31. 현장답사를 가면서, 우선 평택시청을 방문해서 **신촌택지개발지구**에 대한 설명을 들었습니다. 민간개발로 진행하는 것으로 동문건설(주)가 사업주체이고, 사업시행기간이 2010. 9.부터 2013. 5.까지인데 아직까지 미착공 상태라고 하더군요. 흠~ 보상까지 시간이 좀 걸리겠네요. 단기간에 자금 회수는 어렵고 장기 투자로 가야 할 듯합니다. 나중에 알아보니 동문건설이 부도가 났더군요. 다른 건설업체가 이 사업을 인수하거나 동문건설이 자금을 조달해서 사업시행에 들어가려면 상당한 시간이 걸릴 것 같습니다.

비록 투자금이 장기간 묶이기는 하겠지만 그래도 투자가치는 충분히 있다고 판단하고, 응찰가격을 어떻게 정할까 고민을 하기 시작하였습니다. 종전 최저매각금액은 5.72억, 이번 최저매각금액은 4.57억, 꼭 낙찰받아야겠다는 생각에 5.5억 정도 쓰기로 하였습니다. 그러다가 등기비용까지 감안하면 투자금이 좀 부족하였고, 특수물건이라 경락잔금대출을 받기도 어려울 것이고, 장기간 묶어두어야 한다는 부담감에다가 설마 누군가 달려들더라도 선순위 가등기가 있는데 5억대까지 쓰려는 사람이 있을까 하는 생각에 5억대 초반으로 응찰했습니다.

결과는?

8인 응찰에 5.38억에 낙찰되었습니다. 와~ 무섭습니다. 이제는 선순위 가처분, 선순위 가등기가 있어도 달려드는 사람이 많군요. 아쉬움이 많이 남았습니다. 조금만 자금 여유가 있었다면 애초 생각했던 대로 5.5억에 응찰하여 천여 만원 차이로 낙찰받는 짜릿한 쾌감을 맛보았을 터인데요… 쩝~

사족

그런데, 결국 새옹지마였습니다. ㅎㅎ 최고가매각허가결정이 난 1주일 뒤에 채무자겸 소유자가 공탁을 하고 **강제집행정지를 신청**하였더군요. 낙찰받으신 분, 어쩌나~~~??? 완쪈 새 됐네요~~~!!! 쭛

1.11. 투자는 계속된다

　평택시 칠원동 토지 이후 저의 투자 방식이 바뀌었습니다. 이제부터는 아예 처음부터 선순위 가처분, 선순위 가등기가 있거나, 유치권, 법정지상권 성립 여지가 있는 <u>특수물건 위주로 검색</u>을 하되, <u>지역을 대폭 확대</u>하기로 하였습니다. 그래서 새로운 지역의 물건이 나오면 그 때마다 그 지역의 분석을 시작하기로 하였습니다. 역시 필드에서 뛰는 사람은 구체적인 케이스에 닥쳐서 그 케이스를 해결하기 위한 공부를 하여야지 사건 해결과 관계없이 추상적이고 일반적인 공부를 해서는 별 능률도 안 오르고 머리에도 잘 안 남는 것 같습니다.

　2011년 농사는 그만 지으려고 하다가 평택시 칠원동 토지의 경험이 자극제가 되었고 마침 추가로 투자를 받게 되어서 연말에도 몇 건의 분석과 답사, 응찰 등이 진행되었습니다. 12월 1일엔 가평군 청평면 대성리, 12월 7일엔 광주시 초월읍 용수리, 12월 15일엔 평택시 팽성읍 노양리, 12월 27일엔 용인시 기흥구 보라동과 동백동 등등.

　추가로 낙찰받은 것은 없었지만 분석 지역을 확대하면서 나름 좋은 공부가 되었습니다. 간략히 소개하겠습니다.

　대성리 땅은 신청평대교 인근의 땅으로 아래로 북한강이 내려다보이는 배산임수의 지형으로서 정말 입지가 좋아서 여차하면 제가 집 짓고 살아도 좋겠다고 생각하고 응찰하였는데 임자는 따로 있었습니다. 최저매각금액 8.88억에 비해 3배에 가까운 24억에 낙찰되었습니다.(감정가액은 33.9억이고, 전에 24.2억에 낙찰되었다가 잔금 미납으로 재진행되면서 또 여러 번 유찰이 되었던 것입니다.)

나중에 알고 보니 낙찰자는 연수원을 지으려는 실수요자로서 이미 채권자인 은행측과 이야기가 되어 있었던 것이더군요. 괜히 들러리만 섰습니다.

용수리 땅은 주위에 소규모 공장, 창고 등이 밀집한 계획관리지역 임야로서 탁상분석만 하였을 때에는 괜찮아 보였습니다.

그러나, 현장을 답사해 보니 아래와 같은 바위산으로 어떻게 개발해야 할지 답이 잘 안 나와서 응찰하지 않았는데, 이것도 어떤 사람이 종전 최저매각금액 이상의 금액으로 낙찰받아 갔습니다.

앞으로 어떻게 개발이 될지 지켜볼 생각입니다.

노양리 땅은 경부고속도로 안성IC에서 18km, 평택화성고속도로 오성IC에서 22km 떨어져 있고, 미군 기지 이전 예정지 남쪽 2km 부근에 있는 계획관리지역 및 보전관리지역의 공장용지, 임야 등으로서 현황은 평탄 작업을 마친 잡종지입니다.

현재는 교통여건이 그다지 좋지 않으나, 팽성-오성간 자동차 전용도로가 2014. 9. 완공 예정으로 되어 있는데, 그 도로가 완성되면 오성IC까지 10km 정도로 단축이 될 것입니다.

여러 필지로 나누어져 있는 토지로서 합계 11,500평 가량 되고, 감정가가 91억에 청구금액이 75억인데, 최저매각금액이 24억까지 떨어져 있었습니다.

현장을 가 보았더니 바로 앞에 아산호가 있어서 전망도 좋고, 주변에는 4층 짜리 건물이 있는데, 고압선이 가까이 지나는 게 흠이더군요.

토지 주위에 펜스를 쳐 놓고 입구는 콘테이너로 막아서 일반인의 출입을 제지하며 어떤 사람이 살고 있었습니다. 그리고… 참 요란하더군요~[1]

토지의 위치, 형상, 높이 등 모두 양호한데, 유치권이 신고되어 있고(6억) 실제로 점유하면서 실력 행사중이라서 6회 유찰되고 7차(최저가 26%) 기일까지 이르게 된 것 같습니다.

이 사건은 2011. 12. 26.의 7차 기일이 연기되었다가 2012. 3. 12. 열렸는데, 4명이 응찰하여 75억(감정가의 83%, 2차 기일 최저매각금액보다도 높은 금액임)에 낙찰되었습니다. 뭔가 사연이 있을 듯하지요? ㅎㅎ

---

[1] 이 정도는 되어야 '유치권 행사중'이라고 할 수 있지요. 앞의 중흥리 땅에 대하여 '유치권 행사중'이라고 한 것과 비교해 보세요.

1.12. 2011년도 투자 내역 정리 및 결과

2011년도에는 결국 10여 건 응찰하여 3건 낙찰받았습니다. 투자 금액은 약 13억원 정도, 1) 마평동 답에 3억여, 2) 청덕동 임야에 2억여, 3) 중흥리 전에 7.5억여.

응찰할 때에는 다 좋은 물건 같았고, 엄청난 수익을 안겨줄 것 같았는데, 지나고 보니 그 결과가 기대했던 것만큼 좋지는 않군요. 역시 아직도 더 배워야 하겠습니다.

1) 마평동 답은 감정가 평당 63만원, 공시지가 48만원인 것을 평당 35만원에 낙찰받아서 60만원에 처분하였습니다.
2) 청덕동 임야는 감정가 평당 200만원, 공시지가 28만원인 것을 평당 85만원에 낙찰받아서 150만원에 처분하였습니다.
3) 중흥리 전은 감정가 평당 70만원, 공시지가 50만원인 것을 평당 30만원에 낙찰받아서 50만원에 처분하였습니다.

제가 투자한 내역은 앞으로도 전부 다 공개될 것입니다. 성공한 것뿐만 아니라 실패한 것까지 모두… 경매 학원에 가 보면 성공한 사례만 들어서, 그것도 약간의 가공을 곁들여서, 수강생들을 현혹하는 일이 다반사입니다만 올바른 투자의 길을 제시하는 진정한 멘토라면 **성공 사례뿐만 아니라 실패 사례까지 정직하게 공개**할 수 있어야 한다고 생각합니다. 우리는 실패 사례에서 더 많은 것을 배울 수 있기 때문입니다. 그리고, 모든 투자 사례가 100% 공개됨으로써 우리는 경매에 대한 환상을 버리고 객관적이고 과학적인 투자의 길을 갈 수 있을 것입니다.

1.13. 반성 및 교훈

1) 마평동 답

처분할 때까지 농업진흥구역의 해제는 결국 이루어지지 않았습니다. 취득 당시에는 경기도 내 농지에 대한 농업진흥구역의 해제가 여러 번 있었지만 그 뒤로 몇 년간은 없었습니다. 토지의 위치, 형상, 여건 상 언젠가는 농업진흥구역에서 해제되리라고 보여지지만 그 '언젠가'가 '언제'인지는 정말 예측할 수 없군요. 취득 후 바로 좀 싼 값에 처분하였더라면, 그래서 재투자를 하였더라면⋯ 하는 후회가 있습니다.

2) 청덕동 임야

이 땅에 대해서는 기대가 아주 컸습니다. 낙찰받은 지 얼마 안 되어 아는 건축업자가 이 땅과 주변의 땅을 합쳐서 타운하우스를 짓자며 토지 가격으로 평당 240만원을 분양대금에서 선결제하여 주겠다면서 공동개발을 제안하여 왔습니다.

평당 85만원에 낙찰받았는데 평당 240만원? 3배 가까운 금액입니다. 이거 너무 쉽게 대박을 치네~~ㅎㅎ

그러나 거기까지였습니다. 대박의 환상은~~ ㅠ.ㅠ 엄청난 우여곡절 끝에 결국 타운하우스 건축은 포기하게 되었고, 이 땅은 평당 150만원에 처분하고 말았습니다.

그것만 해도 대박 아니냐구요? 그냥 손을 안 대고 그 가격에 처분했다면 대박이었겠지요. 개발과정에 많은 비용이 들어갔습니다. 이 비용은 결국 내가 잘못한 것이기 때문에 내가 부담하기로 하였습니다. 그리고 나니 2011년도에 투자하셨던 분들에게는 약간의 이익밖에 못 드리게 되었고, 저는 결국 별다른 이익을 얻지 못하고 헛수고만 한 셈이 되었습니다.

교훈!!! **역시 개발은 어려워**~~ 송충이는 솔잎을 먹고 살아야 한다고, 저는 개발보다는 제 장기인 투자에만 전념을 해야 하겠습니다.

그리고 더 큰 교훈!!! 역시 **싸게 잡으면 손해는 없다**.

3) 중흥리 전

이 토지의 낙찰 당시 당진은 엄청 '뜨는' 지역이었습니다. 현대제철이 들어서고, 송악경제자유구역이 지정되고, 430만평의 석문 국가산업단지가 개발되고, 인구도 증가되어 당진군에서 당진시로 승격하는…

그런데, 사실은 '뜨는' 것이 아니라 '떴던' 것이었습니다. **공시지가에도 거품**이 끼여 있었던 것을 몰랐습니다. 공시지가는 이 토지의 취득 후에도 5년간 계속 올랐습니다.

연도	2011	2012	2013	2014	2015
공시지가	509,000	585,000	591,000	608,000	615,000

그러나, 거래가 안 되는데 높은 공시지가가 무슨 소용이 있습니

까? 결국 평당 50만원에 처분하였는데 세무서에서 조사가 나오더군요. 다운계약서 쓴 것 아니냐구요. 욕만 실컷 해 대고, 네가 사라 했습니다. ㅎㅎ

4) 새로운 다짐

전체적으로 수익률이 처음 기대했던 것만큼 높지는 않았습니다.

이제는 정말 과거와 같은 방식의 토지 투자로 크게 돈을 버는 시대는 지나간 것 같습니다. 1970년대부터 <u>강남 개발의 역사</u>를 지켜보면서 자랐고, 1980년대 말 첫 토지 투자로 <u>6개월 만에 더블</u>이 되는 경험을 하였고, 2000년대부터 본격적인 토지 투자를 하여 <u>2003년부터 2007년까지의 호황기를 거치면서 10배의 수익</u>을 올렸던 경험은 이제 더 이상 미련으로 남아서는 안 될 것 같습니다.

시대가 변하였으니 이제 새로운 투자 방식을 모색해야 하겠습니다. 과거와 같이 개발 가능성이 큰 지역의 땅을 잡아서 손을 대지 않고 2,3년 내지 5,6년씩 푹 묵혀 두고 느긋하게 기다리는 방식으로는 더 이상 큰 수익을 내기가 어려워진 것 같습니다.

오히려, 조기에 약간의 가공을 거쳐 싼 값에라도 빨리 처분하고 재투자를 하는 방식으로 가야 될 것 같습니다.

≪보너스 글≫

2011년도에 네이버나 다음 등의 카페에 제가 썼던 글 몇 편을 보너스로 추가합니다.
가볍게 보아 주세요.

● ≪경매 투자를 하시려는 분들에게≫
작성일 2011.4.20.

(전략)

저는 부장판사 출신 변호사로서, 법원에서 퇴직 후 법률사무소를 운영하면서 돈도 제법 벌어보았고, 1980년대 초부터 주식투자도 해 보았고, 농장을 운영하면서 유기농 채소도 재배하여 보았고, 조그마한 김치 공장도 운영하고 있습니다만 재테크에는 토지만한 것이 없다고 생각합니다.

제 강의를 조금 들어보신 분들은 아시겠지만 저는 늘 '**주식은 투기이고, 부동산은 투자이다.**' '**주식은 비과학이고, 부동산은 과학이다**'라고 주장합니다. 부동산에 투자하여 얻는 수익은 결코 불로소득이 아닙니다. 누구보다도 열심히 공부하고, 시간과 비용을 들여 노력하고 연구하여야만 얻을 수 있는 것입니다.

대한민국에서 평범한 직장인이 **자기 힘으로 한 재산 마련할 수 있는 유일한 길은 부동산 투자**입니다. 부자가 되고 싶다면 절대 부동산을 외면하지 마십시오. 앞으로는 부동산이 별 볼일 없을 것이라는 일부 전문가들의 말, 귀담아 들어보기는 하지만 절대 그 말을 따르지는 마십시오. 그 사람들이 당신의 인생을 책임져 주는 것은 아닙니다. 당신이 경제적으로 자유로울 만큼 또는 보람있게 쓸 만큼의 충분한 돈을 벌어보고 싶다면 **부동산 투자 그 중에서도 토지 투자 특히 경매**에 관심을 갖고 많이 공부하시기 바랍니다.

공부를 하시되 공부를 위한 공부에만 너무 빠져서 골머리를 앓지 마시고, **실전에 활용되는 공부**를 하십시오.(이런 점에서 저는 서초동에 난무해 있는 경매학원 별로 추천 안 합니다. 맨날 유치권이 어떻고, 법정지상권이 어떻고… 실전에서, 특히 토지 경매에서는 별로 써먹을 일 없습니다. 그 시간에 차라리 현장 조사를 더 하는 것이 낫습니다. 그렇다고 권리분석이 중요하지 않다는 것은 아닙니다만 그 부분은 자기의 실력이 부족하면 전문가의 자문을 받으면 됩니다. 어쩌다가 한두 번 부딪치게 될 문제를 놓고 학원 강의실에서 안 돌아가는 머리를 갖고 진을 빼시는 분들 보면 저러다 지쳐서 실전에 임해보지도 못하고 나가떨어지는 것 아닌지~~~ 걱정됩니다.)

명심하실 것은 '**권리분석**'보다 훨씬 중요한 것이 '**가치분석**'이라는 것입니다. 권리분석은 설사 조금 잘못하였더라도 가치분석을 잘 하였을 때에는 그리 큰 손해를 보지 않고 오히려 이익을 남길 수도 있지만, 권리분석을 아무리 잘 하였더라도 가치분석을 잘못 하였을 때에는 별로 큰 이익을 남기지 못하고 오래 동안 고생하게 됩니다. 오히려 잘못하면 '승자의 저주'를 맛보게 될 수도 있지요.

또 하나, 경매에서는 얼마나 싸게 낙찰을 받느냐가 중요한 것이 아니라 얼마나 큰 수익을 낼 수 있느냐가 중요한 것입니다. 거래 상황과 시세에 대한 충분한 조사가 이루어져 매도에 별로 어려움이 없겠다 생각되면, 그래서 이 물건은 꼭 잡아야겠다는 생각이 들면 충분히 높은 금액으로 응찰하십시오. 결과적으로 더 싸게 낙찰받을 수 있었더라도 그 차액은 채무자에 대한 격려금으로 생각하시고 넉넉한 마음으로 쾌척하십시오. 수익률 분석을 해 보시고, 긴가민가 할 때에는 떨어져도 그만이라는 생각으로 낮은 금액으로 들어가야 하겠지만, 확신이 설 때에는 꼭 낙찰받을 수 있는 금액을 생각해서 충분히 쓰십시오. 당신이 조금 더 쓴 금액은 당신이 얻을 수 있는 수익에 비하면 아무 것도 아닙니다. 그 조금의 돈을 아끼겠다고 적게 썼다가 떨어지고 나면 당신의 그 동안의 노력은 모두 물거품이 되고 맙니다. 그렇다고 무조건 비싸게 쓰라는 것, 물론 아니지요… ㅎㅎ

그리고, 가급적 **좋은 멘토**를 만나서 그 분들에게 조언을 구하는데 노력을 아끼지 마십시오. 선배들의 풍부한 경험과 노하우를 잘 활용하십시오. 관록과 경륜이라는 것이 결코 그냥 얻어지는 것이 아닙니다.

마지막으로, **이거다 싶으면 과감하게 저지르십시오**. 맨날 신중하게 재기만 하다가는 결국 아무 것도 못하고 맙니다. 투자의 세계에서 완벽한 것은 없습니다. 완벽한 기회를 기다리다가는 결국 어떠한 기회도 얻지 못합니다. 어느 극작가의 묘비에 써 있다는 말을 인용하면서 이 글을 마칩니다.

'*우물쭈물하다가 내 이렇게 될 줄 알았지…*'

- ≪돈 버는 방법을 안다고 해서 누구나 다 돈을 버는 것은 아닙니다≫

작성일 2011. 7. 5.

(전략)

저는 2000년까지 17년간 공직에 있으면서,
판사로서 일반 공무원들보다는 많지만
같은 또래의 회사 임직원들에 비해서는
별로 많지 않은 월급을 받아 오며 5남매를 키워 왔습니다.

변호사 개업 후 2,3년간은 소위 '잘 나가는 변호사'로서
나름 꽤 많은 수입을 얻었지만, 이것저것 쓰고 나니
결국 아파트 한 채와 수억원 정도의 예금이 들어 있는 통장 하나 남더군요.

40대 중반의 나이에
개업 변호사로서의 수임 환경은 점점 열악해지고
커나가는 아이들의 교육비 생각도 하여야 하고
그래도 나름 '부장판사 출신 변호사'로서의 품위도 유지해야 하고…

그 때부터 돈을 좀 벌어야겠다는 생각이 들어
재테크에 본격적으로 뛰어들었습니다.
(사실 그 때까지는
나름 근검 절약의 습관이 몸에 배어 있는 저로서는
별로 생활의 어려움을 느끼지 않으면서 살아왔고,

판사로서의 명예를 소중히 여기는 저는
돈이나 권력에 대해서는 별로 큰 가치를 두지 않았습니다.)

오랜 경험에 의해 '주식은 투기이다',
'내 노력만으로 되는 것이 아니다'라는 생각에
주식보다는 훨씬 안전하다는 토지에 투자를 하기로 하였습니다.

그 때만 해도 40대의 평범한 직장인이 보통 그러하듯이
땅을 사려면 어떻게 해야 하는지,
어떠한 땅을 사야 투자가치가 있는지,
심지어는 제가 비록 법률가이지만
용도지역이 무엇인지, 아니 그러한 게 있는지조차
모르고 땅을 샀습니다.
소위 말하는 '묻지마 투자'를 한 것이지요.

다행히 운이 따라서
매수 시점이 부동산 대세 상승기이었고,
매수 지역에 개발계획이 수립되어 많은 투자 이익을 거둘 수 있었지만
지금 돌아보면 참 아찔한 경험이었습니다.

2003년부터 부동산이 대세 상승기에 접어들었다고는 하지만
그 무렵 땅을 사신 분들이 모두 큰 이익을 남긴 것은 아니지요.

오히려 어떤 분들은 '부동산 시장'이라는 정글 속에서
밀림의 야수들에게 당하여
쓸모없는 값싼 땅을 터무니없이 비싼 가격에 삼으로써
아직까지도 그 피해의 늪에서 헤어나오지 못하고 있지요.

2007년도에 세제가 바뀌면서
양도소득세가 **실거래가액**으로 과세되고
비사업용 토지에 대한 양도세 중과 규정이 생겼습니다.

제가 평소에 누누히 강조하는 것처럼
이제는 세금에 대한 대책이 토지 투자에 있어서
가장 중요한 요소 중의 하나가 되었습니다.

저의 토지에 대한 공부는 그 때부터 시작되었습니다.
인터넷 카페에서 각종 자료들을 수집하고
읽고 또 읽어서 자신의 것으로 만들어 나가는 과정을 통하여
제가 접한 정보의 분량이 책으로 치면 아마 수백 권은 될 것입니다.
(그것들은 각 분야별로 나뉘어 잘 정리되어
제 PC 안에 저장되어 있습니다.)

뿐만 아니라 법률전문가인 저의 소질을 발휘하여
농지법, 산지관리법, 국토의 계획 및 이용에 관한 법률, 조세특례제한법 등
각종 토지 관련 법령의 내용을 직접 찾아보고 연구하면서
토지 투자에 있어서 필수적인 법률지식을 습득하였습니다.

그러나, '구슬이 서 말이라도 꿰어야 보배'라고
토지 투자에 관하여 많이 안다고 해서
그것이 곧 결실로 이어지는 것은 아닙니다.

농사 짓는 방법을 잘 아는 것만으로는 안 되고
실제 농사를 지어야만 수확을 거둘 수 있듯이,

돈 버는 방법을 잘 아는 것만으로는 안 되고
실제 투자를 하여야만 돈을 벌 수 있습니다.

남들에게 돈 버는 방법을 가르쳐 주지만 자신은 별로 돈을 벌지 못한 사람들,
주위에 둘러보면 꽤 많이 있지요?
왜 그들은 돈을 많이 벌지 못했을까요?
투자기간이 짧아서? 종자돈이 없어서? …
나름 여러 가지 이유가 있겠지만 근본적인 이유는
투자를 하지 않아서라고 저는 생각합니다.
아니 어쩌면 너무나 많은 것을 알다 보니
오히려 투자를 못하는 것인지도 모릅니다.

용감한 자만이 미인을 얻을 수 있다고 하였습니다.
저지르는 자만이 수확의 기쁨을 맛볼 수 있습니다.

투자의 세계에서 완벽이란 없습니다.
완벽한 기회를 기다리다가는 결국 어떠한 기회도 얻지 못합니다.

● ≪투자할 물건을 어떻게 찾는가?≫
작성일 2012.1.15.

투자할 물건을 어떻게 찾는가?-제 방식의 소개
―'진흙 속에서 진주를 찾다'

여러분은 투자할 물건을 어떻게 찾으십니까? 저는 정말 궁금합니다. 여러분이 저와 함께 토지 투자에 대한 '과학적'인 방법을 만들어 나간다는 생각으로, 여러분의 방법을 쑥스러워하지 마시고 서슴없이 알려 주시면 정말 고맙겠습니다. 피드백을 통하여 '**과학적**'인 **토지 투자의 모델**을 함께 만들어 가는데 여러분의 도움이 절실히 필요합니다.

저는 좀 무식하지만 저인망식 방법을 썼습니다.

우선 지역을 선택하고(저는 이미 말씀드린 대로 과거 10년간의 인구 증가율이 가장 높았고, 2020 도시기본계획에 따라 앞으로 10년간의 인구 증가율 또한 높을 것으로 예상되는 **화성, 용인 지역**을 선택하였습니다), 다음 그 지역을 관할하는 법원(수원지방법원)의 모든 경매사건 중 '**토지, 3회 이상 유찰**'된 것을 검색하여 유찰횟수 내림차순, 최저가 올림차순으로 정리하였습니다.-120건

그리고 나서 틈 나는 대로 각 사건의 **감정평가서**를 **검토**하면서 영 아닌 것들을 제외하고 1차로 대상 물건을 추렸습니다. 그 결과는 다음과 같네요-45건

유찰횟수 6회 이상 물건 우선 분석-15건 중 3건 추림
유찰횟수 5회인 물건 분석-10건 중 2건 추림
유찰횟수 4회인 물건 분석-35건 중 10건 추림
유찰횟수 3회인 물건 분석-60건 중 30건 추림

여기서 '영 아닌 것들'이란 **하자가 중대하고 치유될 수 없는 것들**을 말합니다.
예를 들어,
 산의 정상 부근
 분묘가 여러 기 존재
 공원, 문화재, 현상변경 허가대상구역
 경지정리된 농업진흥구역
 공익용 산지
 맹지를 벗어나기 어려운 것-공장 뒤에 붙은 맹지, 맹지로 몇 겹 둘러싸인 곳
 기획부동산에 의해 칼분할된 것
 농지취득자격증명 받기 어려운 것
 개발하는데 문제가 있는 것-푹 꺼진 땅, 폭이 너무 좁은 것
 선순위 지상권이 존재하는 것-특히 지료 없는 경우

그 밖에도 금액이 너무 작은 것(몇천 만원, 몇백 만원짜리 땅 사려고 고생할 필요 없죠?), 금액이 너무 큰 것(자금이 안 되는데 수십 억짜리 땅 분석해 봤자 그림의 떡이지요), 또 분석하는 중에 이미 매각된 것(매각금액은 훗날 참고를 위해 전부 기재해 놓았습니다) 등을 제외한 결과 45건이 추려졌습니다.

이제부터 본격적으로 **탁상 분석**에 들어갑니다.
제가 평소에 토지를 분석할 때 사용하는 툴인 온나라, 토지이용

규제시스템, 경기부동산, 네이버, 다음, 지오피스, 산지정보시스템, 구글 등을 사용하여 탁상 분석을 하면서 2차로 대상 물건을 추려서 20건으로 압축했습니다.

이제 실제로 **답사에 나갈 물건**을 추립니다. 시간 여유와 자금 사정에 따라서 대상 범위를 결정하고, 다음이나 네이버 지도의 길 찾기를 활용하여 최적의 답사 루트를 결정합니다. 저는 2차로 추린 물건 중 제 일정을 고려하여 10건 정도를 답사하기로 정했습니다.

한편 그러는 동안에 선택된 물건들을 수시로 들여다보면서 곰삭히는 과정을 거치다 보면 필이 꽂히는 물건이 생깁니다. 그러한 물건들에 대해서 이제 **집중 분석**에 들어갑니다. 등기부등본을 검토하고, 경매기록도 열람하고, 필요한 경우 시청이나 군청을 찾아가고, 생각지 못했던 다른 하자는 없는지 면밀히 검토하여 응찰할 물건들을 결정합니다. -5건 내외

결국 120건 정도의 물건을 분석하여 5건 정도 실제로 응찰할 물건을 추렸습니다. 그리고 그 중의 한두 건이 낙찰이 되는 것이지요. 너무 비효율적인 것 같다고요? 예, 제가 생각하기에도 좀 비효율적입니다. 하지만 현재 제 방식으로서는 어쩔 수가 없네요.

제 방식은 기본적으로 '**싸게 사자**'는 것입니다.
저는 기본적으로 지금은 부동산 침체기이고, 여태까지 수십 년간 그래왔던 것처럼 '밤이 있으면 낮이 있고', 앞으로는 부동산경기가 회복될 것이니 지금은 그 때를 대비하여 선투자를 하여야 할 시점이라고 생각합니다. '매수자 우위'의 시장에서 좋은 물건을 싸게 사 놓고 때가 오기를 기다리자는 것이지요.
그렇지만 혹시라도 소수의 비관론자들이 이야기하듯이 이제 패

러다임 자체가 변화되는 것인지도 모르겠다는 생각에 남의 돈을 책임지고 있는 저로서는 리스크를 안고 투자하기는 어렵습니다. 그래서 이 정도 가격이라면 아무리 부동산 경기가 바닥을 기더라도 적어도 손해는 보지 않겠다는 가격에 잡자는 것입니다.

그러다 보니 '**누가 보아도 좋은 물건**'은 잡기가 어렵습니다. 그런 물건은 이미 1차 또는 2차에 낙찰이 되고 말지요. 보통 사람들이 보기에는 문제가 있어서 거들떠 보지 않는 것, 그래서 3회 이상 유찰되고 감정가액의 반값 이하로 떨어진 것, 그 중에서 제가 보기에는 문제가 안 되는 것 또는 그 문제를 해결할 수 있는 것을 찾는 것입니다. 그러니까 '**진흙 속에서 진주를 찾는**' 작업이지요.

그러한 노력의 결과가 결국 저에게 달콤한 수익의 열매를 가져다 주는 것입니다. 부동산이 결코 '불로소득'이 아니라는 제 말 수긍이 되십니까?
저는 여태까지 복권을 한 번도 사 보지 않았습니다. '운에 기대는' '승률 없는' 게임은 하지 않습니다. 심지어 라스베가스를 관광하면서도 카지노 한 번 해 보지 않았습니다. 그렇다고 제가 도박을 안 하는 사람은 아닙니다. 저도 고시공부하면서 포카 많이 해봤고, 판사로 임관한 뒤 고스톱 엄청 쳐봤고(80년대에는 안마시술소가 굉장히 많았지요, 방마다 고스톱 치는 사람들로 빼곡한… ㅎㅎ), 나중에는 도박의 절정이라는 마작도 꽤 많이 해 봤습니다. 하지만 저는 '질게 뻔한' 게임은 결코 하지 않습니다. 하물며 일생 벌어 모은 돈을 한 순간에 날릴 수도 있는 투자의 세계에서 운에 맡기고 '묻지마 투자'를 할 수는 없지요.

저는 '돌다리도 두드려 보고 건너는 사람'이 아니라 '그 돌다리를 건너가는 사람을 보고 나서 건너는 사람'입니다. 저도 옛날에는 주식을 많이 했었고, 결과적으로 저는 운이 좋아서 돈을 번 축에 들어가지만 제 주위의 수많은 루저들을 보면서, 마른 하늘에 날 벼락같이 전혀 예측하지 못하는 가운데 다가오는 'IMF 사태', '리먼 브라더스 사태', '세계 금융위기' 등을 겪으면서 이제는 그 쪽은 거들떠 보지도 않습니다. 저는 확실한 것을 좋아합니다. 제가 콘트롤할 수 없는 어떤 것에 의해 좌우되는 종속변수가 되기보다는 <u>제가 알고, 계획하고, 예측한 대로 가는 것</u>을 좋아합니다. 그것이 제가 부동산 경매시장에 뛰어든 이유입니다.

여기서는 **모든 것을 제가 선택**할 수 있습니다. 불리한 싸움터일 것 같으면 피하고, 적의 기운이 쇠하기를 참고 기다리며, 이 때다 싶으면 까짓거 채무자에게 자선을 베푼다는 생각으로 넉넉하게 배팅을 하고, 더 센(진짜 더 센 것인지는 모르겠지만~~ㅎㅎ) 놈이 나타나서 먹이를 채 가면 '에이, 김 샜다' 한 번 하고 툴툴 털고 일어나서 다른 먹이를 찾으면 되고… 이 모든 것을 제 <u>자신이 선택하고, 결정하고, 실행하면</u> 되는 것입니다. 여기서는 제가 주관자입니다. ㅎㅎ 매력적이지 않은가요?

2..
2012년도 투자일지
―투자 내역, 결과, 그리고 반성

2.1. 공유지분, 유치권, 법정지상권 다 모였다
―동백동 향린동산

2012년부터는 **선순위 가처분, 선순위 가등기, 예고등기, 법정지상권, 유치권, 공유지분** 등의 특수물건 위주로 검색을 하기 시작하였습니다.

제가 경매 투자를 시작한 뒤 두 번째로 낙찰받은 용인시 기흥구 청덕동 토지 주변인 **동백동** 토지가 눈에 띄더군요.(수원지방법원 2011타경20705.)

이 토지는 경부고속도로 수원TG에서 차로 10분 정도 거리인 88cc 남쪽의 '향린동산' 내에 있는 **자연녹지지역의 대지**로서, 630평의 토지를 유○○과 공○○이 각 1/2 지분씩 소유하고 있는데, 그 중 유○○의 지분이 경매로 나온 것입니다.

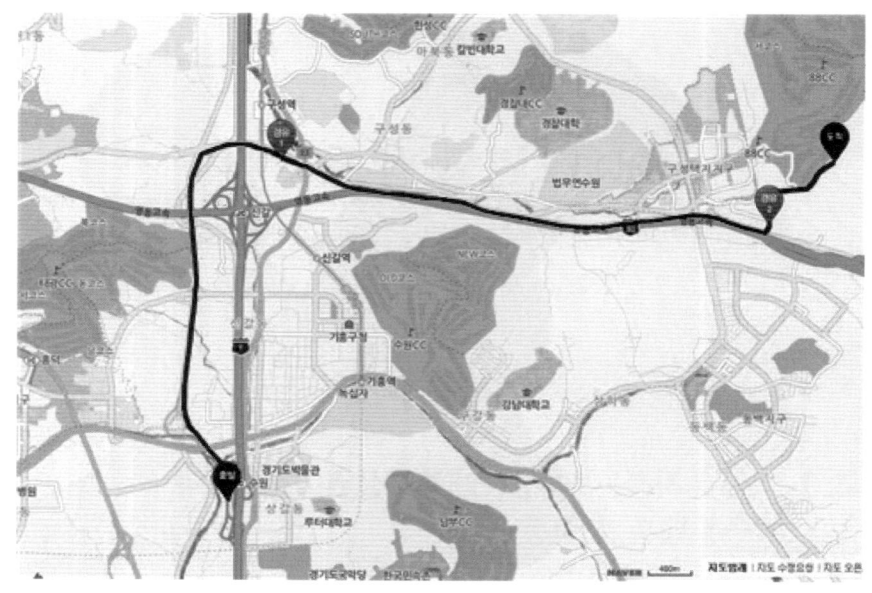

면적	감정단가	평가액	최저가액	공시지가
316평	280만원/평	8.8억	3.6억	210만원/평

3차 기일에 어느 분이 5.6억에 낙찰받았다가 불허가 결정된 뒤, 현재 5차 기일로 감정가의 41%까지 떨어졌습니다.

주변은 전원주택지대로 고급 주택들이 산재해 있고, 이 토지의 북쪽으로는 숲이 우거져 있으며, 새 소리가 아름답게 들리는 아주 쾌적한 환경으로, 여차하면 제가 살아도 좋겠다는 생각이 절로 드는 그런 땅이었습니다.

　　아래 화살표 표시가 되어 있는 땅인데, 왼쪽으로는 88cc의 4번 홀 페어웨이와 88cc 진입로가 보입니다.(다음 지도에서 보면 골프장의 코스 뷰까지 다 나옵니다. 참 좋은 세상이지요?ㅎㅎ)

이 토지의 왼쪽에 붙어있는 길은 단지 내 도로로서 이 토지를 끝으로 끊어져 있고, 그 뒤로는 아래 사진과 같은 산책로가 나 있으며, 이 토지의 오른쪽에 줄무늬 같은 것은 부지를 평탄하게 조성하기 위해서 축대를 쌓은 것입니다.

이 토지 중 일부에 공유자 중의 1인인 공○○이 2층짜리 단독주택을 신축하여 소유하면서 **법정지상권**을 주장하는 한편 위 주택의 **임차인으로 신고**를 하였고, 건축부지 조성공사 대금 3.2억원에 대해 **유치권 신고**까지 하여서 여러 번 유찰이 되었습니다.

조사 결과 법정지상권은 성립되지 않는 것으로 판단되었습니다.

위 건물은 2009. 1. 28. 건축허가를 받았고, 2011. 3. 9. 사용승인을 받았으며, 같은 해 4. 28. 소유권보존등기를 마쳤는데, 토지에 설정된 근저당권은 2001. 3. 9. 설정된 것으로, 토지에 근저당권 설정 당시 토지 위에 건물이 존재하지 않았기 때문에 민법 제366조의 법정지상권은 성립하지 않습니다.

한편, 토지공유자의 한 사람이 다른 공유자의 지분 과반수의 동의를 얻어 건물을 건축한 후 토지와 건물의 소유자가 달라진 경우 토지에 관하여 관습법상의 법정지상권이 성립되는 것으로 보게 되면 이는 토지공유자의 1인으로 하여금 자신의 지분을 제외한 다른 공유자의 지분에 대하여서까지 지상권 설정의 처분행위를 허용하는 셈이 되어 부당하므로, 이 경우 관습법상의 법정지상권이 성립되지 않는다는 것이 대법원 판례입니다(대법원 1993.4.13. 선고 92다 55756 판결 참조).

따라서, 비교적 예쁘게 지어진 위 집은 제가 건물철거 청구의 소를 제기하면 이 세상에서 사라져야 할 운명입니다. 흑흑…

저는 이런 글을 보면 '이 땅은 정말, 매우, 대단히, 엄청, 아주 좋은 땅이니 꼭 한 번 관심을 갖고 검토하여 주시기 바랍니다'로 읽혀

지니 제가 한글을 잘 모르는 것일까요? ㅎㅎ

　　유치권은 성립할 가능성이 있으나, 건물철거 청구를 하면서 합의가 가능할 것으로 보였습니다. 칼자루는 제가 쥐고 있으니까요…

　　자, 그러면 **낙찰 이후의 향후 처리 방안**도 선 것입니다.

　　1) 이 토지의 1/2 지분의 공유자이면서 그 지상 건물의 소유자인 공○○(도곡동 타워펠리스에 거주하더군요, 돈은 있어 보입니다. ㅎㅎ)에게 감정가보다 조금 저렴한 가격으로 되팔거나
　　2) 건물철거 소송 중 공○○으로부터 유치권은 포기받고 공유물분할에 합의하여 316평의 번듯한 건축부지를 조성(조성할 필요도 없군요, 이미 공○○이 다 만들어 놓았으니까… ㅎㅎ)하여, 그냥 팔든지 아니면 근사하게 집을 하나 짓든지…

　　공○○의 법정지상권 주장, 유치권 신고, 임차인 신고 등의 각종 권리 주장 덕분(?)에 이번 기일도 유찰될 가능성이 크다고 판단하였습니다. 그러나, 다음 기일 정도에는 낙찰될 것 같고, 관심을 갖는 사람들이 많이 생겨서 오히려 이번 기일 최저가보다 높은 금액으로 응찰할 사람도 있을 것 같아서, 그냥 <u>이번 기일에 최저가에 근접한 가격으로 단독 응찰을 기대</u>하고 응찰하기로 하였습니다.

　　결과는?
　　예상대로 단독 응찰이었습니다. 최저가에 근접한 **3.7억원**에 응찰하여 낙찰받았습니다.(종전 3차 기일에 응찰한 정○○의 5.6억원에 비하면 2/3 수준이고, 감정가인 8.8억원에 비하면 42% 수준입니다.)

2.2. 어라, 1년 만에 다시 나왔네 —동백동

다음 물건은 제가 경매를 시작했던 2011년 초에 한번 검토했던 물건입니다. 당시 **선순위 지상권**이 있어 4차 기일까지 유찰되자 5차 기일(41%) 직전에 취하되었던 것인데, 이번에는 채권자 겸 선순위 지상권자가 **지상권 말소에 동의한다는 동의서**를 제출하였습니다.(수원지방법원 2011타경7672.)

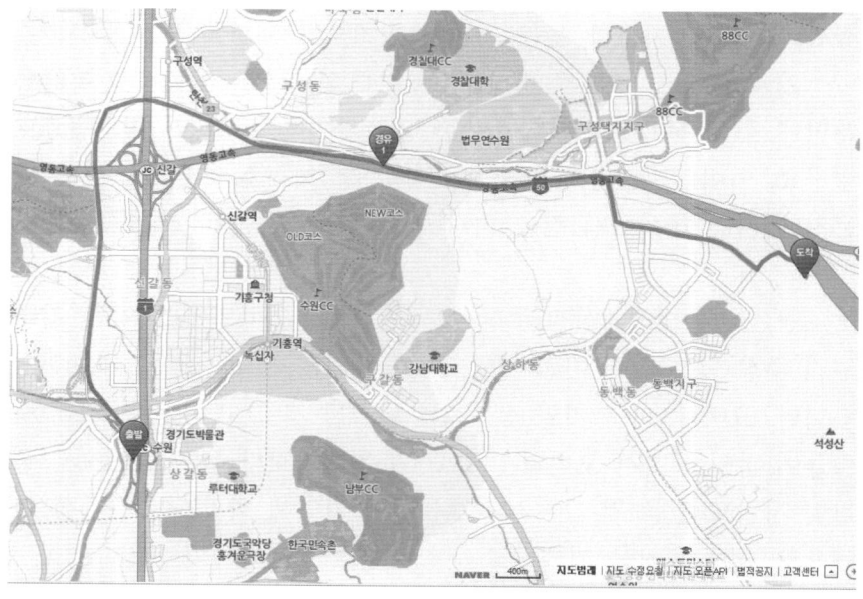

이 토지는 경부고속도로 수원 TG에서 10km, 차로 10분 거리에 있습니다. 용인 동백지구의 북동쪽 끝에 있는 **보전녹지지역의 임야와 답**이나 현황은 잡종지로서 작년에는 대원버스의 차고지로 이용하고 있었는데 이번에는 깨끗이 비워졌더군요. 주변에는 교회, 유치원, 어린이집 등이 있습니다.

  3개의 그룹으로 나뉘어 경매가 진행되었는데 가운데 토지에 대한 경매가 기일이 제일 빨랐습니다.(사건은 2건입니다. 즉 가운데 토지는 별건이고, 그 위아래의 토지는 한 사건의 물건번호 1, 2로 나뉘어 진행되었습니다.)

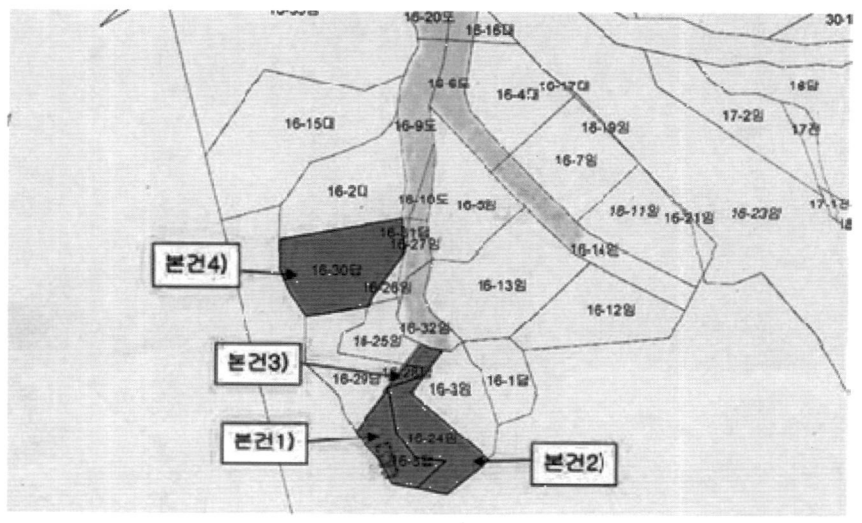

	면적 (평)	감정단가 (만원/평)	평가액 (억원)	최저가액 (억원)	공시지가 (만원/평)
16-30	142	250	3.5	1.2	155
(16-26)	11	250	0.3	0.19	150
16-25,29	153	240	3.6	1.2	150~155
16-8,24,28	153	230	3.5	1.2	150~155

(16-26)은 2011년 초에 임○○이 <u>감정가의 101%(3,000만원)에 낙찰받아갔습니다.</u> 당시 3차 기일로 감정가의 64%까지 떨어졌는데 누군가 단독응찰하면서 감정가 수준으로 낙찰을 받아가서 의아하게 생각하였던 것입니다. '알박기'를 할 만한 토지도 아닌 것 같은데…

이 토지를 분석하다가 2011년 초에 분석할 때에는 미처 생각하지 못했던 문제를 발견했습니다. 바로 **진입도로 문제**인데요, 초입의 16-20, 9, 10은 지목이 도로로 되어 있어 문제가 없으나, 16-31, 27, 32는 현황은 도로이지만 지목은 답, 임야로 되어 있어 추후 이 토지에 건축허가를 받으려 할 때 각 소유자로부터 **토지사용승낙서**를 받아야 하는 문제가 있습니다.

그래서 위 각 토지들의 등기부등본을 띠어서 **소유자 분석**에 들어갔습니다. 16-31과 32는 김□□(도로 끝에 있는 16-1,3의 소유자)의 단독 소유로, 16-27은 이○○(16-30의 소유자), 최○○(16-25,29의 소유자), 김○○(16-8,24,28의 소유자) 및 김□□의 공동 소유로 되어 있었습니다.

김□□가 자신의 소유인 16-1,3에 건축허가를 받으려면 위 토지들을 모두 도로로 지목변경하여야 할 것입니다.

한편, 이 건 토지의 채무자는 3 그룹 모두 최○○인 것으로 보아 다른 토지들의 소유자로 되어 있는 이○○, 김○○과는 특수관계인 듯 합니다. 아마도 최○○이 가운데 토지만 자신의 명의로 하고 좌우의 토지는 다른 사람의 명의를 빌린 것이 아닌가 생각됩니다. 어쨌든, 진입로 문제 때문에 당장 개발하기는 어려울 것 같고, 김□□가 허가를 받기를 기다리거나 아니면 공동개발로 가야 할 것 같습니다. 그 중에 하나라도 진상이 있으면… 예고~

하지만 가격이 워낙 떨어져 있다는 매력은 어찌할 수가 없었습니다. 까짓거 잘 안 되면 쳐박아 두고 있지 뭐~ 누구 말대로 '싸면 똥도 산다는데… ㅎㅎ'

기일이 먼저 도래한 가운데 토지부터 응찰하였습니다. 감정가 3.6억인데, 최저가 1.2억(33%)까지 떨어져 있는 상태이었습니다. 1.35억과 1.25억 사이에서 고민하다가 **1.35억**을 썼습니다. 그래도 평당 90만원이 조금 안 되는 금액입니다.

결과는?
<u>3인 응찰에 243만원이라는 근소한 차이로 낙찰받았습니다.</u> 제가 요즘 촉이 좀 서 있는가 봅니다. ㅎㅎ

한 달쯤 뒤에 나머지 두 토지에 대한 경매기일이 도래하였는데, 그 중 **16-8,24,28**은 기일 직전에 취하[1]되었습니다. 나머지 16-30만으로 청구금액의 변제에 충분하였기 때문입니다.

---

1) 그러나, 이 땅은 나중에 다시 경매로 나와 어떤 사람이 낙찰받아서 그 위에 집을 지었습니다.

그런데, **16-30**은 사실 응찰을 망설였습니다. 왜냐하면, 이 땅은 16-26과 합필해야 모양이 좋은데, 그 토지는 앞서 말씀드린 것처럼 2011년초에 이미 임○○이 감정가 수준으로 낙찰받아간 것이라 그 이하로는 안 팔려고 할 것이기 때문입니다. 제 판에는 '알박기' 하겠다고 받아간 것 같은데, 지금쯤은 잘못을 깨닫고 반성하고 있을까요? ㅎㅎ 아무리 그래도 사람 욕심이란~~

이 땅도 감정가 3.5억인데, 최저가 1.15억(33%)까지 떨어져 있는 상태이었습니다. 1.45억과 1.36억 사이에서 고민하다가 1.36억을 썼습니다. 아무래도 16-30의 매수 부담이 있어서 높이 쓰기가 부담스러웠기 때문입니다. 그런데, 웬걸… 2인이 응찰하였는데, 김○○이 직전 최저가 보다 높은 1.5억에 낙찰받아갔습니다. 어차피 1.45억 썼어도 떨어졌을 것이군요. 조금 위안이 됩니다.

어쨌든 어떤 사람은 모양이 조금 빠지는 142평의 토지를 1.5억에 낙찰[1]받았는데(게다가 앞으로 16-26 토지 11평을 추가로 매수하려면 적어도 임○○의 낙찰가 3천만원 플러스 알파의 부담을 감수해야겠지요), 저는 상대적으로 번듯한 토지 153평을 1.35억에 낙찰받았으니까 뭐~ 전혀 불만 없습니다. ㅎㅎ

---

[1] 이 토지를 낙찰받은 사람은 결국 16-26 토지는 빼고, 모양이 약간 빠지지만 16-30 위에만 집을 지었습니다. 아마 16-26 토지를 낙찰받은 사람이 고가에 팔 것을 고집했는가 봅니다. 그런데, 그 사람은 앞으로 16-26 토지 11평을 가지고 무엇을 할까요? **'알박기'도 함부로 하는 것 아닙니다.**

2.3. 뭐라~ 유효한 선순위 가처분이 있는 땅을 산다고?
—구암리

수익이 생길 수 있다면 뭔들 못 사겠습니까? ㅎㅎ (의정부지방법원 2010타경17843)

이 토지에는 **최선순위로 가처분**이 되어 있었고, 그 가처분은 **소유권이전청구권을 보전하기 위한 것**으로서 양도, 담보권설정, 기타 일체의 처분행위를 금지하는 것이었습니다. 그리고, 가처분등기가 2005. 8. 12.자로 되어 있어 현행 민사집행법에 따라서 3년간 본안의 소를 제기하지 아니한 때에는 그 가처분의 취소를 구할 수 있지만, 이 사건은 가처분등기 후 3년 내에 본안의 소가 제기된 바 있었습니다. 따라서, 위 가처분은 일단 유효한 것이고, 본안소송의 결과에 따라서 낙찰을 받더라도 소유권을 상실할 우려가 있습니다.

그런데, 변호사라는 사람이 그걸 알면서도 무모하게 왜 달려들었냐고요? 제가 원래 좀 무대뽀입니다. ㅎㅎ
농담이고요~~~ 열쇄는 여기에 있습니다. 그 가처분은 전체 토지에 대한 것이 아니라 **일부 지분(5695분의 1005 지분)에 대한 것**이었습니다. 그러니까 위 지분을 제외한 나머지 공유지분을 산다고 생각하면 되는 것입니다. 그러다가 만일 위 가처분이 유효하지 않은 것으로 밝혀지면 그 부분은 보너스이고요.

일단 가치분석부터 해 봅니다. 제가 여러번 강조하였지요. 중요한 것은 '**권리분석**'이 아니라 '**가치분석**'이라고요. 아무리 권리분석을 잘 하고, 문제에 대한 해결책을 찾았다 하더라도, 그 땅이 별로 쓸모가 없는 것이라면 아무 소용이 없다고요. 반대로 '권리분석'에 약간의 실수를 하였더라도 그 땅이 미래가치가 있는 것이라면 나중에 오히려 그것이 효자가 될 수도 있다고요.

이 토지는 경기도 **남양주시 화도읍 구암리** 산22-6 임 5,695㎡, 경춘고속도로 화도IC에서 차로 20분, 서초동에서 50분, 일단 시간적 거리는 괜찮습니다.

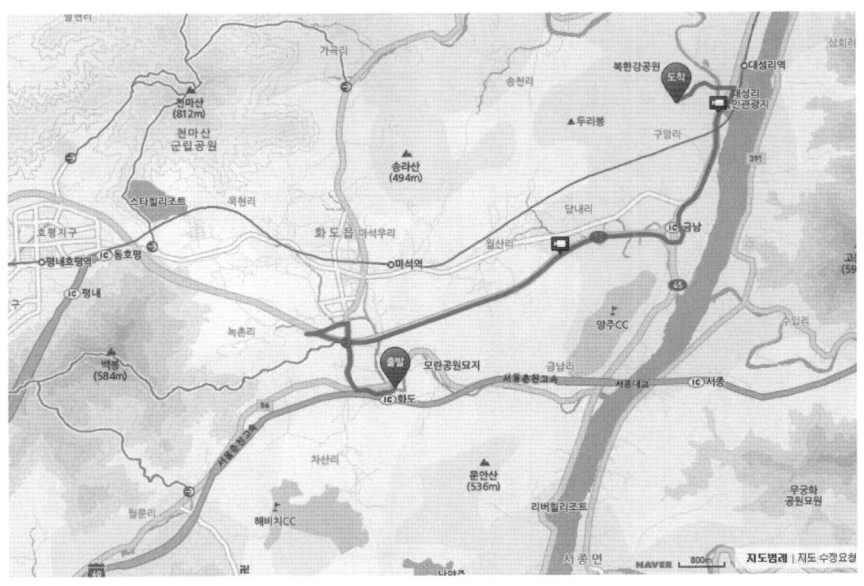

바로 옆에 **국제광림비전랜드**라고 있더군요. 아마도 광림교회 수련원인가 봅니다.

제가 낙찰받기 전에 답사를 갔을 때에는 그냥 그런가보다 했었는데, 낙찰받은 뒤에 다시 가 보니 이건 여느 수련원이 아니라 아주 리조트 급입니다. 수영장, 축구장, 농구장, 콘도… 광림교회, 정말 대단합니다.

120818(화도읍 구암리) 001

120818(화도읍 구암리) 002

120818(화도읍 구암리) 003

120818(화도읍 구암리) 004

120818(화도읍 구암리) 005

120818(화도읍 구암리) 006

120818(화도읍 구암리) 007

120818(화도읍 구암리) 008

이 땅은 **보전관리지역의 임야**인데, 바로 앞에 전원주택이 몇 채 있습니다. 그런데 숲이 좀 우거져 있는 것 같군요.

산지정보시스템에 들어가 봅니다. 평균경사도 22도, 흠~ 역시 좀 되는군요. 하지만 개발이 불가능할 정도는 아니라고 생각됩니다. 지형은 평탄지 2,607㎡, 완구릉지 3,079㎡, 산림정보를 보니 영급은 3영급에, 경급은 치소, 소경목…

위 지도에서 흰 선으로 둘러싸인 부분이 이 사건 토지이고, 북쪽에는 전원주택, 주택 옆의 회색 부분은 국제광림비전랜드의 주차장입니다.

현장을 직접 보니 역시 경사도가 높고 잡목이 우거져서 좀 걱정이 되었습니다. 그런데, 같이 간 개발업자 라○○이 이 정도면 괜찮다고 합니다. 글쎄~~~

다음, 권리분석에 들어갑니다.

등기부를 보았습니다. 소유자 위○○으로부터 강○○으로 2002. 7. 9. 소유권이전등기가 되었고, 채권자 윤○○이 2005. 8. 12. 소유권 일부(지분 5695분의 1005)에 대하여 매매계약에 기한 소유권이전등기청구권을 피보전권리로 한 처분금지가처분등기를 한 뒤, 2007. 8. 31. 김○○이 소유권 일부(지분 5695분의 4690)에 대한 이전등기를 하였습니다. 거래가액도 기재되어 있는데 2.98억원이더군요. 평당 21만원, 흠~ 괜찮습니다. 2007년도에 김○○이 이 땅 일부를 평당 21만원에 샀다는 것이니까요. 나중에 위 가처분권자 윤○○이 강○○을 상대로 한 소유권이전등기청구 사건의 판결문을 보니 윤○○은 2005년도에 이 땅 일부를 평당 31만원에 샀었더군요.

어쨌든 위 윤○○의 선순위 가처분이 유효하더라도 나머지 지분(5695분의 4690)에 대한 소유권의 취득에는 아무 문제가 없어 보입니다. 윤○○이 소유권이전등기를 하고 나면 **공유자가 되는 것일 뿐**이지요. 윤○○을 설득해서 같이 처분 또는 개발하거나 윤○○이 말을 안 들으면 공유물분할을 위한 형식적 경매에 들어가면 될 것 같습니다.

이 물건은 분석 당시 감정가 4.55억에 4번 유찰되어 최저가가 41%까지 떨어져서 1.86억이었습니다.

면적 (평)	감정단가 (만원/평)	평가액 (억원)	최저가액 (억원)	공시지가 (만원/평)
1722	26	4.55	1.86	10

주변 시세는 평당 2~30만원 정도 하고 20만원 미만의 인허가비, 토목공사비 등을 들이면 평당 6~70만원은 받을 수 있다고 합니다.

그런데, 입찰기일이 다가오자 아무래도 <u>가처분되어 있는 5695분의 1005 지분</u>에 대한 인수 부담이 맘에 걸립니다. 약 304평, 그러니까 제가 1722평을 낙찰받더라도 304평은 떼어 주고 실제로는 1418평만 받는 것이라고 생각해야 됩니다. 1418평을 1.9억 강 정도로 낙찰받으면 대략 평당 14만원, 그 정도면 괜찮기는 하지만 요새같은 분위기에 무리할 필요는 없다는 생각이 듭니다.

그래서 결국 이번 기일에 응찰하고 싶은 마음을 꾹꾹 참고, 선순위가처분이 있으니까 쉽게 달려들지는 못하겠지 하면서 <u>한 번 더 눈치를 보기로</u> 했습니다.

다행히 유찰되어 이제는 최저가가 1.49억으로 떨어졌습니다. 이 정도 가격이면 304평 떼어내 주어도 괜찮을 것 같습니다. <u>단독 응찰을 기대하면서 최저가에 근접한 1.55억에 응찰하였습니다.</u> **평당 11만원** 꼴이지요.

결과는?
성공입니다. 단독 응찰이었습니다. 그게 뭐 성공이냐구요? 이번에 응찰 안 했으면 또 유찰되었을 것이고, 그러면 다음 기일에 더 싸게 잡았을 것 아니냐구요? ㅎㅎ 다음 기일에 꼭 잡는다는 보장이 없지요? 경우에 따라서는 이번 기일 최저가보다도 더 높게 쓰는 사람이 생길 수도 있다는 것 많이 경험해 보지 않았습니까? 지금도 감정가의 33%까지 떨어졌는데, 해도 적당히 해야 되지 않을까요? 어쨌든 저는 그냥 잡았습니다.

2.4. 종중 묘지가 있는 땅을 왜 잡아? —신봉동

다음에 소개할 토지는 **용인시 수지구 신봉동** 소재 토지입니다. 이 토지는 제가 여태까지 낙찰받은 땅 중에서 감정가 대비 낙찰가가 가장 낮은 것입니다. 감정가 1억 9800만원에 낙찰가 5300만원, 낙찰가율 27%입니다. 거의 반의 반 값에 잡은 것이지요.(수원지방법원 2011타경16652 물건번호 1.)

어떻게 그렇게 싸게 잡을 수 있었냐구요? 글쎄요, 아마도 이 땅 위에 종중 묘지로 보이는 분묘가 20여 기 있는데다가 토지 전체가 아닌 공유지분이 경매로 나온 것이라, 잘하면 '진흙 속의 진주'가 될 수도 있는 이 땅의 가치를 알아주는 사람이 아무도 없었나 봅니다.

이 토지는 용인서울고속도로 서수지TG 옆에 있는 **자연녹지지역과 보전녹지지역에 걸쳐 있는 임야**로서 차로 서초동에서 30분, 서수지IC에서 5분 거리에 있습니다. 총 12,000여 평의 토지를 이○○ 등 이씨 성을 가진 사람 10인(그 중 3인은 미국에 살고 있고, 1인은 독일에 살고 있었습니다, 앞으로 공유물분할 소송을 할 때 송달이 좀 문제가 될 것 같습니다)이 공유로 가지고 있는데, 그 중 이○○의 지분 4/85(570평에 해당)가 경매로 나온 것입니다.

	면적 (평)	감정단가 (만원/평)	평가액 (만원)	최저가액 (만원)	공시지가 (만원/평)
산148,-2	570	35	19800	5200	11

이 토지의 북쪽으로는 전원주택, 레스토랑 등이 있고 산148 지상에 분묘가 있습니다. **공유물분할청구 소송**을 제기하여 분묘가 있는 산148 쪽은 이씨 문중에서 가지고, 산148-2 안에서 북쪽으로 570평을 내가 가질 수 있도록 분할하여 달라고 하면 될 것 같았습니다.

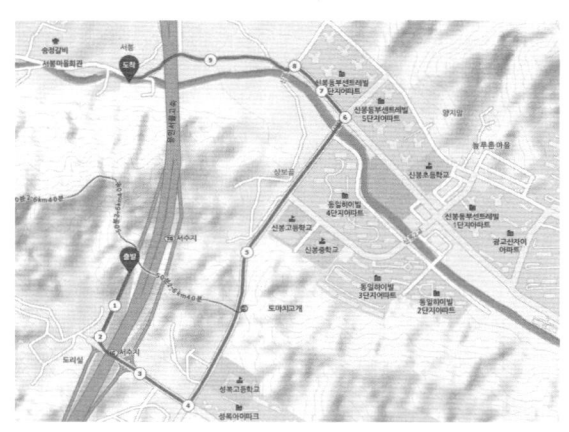

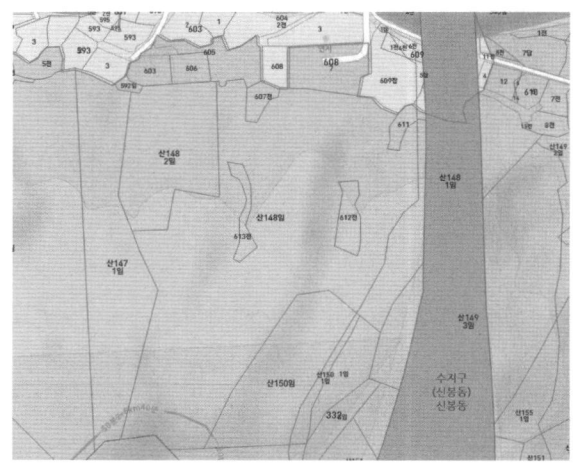

일단 맹지이고, 분묘가 많이 있으며, 공유지분이라는 점에서 아무리 많이 떨어지기는 하였지만 보통 사람들은 쉽게 응찰하지 못하리라는 생각에 **최저가 언저리**인 5300여 만원으로 응찰가격을 정하였습니다.

결과는?
예상대로 **단독응찰**이었습니다. 올해는 자금 사정이 넉넉지 않아서 공격적인 응찰은 자제하고, 잡으면 잡고 말면 말고 식으로 최저가에 근접한 가격으로 응찰한 것이 많은데, 잘 잡아지네요. ㅎㅎ

단독응찰이면 불안하지 않냐구요? 한 기일 더 기다렸다가 다음 기일에 더 싸게 잡을 수도 있었을 터인데 결국 높게 잡은 것 아니냐구요?

저는 경쟁자가 있는 것보다 단독응찰이 더 좋습니다. 가급적이면 저가에 낙찰받자는 것이 제 전략이니까요. 물론 꼭 잡아야겠다는 생각이 들면 과감하게 높이 씁니다. 직전 최저가 이상으로… 하지만, 웬만한 물건은 가급적이면 저가에 낙찰받는 게 좋겠지요. 그런데, 경쟁자가 있었다는 것은 어쨌든 최저가 언저리에서 잡은 것은 아니라는 말이지요. 또 다음 기일에는 오히려 경쟁이 심해져서 이번 기일 최저가보다 더 높게 쓰는 사람이 생길 수도 있다는 것, 지난 번에 말씀드린 적 있지요?

어쨌든 감정가 평당 35만원, 공시지가 평당 11만원짜리 토지를 평당 9만원에 낙찰받았습니다.

위 사진의 음식점과 건물 뒤쪽에 있는 임야가 이 건 토지입니다.

위 사진은 산148-2 쪽 임야이고, 아래 사진은 산148 중간에 분묘 약 20기가 조성되어 있는 모습입니다.

위 분묘 중 하나의 묘비에 새겨진 내용입니다. 망인은 1950년도에 서울대학교 농과대학을 졸업하시고, 고등학교 교장, 라이온스 회장, 용인군 교육회장 등을 지내셨더군요. 꽤 이름 있는 집안의 묘지인 것 같습니다.

다음 사진은 뭐냐구요? 왼쪽의 교각 두 개는 용서고속도로를 지탱하는 튼튼한 교각이고요, 오른쪽의 숲은 산148 임야의 동쪽 끝 부분입니다. 한 가운데 난 길을 통해서 저 끝까지(사진으로 보면 얼마 안 되는 것 같지만 실제로는 꽤 됩니다, 상당히 가파르기도 하고요) 올라가 보았다는 것 아닙니까? 왜? 뭐, 그냥, 호기심에서… 올라가 보면 뭐가 있을까 궁금해서, 혹시 떡이라도 있을까? ㅎㅎ

밑의 사진이 제가 그 끝까지 올라가 보았다는 증명사진입니다. ㅎㅎ

아래를 내려다 보면 되게 가팔라 보이지요? 그런데, 그 위는 엄청 시원했습니다. 바람골인지… 6월 하순의 볕이 꽤 따가운 날씨였는데, 위에 올라가니 시원한 바람이… 거기다 그늘까지… 저 빈 땅에 텐트 쳐 놓고 피서를 하면 안 될까?

2.5. 평택 땅 한번 잡아봤시유 —홍원리

지난 번에 잡은 신봉동 땅이 제가 이제까지 낙찰받은 땅 중에서 감정가 대비 낙찰가가 가장 낮은 것이었다고 말씀드렸지요. 그런데, 그 기록이 곧 깨지고 말았습니다. 이번에는 **감정가 대비 24%**입니다. 나 왜 이래~~ 지난 번에는 '거의' 반의 반값에 잡았는데, 이번에는 반의 반값 '아래로' 잡았습니다. ㅎㅎ 감정가 평당 50만원, 공시지가 평당 20만원 짜리를 평당 12만원에 낙찰받은 것입니다.(수원지방법원 평택지원 2011타경15023.)

이 토지는 **평택시 포승읍 홍원리** 소재 토지입니다. 작년에 평택시 칠원동 토지를 잡으려고 **평택시 2020 도시기본계획**을 분석한 이후 언제 한 번 꼭 평택 땅을 잡아보겠다고 생각하고 있던 중에 이 물건이 눈에 들어왔던 것입니다.

이 토지는 서해안고속도로 서평택IC에서 5km, 차로 10분 거리에 있는 **생산관리지역의 전** 2244평으로 10인이 공유(공유자가 많아서 공유물분할소송할 때 골치 좀 썩일 것 같습니다)하고 있는데, 그 중 2인의 지분 2796/7421(=37.6%, 846평에 해당)이 경매로 나온 것입니다.

면적 (평)	감정단가 (만원/평)	평가액 (만원)	최저가액 (만원)	공시지가 (만원/평)
846	50	42200	8800	20

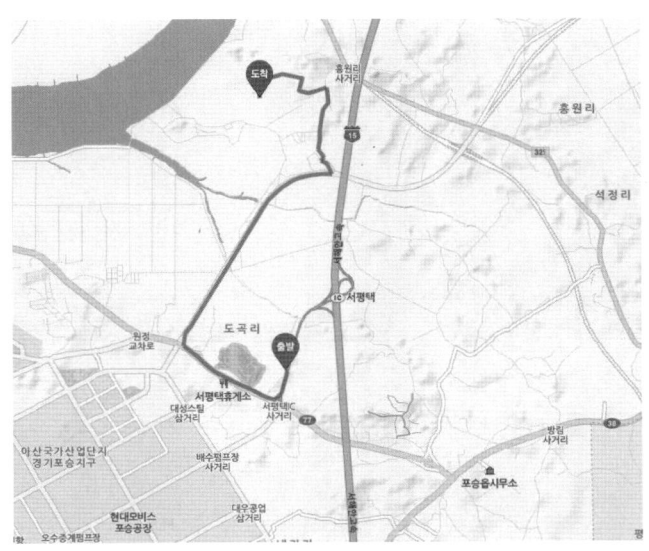

그런데, 땅 모양이 참~~

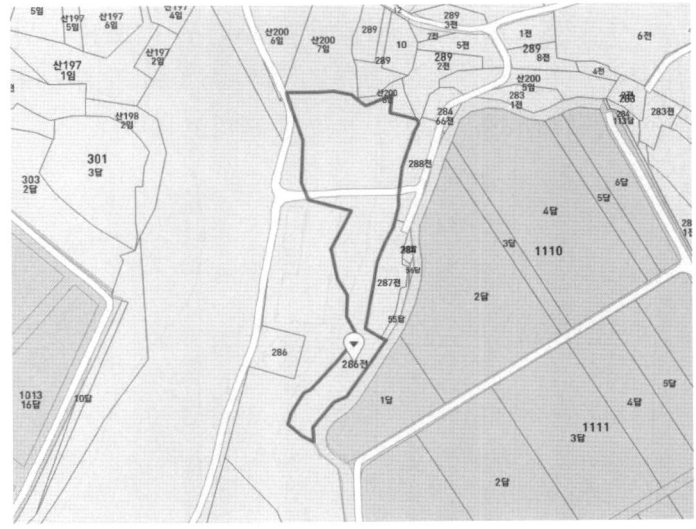

　　사진 왼쪽 위부터 시계 방향으로, 위 지도상의 남쪽 아래 좁고 긴 부분, 중간 부분, 도로, 북쪽 넓은 부분의 모습입니다. 저렇게 생긴 땅의 37.6%를 어떻게 분할해 달라고 할까?

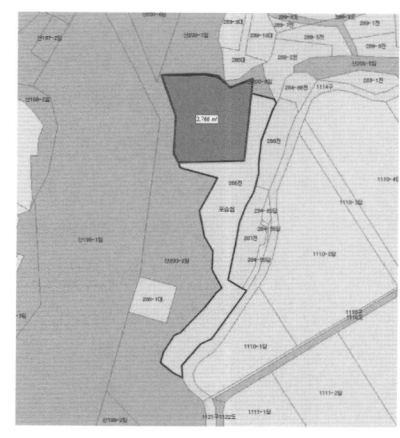

이렇게 분할해 달라고 할 것입니다. 다른 공유자들이 들어주겠냐고요? 그죠, 잘 안 들어주겠지요. 결국 **경매분할**로 갈 것입니다. 그래서 지분이 아닌 전체 토지를 두 번 유찰된 뒤 누가 감정가의 50% 정도에 낙찰받아가면 저는 두 배, 만약 한 번 유찰된 뒤 감정가의 70% 이상에서 낙찰받아가면 저는 세 배의 가격에 파는 셈이 되겠지요? ㅎㅎ 또 누가 압니까? 앞으로 평택이 뜨게 되면 거의 감정가에 근접한 가격으로 낙찰될지도…

개꿈 꾸지 마라. 만약에 세 번, 네 번 유찰되서 네가 산 가격보다도 아래로 떨어지면 어떻게 할래?

그러면 제가 **다시 전체 토지를 낙찰**받을 것입니다. 그래서 이번에는 내 멋대로(태클 걸 사람 아무도 없을 테니까요 ㅎㅎ) 쪼개서 모양 반듯한 토지 3필지를 만들 것입니다.

이런 생각으로 1억원에 우수리 붙여서 응찰하였습니다.
결과는?
단독응찰입니다.
에고~ 이럴 줄 알았으면 최저가 언저리로 응찰할 걸~~
떽, 네가 점쟁이냐?

올해는 계속 '혼자놀기'로 가고 있네요. ㅎㅎ

사족

청구금액이 토지 가격에 비해 너무 적어서(2,500만원) **취하**될 가능성이 있고, 또 공유자들이 **공유자우선매수청구**를 할 가능성도 있는 땅이었는데, 다행히 취하도 안 되고, 우선매수청구도 들어오지 않았습니다.

2.6. 2012년도 투자 내역 정리 및 결과

2012년도에는 10여 건 응찰하여 5건 낙찰받았습니다. 투자 금액은 8억여 원, 1) 동백동 대지에 3.7억, 2) 동백동 임야와 답에 1.35억, 3) 구암리 임야에 1.55억, 4) 신봉동 임야에 5300만원, 5) 홍원리 전에 1억원.

<u>2011년도에는 농업회사법인을 통하여 주로 농지를 취득하였습</u>니다만 <u>2012년도에는 새로운 투자법인을 설립하여 특수물건 위주로 투자</u>를 하였습니다.

분석 대상 지역을 용인, 화성, 당진에서 남양주, 평택, 서산까지로 확대하였고, 3회 이상 유찰된 것을 저인망식으로 훑는 대신 특수물건으로 더 많이 유찰된 것 위주로 범위를 좁혔습니다.

그 결과 **평균 낙찰가율을 40~50% 대에서 20~30% 대로** 낮출 수 있었습니다. 응찰가액을 낮추다 보니 패찰의 쓰라림도 더 여러 번 겪게 되었지만 전체적으로 낙찰가율이 훨씬 낮아져서 리스크는 그 만큼 더 줄었습니다. 그 대신 이제 본격적으로 법률문제들을 해결해야 하는 부담이 커졌지만, 그거야 뭐 제 전공이니까요.

2012년도의 투자 내역을 요약하여 보면 다음과 같습니다.

1) **동백동 대지**는 감정가 평당 280만원, 공시지가 평당 215만원인 것을 평당 117만원에 낙찰받았습니다.(감정가 8.9억원, 낙찰가 3.7억원, 42%, 종전에 어느 분이 5.6억원에 낙찰받았다가 포기한 것.)

2) **동백동 임야와 답**은 감정가 평당 238만원, 공시지가 평당 139만원의 토지를 평당 88만원에 낙찰받았습니다.(감정가 3.64억원, 낙찰가 1.35억원, 37%, 243만원 차이로 낙찰.)

3) **구암리 임야**는 감정가 평당 26만원, 공시지가 평당 13만원의 토지를 평당 11만원에 낙찰받았습니다.(감정가 4.6억원, 낙찰가 1.6억원, 34%.)

4) **신봉동 임야**는 감정가 평당 35만원, 공시지가 평당 11만원의 토지를 평당 9만원에 낙찰받았습니다.(감정가 2억원, 낙찰가 5,300만원, 27%.)

5) **홍원리 전**은 감정가 평당 50만원, 공시지가 평당 20만원의 토지를 평당 12만원에 낙찰받았습니다.(감정가 4.2억원, 낙찰가 1억원, 24%.)

이 중에 2) 동백동 임야와 답(243만원 차이로 낙찰) 외에는 모두 단독응찰이었습니다. 그만큼 싸게 잡은 것이지요.

3..
2013년도 투자일지

─투자 내역, 결과, 그리고 반성

3.1. 감정가 21억짜리 토지를 4.5억에 낙찰받다, 대~박!!!
─주곡리

이번에 소개드리는 **화성시 우정읍 주곡리** 소재 토지는 아마도 제가 여태까지 낙찰받은 것 중에 제일 잘 받은 것이 아닐까 생각합니다.(수원지방법원 2012타경8030.)

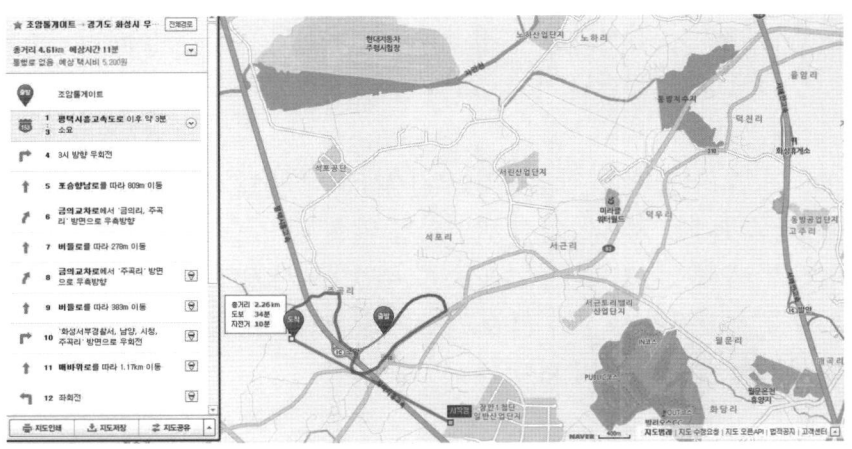

이 토지는 2013년 3월에 개통된 **평택시흥고속도로의 조암TG에서 4.6km**, 차로 11분 거리에 있는 **보전관리지역의 임야**입니다. 장안1첨단 일반산업단지의 북서쪽 2.2km 지점에 있고, **1종근생 건축신고 후 토목공사를 진행하다 중단**된 상태로 현재 벌목은 완료되어 평탄화되어 있습니다.

면적	감정단가	평가액	최저가액	공시지가
2361평	89만원/평	21억	3.5억	12만원/평

이 토지에 대한 감정평가는 **가격시점**이 2012. 2. 24.로 **평택시흥고속도로의 개통 효과**가 아직 반영되지 않은 것 같습니다. 현재는 도로 여건이 별로 안 좋으나 **고속도로 IC 주변**으로서 앞으로 IC 주변 진입도로가 개선될 가능성이 크다고 보여집니다.(조암IC에서 직선거리로는 500m 떨어져 있습니다.)

　기존의 소고지 마을 쪽으로 돌아오는 길 대신에 고속도로 밑으로 뚫린 저 길(통과 높이가 4.3m인 것으로 보아 노폭은 6m 정도 되는 것 같습니다)을 통하면 조암TG로 가는 시간이 좀 단축됩니다.

　유치권 신고도 없고 다른 특별한 하자도 없어 보이는데 왜 이렇게 여러 번 유찰된 것일까요? 정확한 이유는 모르겠지만 아마도 덩치가 좀 크다는 것과 이 물건을 현장에서 찾기가 꽤 어렵다는 것 때문이 아닐까 싶습니다.

　아직까지 한 번도 현장답사를 가서 물건을 못 찾아본 적이 없던 저도 이 물건을 찾는 데 약간 애를 먹었고, 처음에는 다른 토지를 이 물건으로 오인하기까지 했으니까요. 경매로 토지를 살 때에는 일반 매물보다 현장답사의 중요성이 훨씬 크다는 것 여러 번 강조했지요?

이 물건은 **현장답사의 실습용**으로도 좋은 물건입니다.

또 하나 이 사건은 청구금액이 5.1억인데, 9차 기일 현재 최저가 3.5억까지 떨어져서 취하될 가능성도 있어 보입니다. 채권자가 채권 회수율이 너무 낮다고 생각하면 일단 취하했다가 다시 경매 신청할 가능성도 있으니까요.

실제로 이 물건과 동시에 분석을 하였던 평택시 포승읍에 있는 어떤 토지는 감정가액이 9.7억, 청구금액이 7.3억인데, 6차 기일 현재 3.2억까지 떨어져서 요즘 유행하는 소위 **NPL 물건**으로서 괜찮겠다 싶어서 채권자인 ○○축산업협동조합과 접촉을 하였습니다. 그런데, 담당자가 하는 말이 자기네는 이 물건의 최저가가 많이 떨어져서 채권 회수율이 너무 낮기 때문에 취하하고 나중에 다시 경매 신청할 것을 검토하고 있다고 하였는데, 결국 그 기일 직전에 취하를 하더군요. 덕분에 두 물건 사이에서 고민하던 저의 걱정이 덜어졌습니다. ㅎㅎ

이 물건에 대해서는 건축신고 내역을 확인해 봐야 하겠고, 건축주 전원종합개발(주)에 대해서도 좀 알아봐야겠습니다. 그런데, 시간이 별로 없네요. ㅠ.ㅠ

최저가가 감정가의 17%까지 떨어진 이번 기일을 넘겨서는 안 될 것 같습니다. 아무리 물건을 찾기가 좀 어렵다고 해도 이렇게까지 떨어졌는데 또 유찰될 것 같지는 않아서 조사가 좀 미진하기는 하지만 일단 이번 기일에 응찰을 하기로 결심했습니다.

자, 이제는 응찰가를 어떻게 정할 것인지 고민해야 됩니다. 워낙 싸니까 꼭 잡아야겠다는 생각과 물건을 찾기 어려우니 아무도 응찰을 안 해서 단독응찰이 될 수도 있겠다는 생각 사이에서 왔다갔다 고민이 시작되었습니다. 일단 꼭 잡아야겠다는 생각에서 <u>종전 최저가를 넘긴 4.5억</u>을 염두에 두고, 단독응찰을 기대하는 생각에서 <u>이번 기일 최저가 3.5억</u>… 휴~ 1억 차이입니다. 4.5억을 썼다가 단독응찰이면 1억원을 엿 사먹는 것이고, 3.5억을 썼다가 누군가가 들어오면 완전 닭 쫓던 개 신세가 되는 것이고~~~

머리에 쥐가 나기 시작합니다. 몇 번을 고민하다가(이럴 때 수사학적으로 과장법을 쓰면 '며칠 밤을 날밤을 세우다가'로 해야겠지요 ㅎㅎ 뭐, 그 정도까지는 아니지만 아무튼 고민 많이 했습니다) 결국 아직까지 한 번도 써보지 않았던 비장의 무기를 쓰기로 하였습니다. 그 무기가 뭐냐고요? 에휴~ 이 무기는 공개석상에서는 얘기할 수 없습니다. 사석에서, 제가 좀 취하면, 혹 얘기할 수 있을지도 모르겠습니다. 에구, 말할 수 없는 저도 참 답답합니다.

개찰과정에서도 공개할 수 없는 우여곡절이 있었습니다. 에구~ 답답해…
어쨌든 저는 4.5억에 이 토지를 낙찰받았습니다. 3인이 응찰하여 결과적으로 1억을 엿사먹은 것은 아니었습니다.

4.5억! 그래봤자 평당 20만원이 조금 안 되는 금액입니다. 화성시 우정읍에서, 고속도로 —그것도 2013년 3월에 개통된 따끈따끈한 신설 고속도로의— IC 부근에서 건축이 가능한 토지를 평당 20만원 미만에 산 것입니다. 브라보~!~!~!

3.2. 퍽 질렀는데, 70만원 차이로 2등? ㅠ.ㅠ

지난 번에 대박을 치고 나서 잠시 쉴까 하다가 투자금이 또 들어와서 다시 검토를 시작하였습니다. 이번에도 대박을 기대하며 퍽 질렀는데, 아깝게도 70만원 차이로 2등을 했습니다. ㅠ.ㅠ 나도 이제 촉이 좀 닳았나? 어쨌든 낙찰받으신 분 축하드립니다. 대박날꼐~~
(대전지방법원 서산지원 2012타경6917)

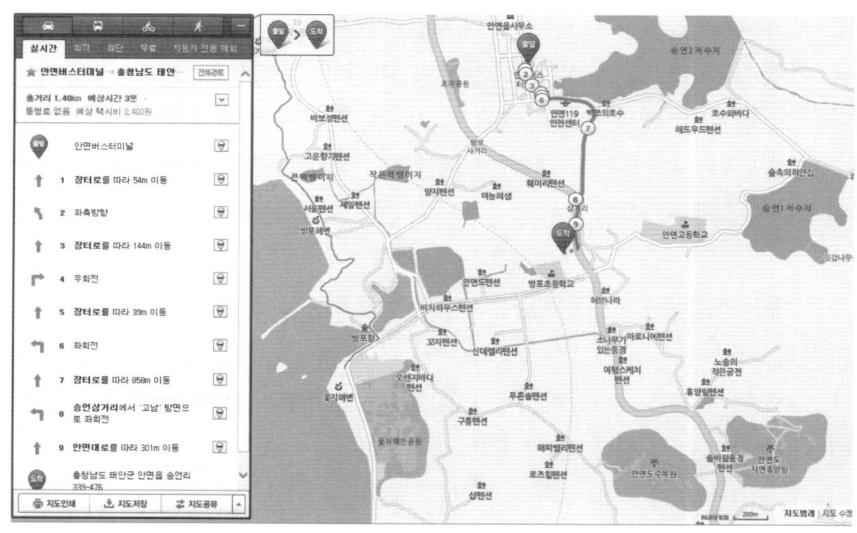

이 토지는 **충남 태안군 안면읍 승언리** 소재 토지로 안면읍 버스터미널에서 1.4km, 차로 3분 거리에 있는 **자연녹지지역의 답(현황 전)**입니다. 안면대로에서 아래에서 보는 바와 같은 진입로를 통하여 60m 들어가서 있는 네모 반듯한 땅 410평 전부와 폭 6m의 진입로에 대한 공유 지분입니다. 주변에 꽃지 해수욕장, 안면도 자연휴양림 등이

5분 이내 거리에 있고, 10여 채의 펜션이 산재해 있습니다.

등기부등본을 보니까 원래 1필지의 토지(339-65 답 10,112㎡)이었던 것이 2003. 11. 13. 16개의 필지로 **택지형 분할**이 된 것입니다. 지금은 건축허가를 내지 않고서는 이런 식의 분할은 어렵습니다.

339-476은 전체, 339-65, 473, 475는 약 85% 정도의 지분이 입찰 대상입니다. 그리고, 339-65, 473은 전체 필지의 진입로로서 현황도로이나 비포장 상태이고, 339-475는 339-486의 절대적 진입로, 485, 484 등의 상대적 진입로로서 현황은 전입니다.

　한편, 339-65,473에는 최○○이라는 사람이 158.67/671 지분에 대하여 2010. 3. 9. 소유권이전등기청구권 보전을 위한 가처분을 했다가 그 중 158.67/993 지분에 대하여 2011. 4. 18. 소유권이전등기를 마쳐서 **선행 가처분**이 살아있는 상태입니다.

이 물건의 매력은 가격이 많이 떨어졌다는 것 외에도 앞으로 저 진입로들이 어쩌면 배보다 배꼽이 더 큰 수익을 가져올 수도 있다는 것입니다. 왜냐하면 저 진입로들이 사실상 일반 공중의 교통에 공용되는 도로로서 '독점적이고 배타적인 사용 수익권'을 포기한 것으로 볼 수 있는지 의문이기 때문입니다.

적어도 339-475는 현황도 그냥 전이기 때문에, 이 토지를 꼭 필요로 하는 339-486 소유자와의 협상이 잘 되지 않을 경우에는 그 토지의 진입로로 제공하지 않고 그냥 339-476 토지와 합병해서 쓰면 될 것입니다.

입찰 당일, 새벽에 일어나 목욕재계(?)를 하고 작년 말에 새로 산 나의 애마를 끌고 서산지원으로 달려갑니다. BMW 740Li인데, 이 차에서 제일 맘에 드는 것은 스마트 크루즈 컨트롤 기능이 있어서 정속 주행을 위해 계속 엑셀을 밟을 필요가 없다는 것과 동반자석 의자가 완전히 뒤로 제껴져서 장거리 주행시 누워서 자면서 갈 수 있다는 것입니다. ㅎㅎ 거기다가 웃기는 이야기이지만 이 차를 타고 가면 어디든지 좀 대접을 받는다는 것… 얼마 전까지 10년 된 에쿠스를 몰고 다니던 저는 허례허식을 싫어하고 소위 말하는 '가오 잡는' 것과는 거리가 먼 사람이지만 저도 별 수 없는 속물인지라 이제는 은근히 그런 대접을 즐기게 되었습니다. 에고~~

각설하고, 아침 일찍 출발하였는지라(아니면 충분히 밟아줬는지라??? ㅎㅎ) 여유있게 서산에 도착해서 사무실에 잠깐 들렀다가 법원으로 갔습니다. 일반 법정에는 재판 때문에 거의 매주 갑니다만 경매 법정은 꽤나 오랜 만에 가 봅니다. 서산지원의 경매 법정은 수원이나 평택에 비하면 참으로 양반입니다. 주차 사정도 양호한 편입니다. 그래도 사람들은 많아서 법정 안팎은 역시 바글거립니다.

　　이 물건은 '**공유지분, 선순위가처분 인수, 법정지상권(제시외 수목)**' 등의 특수물건이라서 어쩌면 단독 응찰일 수도 있겠다는 생각을 하였습니다. 그런데, 웬걸~ 막상 뚜껑을 열어보니 **응찰자가 7,8인**이나 됩니다. 흠흠~ 경매계 이제 참 무서워졌습니다. 이런 물건에도 7,8인이나 달려 들다니…

　　그래도 나는 충분히 썼으니까 낙찰이야 되겠지 하고 여유부리고 있는데, 집행관의 눈썹이 바짝 서고 미간이 찌푸려집니다. 뭐야, 왜 그래~~
　　1.55억을 쓴 내 것을 들고 어떤 사람 것과 비교를 하고 있는 것입니다. 서산지원은 개찰 탁자가 낮아서 앞에 서 있으면 입찰표가 다 보입니다. 그런데, 어떤 사람의 입찰표에 1.56억이 보이는 것입니다. 쿵!!! 에구~
　　1백만원 아니 정확히는 70만원 차이로 그만 떨어지고 말았습니다. 에휴~~

　　쓰라린 가슴을 달래기 위해 바다 구경이나 하려고 태안으로 갑니다. 태안의 서남쪽 바다는 숱하게 보아왔지만 북쪽으로는 가본 적이 없어서 애마의 기수를 북쪽으로 돌립니다. 학암포 해변에 가서 한참 놀다가 바로 옆에 있는 구례포 해변에 잠시 들렀는데 여기서 또 사단이 났습니다. 구례포 해변에는 모래포집기와 이를 관찰할 수 있는 데크가 설치되어 있는데, 그만 나의 애마가 포집(?)되어 버렸습니다. '물에 빠진 생쥐'가 아니라 모래에 빠져 헤어나지 못하는 처량한 신세의 나의 애마를 보니 BMW가 아니라 BMW 할아버지래도 소용이 없습니다. 에구~

ㅎㅎ 그런데, 나를 구하러 온 렉카차도 자신의 사명을 다한 뒤에 자신이 그만 모래에 빠져 버리고 말았습니다. 아~ 숭고한 그 희생에 애도를~~ ㅠ.ㅠ 마침 근처에 있던 굴삭기가 도와줘서 렉카차도 겨우 빠져나왔습니다. 다행입니다, 휘유~

모래밭, 함부로 들어가지 맙시다!!!

3.3. 공시지가의 반값에 잡으면 괜찮은거지? ㅎㅎ
—동점자 출현

이번 물건은 참으로 우여곡절이 많았던 것입니다.

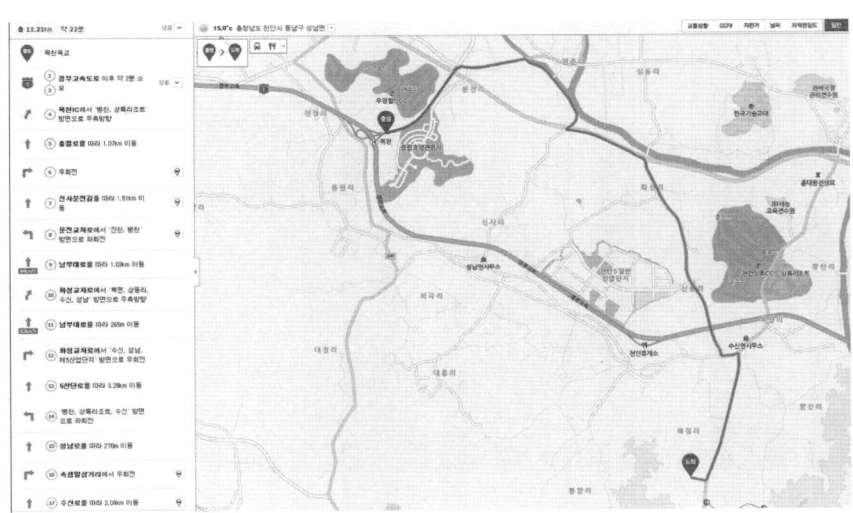

이 토지는 **천안시 동남구 수신면 해정리** 소재 토지로 목천IC에서 11km, 차로 22분 거리에 있는 **계획관리지역의 전**입니다. 북쪽에는 천안5 일반산업단지와 천안상록CC가 있습니다. 천안의 동남쪽 끝 부분에 있는 땅으로서 서울에서 너무 멀리 떨어져 있기 때문에 원래는 제 관심 범위를 넘어서는 것인데, 순전히 호기심과 이런 물건도 한번 경험해 보자는 생각에서 응찰을 하게 되었습니다.(대전지방법원 천안지원 2012타경2919 물건번호 4.)

총 28개의 물건으로 나누어져 있는데, 최저가는 감정가의 24%까지 떨어졌고, 그 중 몇 개의 물건을 제외하고는 모두 <u>가시오가피 나무가 '제시외 수목'으로 매각물건에 포함</u>되어 있습니다. (주)수신오가피에서 변호사까지 선임하여 가시오가피 나무를 입찰(경매)목록에서 제외하여 달라는 신청을 하였으나 받아들여지지 않았던 것입니다.

이런 길의 좌우로 수십 개의 필지, 수만 평의 땅 위에 가시오가피 나무가 잔뜩 심어져 있고, 저 길 아래 끝 부분에는 '성광수 수신오가피공장'이 있습니다.

 팔 수만 있다면 나무 값만으로도 본전은 뽑을 수 있을 것입니다. 그러나 이런 경우 나무 값은 0원으로 치고, 순수하게 땅 값만으로 수익성 여부를 판단하는 것이 제 방식입니다. 나무 값은 조금이라

도 받을 수 있으면 그냥 보너스라고 생각하고요… ㅎㅎ

　　땅 값만 따지면 최저가의 40% 수준으로 일단 risk는 없을 듯합니다. 28개 중 이미 매각된 3개를 빼고 25개의 물건 중에서 응찰할 물건 5개를 추렸습니다. 이처럼 매각대상 물건이 수십 개가 있을 때 그 중 어느 것에 응찰할지를 결정하기 위해서는 지도를 만들어서 (네이버의 지적편집도 사용) 거기에 필요한 정보를 요약 기재한 후 비교 검토하여 선택하는 것이 좋습니다.

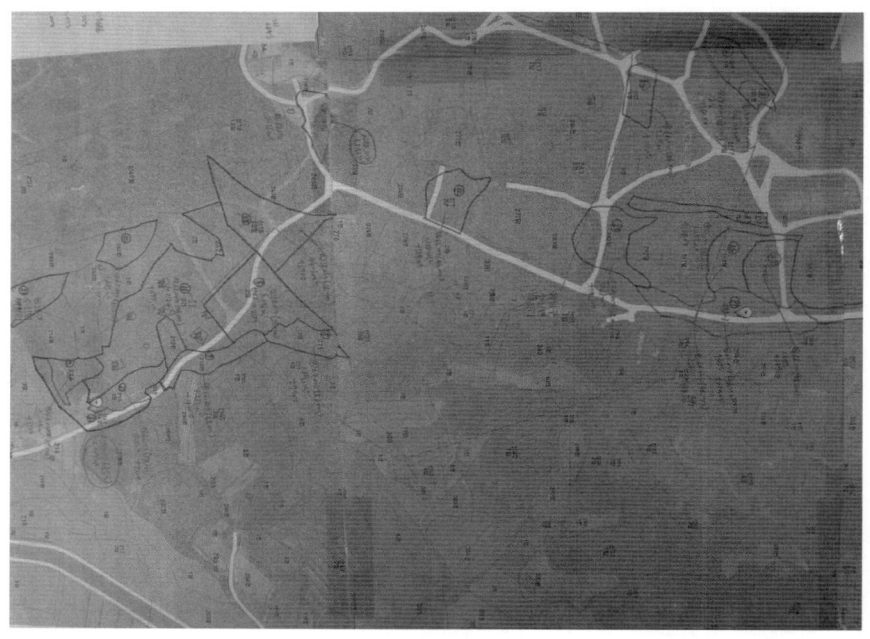

　　이렇게 공을 들여 분석을 하고 있는데, 7월 1일 입찰기일이 그만 변경되고 말았습니다. ㅠ.ㅠ

그런데, 전화위복이라고 할까요. 두 달쯤 지난 뒤에 같은 지역의 다른 물건 14개(10개는 매각되고 4개 남음)가 별도로 진행되고 있던 사건을 발견하였습니다. 이 물건은 조건이 더 좋더군요. **최저가는 12%까지 떨어져 있는 상태로서, 가시오가피 나무를 0원으로 치고 땅값만 따져도 최저가가 감정가의 22% 수준**에 불과합니다.

매각기일까지 남은 20여 일 동안 고민을 많이 했습니다. 지난번 화성시 우정읍 주곡리 땅(감정가 21억 짜리를 4.5억에 낙찰받음)을 낙찰받은 뒤 얼마 안 되서 자금 여유가 별로 없었기 때문에 공격적으로 응찰하지는 않기로 하였습니다.

그래서 4개의 물건 중 꼭 잡아야 할 것 1개, 그냥 잡히면 잡고 아니면 말고 1개, 잡으면 좋겠는데 무리할 필요까지는 없는 것 2개로 나누어 각 응찰금액을 정하기로 하였습니다.

물건번호	면적 (평)	감정단가 (만원/평)	평가액 (만원)	최저가액 (만원)	공시지가 (만원/평)	지목	비고(나무평가액) (만원)
4	516	18.2	9383	2045	11.3	전	8000
5	1154	19.5	22509	4766	10.9	전	18000
6	373	19.5	7275	1562	10.9	전	6000
14	620	23.5	14548	4042	13	전	9500

*평가액은 나무를 제외한 토지만의 평가액임

물건번호 4는 꼭 잡아야 할 것으로 평당 5만원꼴인 2580만원에, 물건번호 14는 혹시 단독응찰이라면 잡을 생각으로 최저가액인 4042만원에, 물건번호 5와 6은 무리할 필요까지는 없는 것으로 평당 5만원보다 조금 약하게 각 응찰하기로 하였습니다.

결과는?
물번 4는 7인이, 5,6은 각 10인이, 14는 15인이 응찰하였습니다. 에고, 날샜네~ 이제 정말 경매계에 먹을 게 점점 줄어드는 것 같습니다. 조금 돈이 될 것 같다 싶으면 득달같이 달려드는군요.

첫 번째 물건을 개찰하는데, 아~ 하는 탄성과 함께 법정이 웅성웅성합니다. **동점자가 나온** 것입니다. 이거 참, 별 경험을 다 해 봅니다. 제가 2580만원을 썼다고 했죠? 나머지 다섯 사람은 모두 그 아래인데 한 사람이 저랑 똑같이 2580만원을 쓴 것입니다. 제가 왜 그랬을까요? 다른 때 같았으면 아마도 2633만원을 썼을 텐데 하필 이번에는 왜 우수리를 안 붙이고 그냥 2580만원을 썼는지 모르겠습니다. 아마도 머리를 좀 덜 썼던 것 같습니다. 에고~~

어쨌든 그 자리에서 **바로 재입찰**에 들어갑니다. 머리가 핑핑 돌아갑니다. 나머지 물건 3개는 분위기로 보아 어차피 떨어질 게 분명하고 이거라도 놓치면 여기까지 와서 헛수고하고 돌아가겠다는 생각에 퍽 지르기로 하였습니다. 무려(?) 500만원을 더 썼습니다. 그런데, 상대방은 10만원만 더 썼더군요. 에고, 500만원 엿 사먹었습니다~~ ㅎㅎ

그래도 천안시의 땅, 계획관리지역의 전을 평당 6만원 꼴에, 공시지가의 반 값 정도에 잡았으니 별 불만은 없습니다. 500만원은 이

렇게 좋은 땅을 잃게 되는 채무자에게 위로금으로 보탠다고 생각하기로 했습니다. ㅎㅎ

　혹시 또 압니까? 마음을 곱게 쓰면 가시오가피 나무도 적당한 값에 팔려서 그것만으로도 바로 본전을 뽑을 수 있을지도요…

3.4. 빠뜨릴 뻔했습니다 —무촌리

　이 건은 제가 2011년도부터 경매를 시작한 이래 최단기간에 (2013. 5.에 취득해서 2015. 10.에 처분) 투자금을 회수한 것이고, 수익률(88%, 연간 수익률로 환산하면 37%)도 매우 높았던 것인데, 공유지분이라는 것 외에는 특별한 이슈가 없었던 것이라서 그만 까먹을 뻔했습니다. 가액이 좀 작기도 하였고요…

　이 토지는 **여주시 부발읍 무촌리** 소재 토지로 중부고속도로 서이천IC에서 12km, 차로 20분 거리에 있는 **자연녹지지역의 답**으로서, 주변에는 바로 옆에 한국야쿠르트 공장이 있고, 전체 토지 756평 중 1/6 지분(126평 해당)이 경매로 나온 것입니다.(수원지방법원 여주지원 2012타경 2427 물건번호 2.)

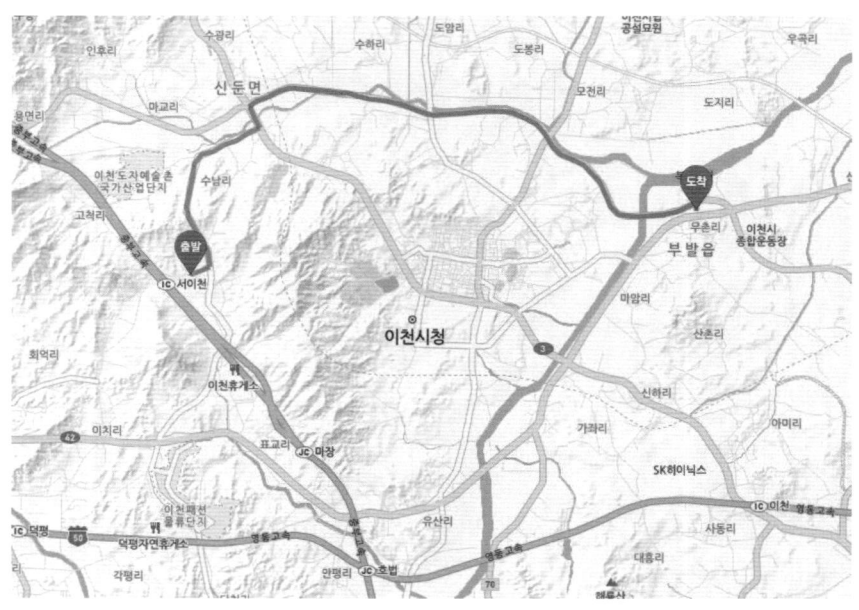

위 사진의 오른쪽에 있는 건물이 한국야쿠르트 팔도라면 이천공장이고, 왼쪽에 있는 논이 이 땅입니다.

면적	감정단가	평가액	최저가액	공시지가
126평	93만원/평	1.16억	3050만	30만원/평

여러 번 유찰되어 7차 기일(최저가 26%)에 이른 것인데, 이번에는 선수들이 좀 달려들 것 같아서, 직전 최저가액을 사~알짝 넘긴 3853만원으로 응찰했습니다.

결과는?
3인 응찰에 1등 했습니다.ㅎㅎ 족집게야, 족집게~~

낙찰 후 바로 공유물분할소송을 제기하였습니다. 다음처럼 분할하여 달라고~~

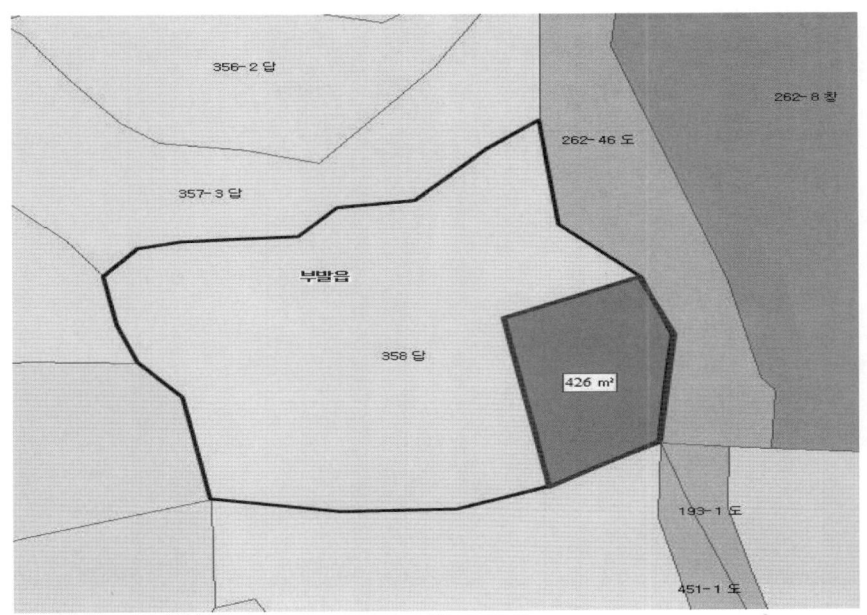

되게 얌체같죠? 1/6을 분할하여 달라면서 자기만 도로에 붙은 쪽으로 달라고??? 뭐, 어쩌겠습니까? 그렇다고 도로에 붙은 쪽을 6개로 나누어서 좁고 길게 나누어서는 땅 모양이 영~~ 그냥 밀어붙여 봤습니다. 안 되면 경매분할로 갈 생각으로… 도로에 붙은 쪽을 3개로 나눌 수도 있겠지만 기왕 욕심부리는거 크게 한번 부려볼 요량이었습니다.

그런데?? 공유자들이 아무도 다투지 않아서 그대로 분할이 되었네요 ㅎㅎ 이게 웬 떡???

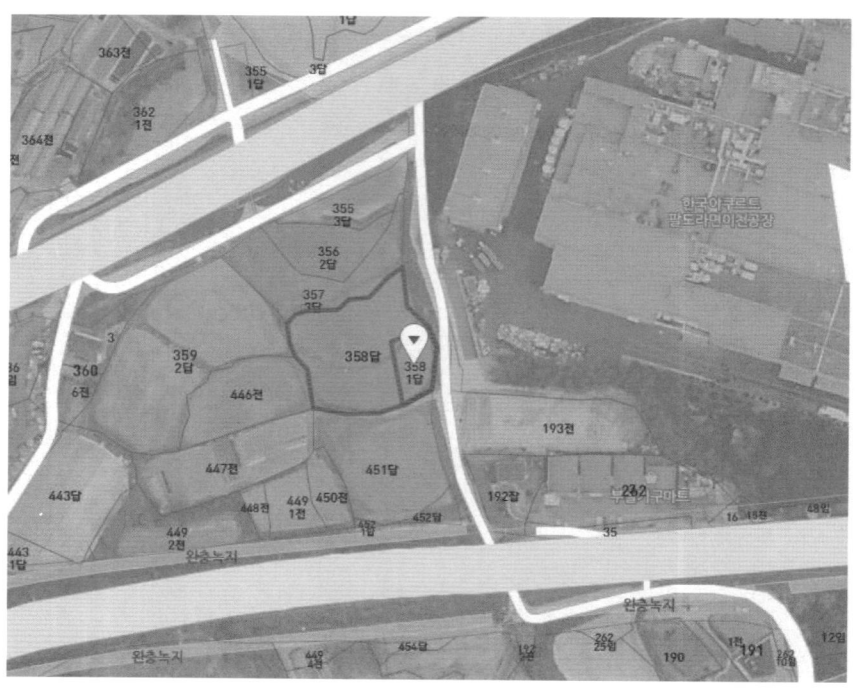

이 땅은 감정가 평당 93만원짜리 땅을 감정가의 1/3인 평당 31만원에 낙찰받아서 공유물분할을 한 뒤 평당 60만원에 매각하였습니다. 제가 지향하는 경매 투자의 전형적인 모델입니다. **아주 싸게 사서, 조금 싸게 판다**는~~ㅎㅎ

3.5. 2013년도 투자 내역 정리 및 결과

2013년도에는 10여 건 응찰하여 3건 낙찰받았습니다. 투자 금액은 5억여 원, 1) 주곡리 임야에 4.5억, 2) 해정리 전에 3000만원, 3) 무촌리 답에 3800만원.

2013년도에는 투자금이 별로 없어서 많이 잡지는 못하였습니다.

2013년도의 투자 내역을 요약하여 보면 다음과 같습니다.

1) **주곡리 임야**는 감정가 평당 89만원, 공시지가 평당 11만원인 것을 평당 19만원에 낙찰받았습니다.(감정가 21억원, 낙찰가 4.5억원, 21%.)

2) **해정리 전**은 감정가 평당 18만원, 공시지가 평당 10만원의 토지를 평당 6만원에 낙찰받았습니다.(감정가 9383만원, 낙찰가 3080만원, 33%.)

3) **무촌리 답**은 감정가 평당 93만원, 공시지가 평당 30만원의 토지를 평당 31만원에 낙찰받았습니다.(감정가 1.16억원, 낙찰가 3853만원, 33%.)

이 중 무촌리 답은 앞에서 말씀드린 것 같이 이미 처분해서 수익을 실현하였습니다. 주곡리 임야가 대박을 칠 것 같기는 한데~~

저자: 한덕렬

1976 경기고등학교 졸업(72회)
1980 서울대학교 법과대학 졸업(34회)
1981 사법시험 제23회 합격
1983 사법연수원 수료(13기)
1983~2000
     서울지방법원 판사; 서울고등법원 판사; 미국 Duke대학 Visiting Scholar
     대법원 정보화담당관; 창원지방법원 통영지원장; 인천지방법원 부장판사
2000~
     법무법인 단비 대표변호사; 법무법인 정현 대표변호사; 법무법인 한국 고문변호사
2007~
     다온친환경영농조합법인 공동대표; 참소당영농조합법인 대표
     농업회사법인 한들 대표이사 (2014. 1.~); 토지사랑모임카페 고문
     디벨로퍼아카데미 지도위원
2011~
     토지 경매 투자 시작하여 현재까지 수백 건 분석, 수십 건 응찰, 10여 건 낙찰

한변호사와 함께하는 토지경매

초판인쇄   2016. 12. 5
초판발행   2016. 12. 15

저자   한덕렬
발행자   황인욱

발행처   도서출판 오래
주소   서울특별시용산구한강대로38가길 7-18
신고   제302-2010-000029호(2010.3.17)
대표전화   02-797-8786
팩스   02-797-9911
http://www.orebook.com
email: orebook@naver.com

값   20,000원
ISBN   979-11-5829-024-5   13320

파본은 바꿔드립니다.